All rights reserved.
All the contents in this book are protected by copyright law.
Unlawful use and copy of these are strictly prohibited.
Any of questions regarding above matter, need to contact 나녹那碌.

이 책에 수록된 모든 콘텐츠는 저작권법에 의해 보호받는 저작물이므로 무단전재와 무단복제를 금합니다.
나녹那碌 (nanoky@naver.com)으로 문의하기 바랍니다.

써로게이트 _두 뇌로 달린다

펴낸 곳 | 나녹那碌
펴낸이 | 형난옥
지은이 | 강태진
기획 | 형난옥
편집 | 박해진
디자인 | 김용아
초판 1쇄 발행 | 2020년 6월 25일
초판 4쇄 발행 | 2020년 8월 15일
등록일 | 제 300-2009-69호 2009. 06. 12
주소 | 서울시 종로구 평창 21길 60번지
전화 | 02- 395- 1598 팩스 | 02- 391- 1598

ISBN 978-89-94940-95-3   (93580)

대한민국의 미래 비전을 세워온 공학자
강태진 서울대 교수_ 그가 말하는 디지털사피엔스의 길

두 뇌로 달린다

써로게이트
SURROGATE

강태진 지음

나녹
那碌

머리말
보이지 않는 것에 주목하라

문명은 '보이지 않는 것'이 지배해 왔다. 최초 문명에서 보이지 않는 수호신, 자연신 같은 신이 지배의 역사를 써왔다면, 현대에는 소프트 파워, 지적 재산권, 인공지능, 바이러스까지 보이지 않는 것이 지배의 역사를 써가고 있다.

과학기술은 여러 상상의 산물을 배출하며 새로운 세상을 열어가고 있다. 인공지능 비전은 육안으로는 판단하기 힘든 규칙이나 패턴을 인식한다. 수십억 명의 얼굴도 기억한다. 드론과 융합하면 야외 공연장의 군중 속에서 행동 패턴을 보고 바이러스 감염자를 콕 집어낼 수 있고, 사회적 거리두기를 하지 않는 사람도 바로 지목할 수 있다. 의학분야에서도 CT나 MRI 판독도 전문의를 대신하여 병력을 정확하게 읽어낸다. 산업로봇에 적용하여 스마트팩토리의 무인화를 한 걸음 앞당기고 있다.

인공지능의 발전과정을 보면 컴퓨터가 '인간처럼 생각하게 하는 것'을 목표로 했다. 인간이 생각하는 것을 흉내 낸 프로그램으로 신경회로망인 뉴럴 네트워크가 개발됐다. 개발 초기에는 3레이어 정도의 신경회로망 프로그램으로 여러 시도를 했지만 에러의 폭을 줄이지 못해 실용성이 없었다. 그런데 빅데이터 기술과 컴퓨팅 파워의 급속한 발전으로 3레이어를 훨씬 뛰어넘는 딥러닝 기술이 개발됨으로써 큰 효용을 거두었다. 비로소 인공지능은 컴퓨팅 파워의 발전만큼이나 엄청난 발전과 진보를 일궈냈다. 양자컴퓨터와 같은 새로운 컴퓨터 기술이 실용화되면 또 한 번 도약을 하게 되어 인류의 초능력을 키워줌으로써 더 큰 인간이 되고, 꿈꾸던 세상을 열어갈 것이다. 인공지능은 인간의 뇌와 융합하여 지적 세상을 일궈가는 파트너가 될 것이다. 그렇다고 환상에 젖어 힘든 일을 전혀 하지 않아도 되는 세상이 아니다. 일하지 않고, 인공지능이 다해 주는 세상은 결코 오지 않는다.

유럽에서는 '신뢰할 수 있는 인공지능의 윤리 원칙(Ethics Guidelines for Trustworthy AI, 2019)'을 정해 인공지능의 사용에 대한 규제를 하려 한다. 이 원칙의 골자는 인간이 인공시능보다 우위에 있어야 하고, 인간이 종결자여야 한다는 것이다. 인공지능에 대한 투명성도 보장되어야 한다는 것을 강조한다.

인공지능 음성인식은 우리가 말을 하면 다 알아듣고, 대신 수행해 준다. 언어가 다른 외국인과 의사소통을 대신할 수 있고, 전문 심리상담사도 되고, 주치의도 된다. 자동차나 가전제품을 움직이게 하는 건 너무 쉽다. 인공지능이 자동차와 융합하면 기사를 대동한 차로 둔갑하여 가자는 데로 데려다 준다. 10년 정도 뒤면 차안에 앉아 커피를 마시고 독서하며 편안하게 부산까지 갈 수도 있을 것이다. 인공지능 드론은 드넓은 농토나 산림에서 파종하고, 식물의 발육상태를 확인하여 비료와 살충제를 적정하게 뿌리는 일을 대신해서 노동생산성을 높여주고 있다. 현대자동차는 '도심항공운송Urban Areal Mobility'을 개발하고 있다. 현대자동차는 드론을 응용한 플라잉카를 만들고, 우버의 항공택시 프로세스와 협업하여 우버의 소프트웨어 플랫폼상에서 실용화할 것으로 알려졌다.

이렇게 다양한 과학기술은 환상이 가미된 장밋빛 미래를 꿈꾸고, 빠르게 현실화하며 제4차 산업혁명을 가속화시키고 있다. 이 와중에 코로나바이러스 팬데믹은 인류 문명의 흐름을 중단시켰고 세계화, 도시화와 같은 지구촌의 가치를 다시 생각하게 만들었다. 그런데 과학자들이 이야기하는 지구 멸망의 시나리오에 감염병은 단골 메뉴였다. 문명의 속도에 올라타 바삐 달려가고 있던 우리에게 코로나바이러스 팬데믹이 덮쳐 기존의 모든 상식과 관습을 뒤엎어 버렸고, 새로운 생존의 신기술에 적응하게 만들고 있다. 국가는 국민과 국토를 보존하기 위해서 국방력을 키운다. 하지만 이번 사태는 전문가들로 구성된 '감염병 방위군'을 두어야 한다는 말이 나올 정도다. 분명하게 문명 전환의 터닝 포인트가 될 것이다. 어떤 분야는 완전히 사라질 것이고, 어떤 분야는 무한 영역으로 확장되어 갈 것이다.

영국의 「이코노미스트」지는 코로나바이러스 팬데믹이 끝난 뒤에도 세계 경제는 팬데믹 이전의 10%가 떨어져 '90% Economy'에 멈출 것이라고 했다. 우리는 한 해에 2%대의 성장도 버거운데, 10% 떨어진 90% 경제시대에 살 것을 예상해야 한다. 이것이 경제 뉴 노멀이 되면 그 파급효과가 클 것이다. 미국에선 완전고용상태인 실업률 3.5%에서 팬데믹으로 24% 가까이 치솟았으나 봉쇄 완화에 함께 곧바로 11%대로 회복되어 미국 경제의 기초가 튼튼함을 보여주었다. 코로나바이러스 팬데믹 봉쇄lockdown가 시작된 3월 21일부터 경제불황을 너머 세계적인 경제공황이 예견되었다. 미국에서는 4주 만에 2,200만, 4달 만에 5,200만 개의 일자리가 사라졌다. 이렇게 사라진 일자리를 복구하려면 10년 이상이 걸릴 것으로 예상된다. 금융위기 이후 10여 년 동안 쌓아온 일자리 창출, 경제성장 등이 하루아침에 물거품이 되었고, 2020년 세계 경제는 1930년 대공황에 버금가는 마이너스 성장을 초래했다.

감염병의 대혼란 속에서 각국 정부는 어떤 정책이든, 무엇이든 할 수 있는 권한을 위임받았다고 여겨질만큼 평소에는 생각지도 못한 일을 하고 있다. 전제 독재정권에서만 가능했던 개인의 자유를 박탈하고, 사생활 보호를 깨는 일들이 민주국가에서 버젓이 일어나고 있다. 전쟁 중에도 하기 힘든 일을 바이러스라는 적에 맞서 행하고 있다. 하지만 코로나바이러스 팬데믹에 대처하는 과정에서 생성된 빅데이터는 국가자원으로 관리해서 선용되어야 하며, 오용이 되지 않도록 하는 감시체계가 필요하다.

우리나라는 코로나바이러스 감염병을 잘 진단하고, 차단하고, 치료해서 재난관리 선진국으로 세계 각국에서 찬사를 받았다. 4T(Test, Track, Tracing & Treat) 전략은 세계가 가장 효율적인 코로나 대처 방법으로 인정하고 따라하고 있다. 인공지능은 빅데이터의 처리에 힘입어 감염병의 전파 속도와 전파 영역, 희생자 수의 예측 등 감염병에 대처하는 데 큰 도움이 됐다. 백신이나 치료제가 없는 상황에서도 최선의 약물조합을 제시해 치료에 응용하고, 치료제 개발에 투입되는 인력과 시간을 획기적으로 단축시키고 있다. 스마트폰, GPS, 스마트

페이 등의 과학기술은 바이러스를 어디에서 만나, 어디에 뿌리고 다녔는지 파악(Track & Tracing)하고, 동선을 고해성사하듯 하지 않아도 다 알게 해 주었다. 보이지 않는 바이러스가 이제까지 가까이 하기에 너무 먼 당신이던 디지털 기술을 친숙하게 받아들일 수밖에 없는 세상으로 바꿨지만 더 민주적이고, 신뢰할 수 있는 정부를 만들어야 하는 과제 등 새로운 사회적 고민을 동시에 던져 주었다.

코로나바이러스 팬데믹은 각 나라마다 긴급재난지원금을 풀 만큼 실물경제를 다급하게 만들었다. 인류 역사에서 가장 풍요로운 삶을 즐기고 있던 상태에서 다시 절벽 앞에 서 있게 만들었다. 이러한 상황에서 무엇보다 디지털 뉴딜은 선진제조업으로 승부해야 한다. 미래는 어떻게 살아야 하는가. 새로운 일자리 창출을 어떻게 할 것인가. 제조업을 살려내고 디지털전환Digital Transformation을 통한 선진제조업 국가로 나가야 고용이 살아나고 가계수입의 감소를 줄일 수 있다.

팬데믹은 반강제적으로 우리를 디지털 위에서 움직이게 한 덕에 사회 구성원의 디지털 역량도 높아졌다. 이동 제한 기간이 길어지면서 디지털 기반 접촉은 더욱 활성화되었고, 많은 사람들이 세상과 소통하고, 배우고, 일하는 창구는 Skype와 ZOOM을 통해 원격으로 이루어졌다. 인공지능 디지털플랫폼의 도입으로 원격의료처럼 더디게 진행되던 부분도 한 단계 진보할 가능성이 커졌다.

우리나라는 코로나바이러스 팬데믹의 극복과정에서 한껏 높아진 국격과 더불어 선진제조업으로 디지털경제의 변화된 흐름을 주도해야 한다. 지금이 선진제조업으로 경제를 부양할 적기다. 재택근무, 시차

출퇴근으로, 온라인 결재와 의사결정 속도가 빨라지고, 투명성과 개인별 성과가 객관적으로 평가되어 생산성 향상과 구성원의 워라밸에 혁신적인 변화를 일으키고 있다. 빅데이터, 인공지능, 가상현실·증강현실, 클라우드, 지능로봇 등을 접목한 혁신으로 디지털 뉴딜도 선진제조업과 함께 가야 할 것이다.

이 책은 5부로 구성되었다. 제1부에서는 코로나바이러스 팬데믹으로 바뀌는 뉴 노멀과 보이지 않는 것의 지배에 대해 다뤘다. 제2부 「문명을 열다」에서는 지구의 4대 문명을 형성해 나간 농업혁명을 다뤘다. 새로운 세상을 연 사피엔스는 지구 역사의 마지막 빙하기가 끝나고 온난화됨에 따라 얼음에 덮여 있던 땅에 초목이 우거져 수렵채집의 생활에서 농경 정착생활로 전환하게 되었다. 이런 사회에 맞는 도덕과 윤리의식이 형성됐다. 도구가 발전되어 노동생산성이 늘어났고, 그 기반에 힘입어 전 세계 인구는 500만 명 가량이 지구 마지막 빙하기를 살아남아 꾸준히 증가해 왔다. 이들은 마을을 만들며 전 대륙에 흩어져 살면서 농업혁명으로 지구의 4대 문명을 형성해 나갔다.

제3부 「노동에 날개를 달다」에서는 증기기관을 이용해 생산성의 혁명을 이끈 기계혁명, 혁신의 컨베이어벨트 시스템으로 인류의 생산성을 획기적으로 다시 한번 끌어올린 전기혁명, 컴퓨터와 인터넷, 디지털 기술로 촉발한 정보혁명까지를 다뤘다. 노동력만으로는 소규모의 생산 활동밖에 할 수 없었지만 생산기계를 갖춘 공장이 도입

되어 인류의 생산성이 200배나 증가했고, 생산 규모도 몇 백 배 커지게 됐다. 인류 생산성의 혁명이 곧 제1차 산업혁명이다. 기계가 수작업보다 생산속도를 혁신적으로 변화시켜 놓았고 산업혁명을 이끄는 동력이 됐다. 생산성의 폭발적인 증가로 인류는 최초로 기아와 절대빈곤에서 벗어날 수 있었다. 하루 세 끼의 끼니를 해결하기 위해 종일 노동해야 했지만 산업혁명은 이러한 밥 문제를 해결해 주었다. 생산의 속도가 빨라지자 운반의 속도가 빨라졌고, 운반의 속도가 빨라지자 소비의 속도도 빨라졌다. 인간은 처음으로 생산의 속도를 스스로 조절할 수 있게 됐다. 영국에서 시작된 산업혁명은 19세기부터 유럽 전체로 퍼졌고, 미국도 남북전쟁(1861~1865)이 끝난 뒤 유럽의 산업혁명 기술을 흡수하고 기계공업도 빠르게 발달시켰다.

전기의 발명은 동력용 전기 모터의 발명으로 이어져 내연기관의 발명과 함께 증기기관을 대체하는 동력기관으로 산업전반에 적용됐다. 전기는 대량생산 시대를 여는 기폭제가 됐다. 이것을 제2차 산업혁명, 또는 '전기혁명'이라고도 부른다. 혁신적인 컨베이어벨트 시스템에 의한 분업과 연속 생산방식은 전 산업분야로 확산되어 인류의 생산성을 한 단계 더 끌어올렸고, 대량생산에 의한 풍요로운 물질문명 시대를 열었다. 또 우리 생활과 맞닿은 에어컨, 냉장고 등 가전·전자제품의 발명과 내연기관의 발명은 삶의 질과 영역을 획기적으로 변화시켰다. 인류에게 진정으로 물질적 풍요로움을 주었으며 중산층이 두텁게 형성되어 안정적인 시민사회를 만들고 이에 상응해서 인구도 폭발적으로 증가했다.

제3차 산업혁명을 '정보 혁명' 또는 '디지털 혁명'이라 부른다. 이 중심에는 컴퓨터와 인터넷이 있고, 디지털 기술이 있다. 디지털 정보기술의 개발은 앨런 튜링과 클로드 섀넌이 그 출발이다. 디지털 정보기술은 제2차 세계대전을 겪으며 전쟁을 수행하기 위해 본격적으로 개발됐고, 전후에 다양한 전자산업에 도입되며 생활가전 제품으로도 급속하게 발전했다.

동영상, 음성녹음, 지도 등의 아날로그 정보가 디지털로 전환됨으로써 정보의 생성이나 소비의 매체가 전폭적으로 바뀌며 정보혁명의 시대를 열었다. 디지털 정보는 무한 생성, 복제, 편집되고 변형이 가능하다. 정보를 저장하고, 이 정보를 다른 사람에게 전달하는 것도 어렵지 않게 이뤄지고 정보량도 폭발적으로 늘어났다. 디지털 기술의 확장과 컴퓨터 기술의 발전은 인터넷의 보급과 함께 산업과 사회의 큰 변화를 가져왔고, '정보 혁명'이 근간이 됐나. 산업현장에서 관리, 생산 등의 혁신을 가져왔고, 무인화와 자동화 등을 통해 생산성을 더욱 끌어올렸으며, 생활 속으로도 스며들어 삶의 방식을 전폭적으로 바꿔놓았다. 디지털 혁명은 누구나 정보와 지식을 생산하고 유통시킬 수 있게 되어 소비자가 생산자가 되고, 생산자가 소비자가 됐다. 가진 자와 가지지 못한 자의 경계도 허물었다. 하지만 여전히 사회에는 디지털 격차를 남겼다.

디지털 정보를 활용하여 인공지능을 만들고, 이렇게 만들어진 인공지능이 인간에게 직접적인 영향을 미치는 지점, 생각하는 인공지능(인공의식)의 개발이 거대한 지성혁명의 시작점으로 연결될 것이다.

제4부 「두 뇌로 달리다」에서는 빅데이터, 클라우드, 인공지능 등으로 인간의 영역에 도전하는 지성혁명의 역사를 면밀하게 살폈다. 제4차 산업혁명 즉 지성혁명시대가 오고 있다. 모바일, 빅데이터, 클라우드, 인공지능 등으로 제2 정보혁명시대를 열어가고 있다. 작지만 강력한 센서, 학습된 인공지능, 빅데이터, 클라우드 컴퓨팅, 바이오 공학, 가상현실·증강현실 등의 기술을 발전시켜 나가고, 이를 통해 환경지능, 스마트 시티, 스마트 팩토리, 스마트 홈, 스마트 헬스케어 시스템을 구축하고 있다. 단순히 인공지능을 갖춘 로봇뿐 아니라 인간을 둘러싼 환경 전체에 지능을 부여함으로써 환경 지능이 구축될 수 있을 것이다. 환경지능의 개발로 필요한 정보를 어떤 자리에서든 얻을 수 있게 되어 인류는 더욱 스마트해지고, 지금까지 상상할 수 없

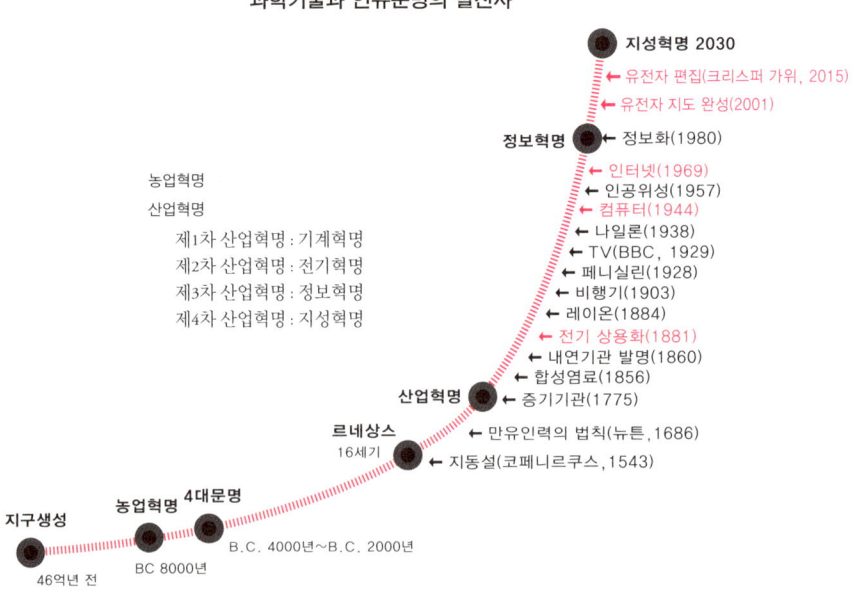

과학기술과 인류문명의 발전사

없던 일이 가능하게 되었다. 생각하는 인공지능의 출현은 먼 미래의 이야기지만 환경지능과 융합된 스마트한 인간이 지성혁명을 이끌고, 언젠가 인공지성과 마주하게 될 것이다. 인공지능과 로봇은 무인 생산공장을 가능하게 하고, 다수의 노동력을 대체함으로써 제조의 부가가치를 높여 선진국으로 제조업을 다시 불러들이고 있다.

한편 전문가 영역에서 사람보다 훨씬 유능한 인공지능 전문가가 등장한 분야도 있다. 지금까지 신의 영역으로 여겨졌던 인간의 생각, 의식의 실현에까지 도전장을 내밀고 있다. 생각하는 인공지능(인공의식), 지성혁명은 과연 오고 있는가.

제5부「창조하고 발명하라」에서는 인공지능 디지털플랫폼이 창출하는 새로운 산업의「제조와 변형」에 대한 흐름을 이해하고 그 대처방안에 대해 다뤘다.

경제성장의 원동력인 생산성과 기술의 혁신이 제조업에서 일어나면 그 파급효과가 더 크다. 특히 제조업의 생산 공정과 창조적 제품 분야에서의 기술혁신은 부가가치를 높여 국가의 부를 창출하기도 하지만 새로운 세상을 열기도 한다. 일상의 삶에서 시작하여 세상을 바꾸는 것도 제조업에서 비롯된다. 제조업이 튼튼하면 생산성 높은 서비스업도 따라붙는다.

지금은 제조업이냐, 서비스업이냐, 정보서비스 사업이냐를 분리하는 것은 무의미하다. 특히 디지털 기술은 생산과 소비의 시점과 거리를 좁혀 놓았고, 이전의 산업분류에 포함되지 않는 새로운 산업을 낳았다. 현재 지능로봇과 인공지능은 선진제조업의 기반이다. 인공지능 디지털플랫폼은 산업간의 경계를 무너뜨리고 있다. 페이스북은 인간관계망으로 출발했으나 뉴스를 하나도 생산하지 않으면서도 최대의 뉴스미디어가 됐다. 디지털플랫폼은 딥러닝, 기계학습에 바탕한 빅데이터와 인공지능 알고리즘이 동원되어 인간 생활에 유용한 디지털 솔루션을 계속 확보해 가며 각 분야에 적합한 비즈니스 모델을 얼마든지 만들어낼 수 있다. 이 플랫폼은 지금까지 있어온 모든 산업분야를 석권함과 동시에 전혀 관련없는 분야에도 진출하여 그 분야까지도 흡수하고, 이제까지 없었던 새로운 산업과 서비스를 창출해 내고 있다.

제조업의 부가가치가 다시 높아지는 현실에서 디지털 경제의 핵심도 제조업이라는 인식 아래 미래산업의 발전방향도 제시했다. 제조업은 더 이상 후진국 사업이 아니라 부가가치가 높은 선진산업으로 변모해 가고 있으며 '나만의 제품MadeforMe' 시대가 오고 있다. '소확행'의 길이 선진제조업을 통해 열릴 것이다.

디지털경제는 '거대한 소수'가 흐름을 잡는 것이 아니라 '작은 다수'가 만들어 간다. 빅데이터와 결합된 인공지능 집단지성은 엄청난 힘을 발휘, 작은 다수의 힘을 증폭시켜 줄 것이다. 인공지능 디지털플랫폼은 서로를 엮고, 묶어준다. 그 안에서 생각과 지식, 지혜를 언제 어디서나 나눌 수 있다. 미래에 대비하여 학습할 수도 있다. 디지털 플랫폼 속에서 생각과 재화를 함께 나누며 글로벌 사회·경제공동체로 나아갈 것이다. 이제 과학기술은 더 이상 전문가만의 영역이 아니다. 누구라도 전문가가 될 수 있다. 인공지능 디지털플랫폼 시대에 우리는 어디로 가고, 무엇을 할 것인가. 이 엄중한 시기에 변화를 위해서 늘 도전하고, 새로운 시도를 하여 기회를 포착해야 한다.

인류의 역사에서 보이지 않았고, 볼 수 없었던 위기는 늘 가까이 있었다. 지식의 생성과 소멸은 다양한 위기의 흐름을 타고 축적됐다. 기존의 경험은 하한선과 상한선, 긍정과 부정을 넘나들며 보이지 않는 세계와 부딪친다. 겉으로 확연하게 그 모습을 보여주지 않다가도 새로운 위기에 부딪쳤을 때 강력한 힘을 분출한다.

위기는 '혼자'서는 극복하기가 어렵다. '나'를 내려놓고, '남'과 함께 해야 한다. 생명권 보호를 위해 "앞으로는······"이라는 수사는 필요하지 않다. 언제나 지금이다. 코로나바이러스 팬데믹이 언제 종식될지 가늠할 수 없는 상황이지만, 진정 국면을 맞은 배경에는 '배려'라는 덕목이 자리하고 있다. 나를 앞세우지 않았고, 함께 살아가는 이웃을 위해 작든 크든 나의 불편을 내려놓고 견디기 힘든 일도 묵묵히 감수했다. 넘어야 할 장애물이 곳곳에 놓여 있지만 남을 위하는 마음을 가진 이들은 받아들일 수 없는 일조차도 받아들이며 새로운 길을 만들며 걸어가고 있다.

보이지 않는 것이 세상을 지배한다. 과학자와 공학자들은 볼 수 없기에 보려 하고, 보이지 않는 세상을 상상하고, 그 미지의 영역으로 파고 들어간다. 오지 않은 미래는 없다. 살아남는 1%의 비밀, 보이지 않는 것에 있다.

2020년 6월

지은이 강태진

차례

머리말 보이지 않는 것에 주목하라 4

1부 보이지 않는 것의 지배

1 코로나바이러스와 기회의 창 21
뉴 노멀을 요구하는 코로나바이러스/ 21
폴더폰과 선진제조업/ 25
휴머노이드, 공학과 과학의 일/ 29
경계를 허무는 과학자와 공학자/ 33
공학, 도전과 응전의 과정/ 35

2 만드는 자가 강하다 39
빌려 쓰는 시대/ 39
공학, 살아남는 1%의 비밀/ 41
인공지능 디지털플랫폼 사회/ 45
지역분쟁과 기후변화/ 46
디지털 경제, 패권 전쟁으로/ 49
만드는 자가 강하다/ 54

2부 문명을 열다

1 혁명인가, 물결인가 59
2 사회를 열다 62
농업혁명 이전의 인류/ 62
인류는 왜 정착했나/ 65
혁신적으로 바꾼 인간의 사고/ 67
더 많은 사람이 함께 살아가기/ 69

3부 노동에 날개를 달다

1 부를 경험하다 75

밥 문제 해결/ 75
기계혁명과 폭발적 생산성/ 77
    증기기관과 인프라의 구축 77/ 증기기관 78/ 증기선과 증기기관차 81/
    증기기관의 동력, 석탄 83

공장과 도시의 등장/ 85
패권국으로 올라선 영국/ 88
속도가 키운 근대/ 92
    자연을 지배하라 92/ 효율성의 시대다 93/ 문제는 시간이다 95

출렁이는 환경/ 98
    기후변화 98/ 초록빛의 땅인가 얼음의 땅인가 101/
    보이지 않는 공기와 도시 스모그 106/ 지속가능성 110

플라스틱 수도관과 생활 안전/ 120
플라스틱 문명시대/ 124

2 속도가 붙다 137
조이는 모던 타임즈/ 137
대량생산 시대를 연 포디즘/ 139
    포드의 혁신과 컨베이어 벨트 139/ 새로운 학문의 개화/ 141

차별화 전략, 슬론주의/ 143
생산과 경영의 혁신/ 144
    새로운 동력의 출현, 전기 144/ 규격화, 표준화, 통계의 시대/ 145

물질이 바꿔놓은 삶/ 148
    아비투스 148/ 패션과 유행 152/ 옷과 평등 155/ 공학은 정신을 바꿨다 157

3 두 뇌가 시작되다 160
디지털 시대의 개막/ 160
    클로드 섀넌, 정보이론의 아버지 160/ 아날로그 정보: 연속성을 기록하기 162/
    디지털 정보, 유·무로 기록하기 164/ 디지털 혁명이 가져 온 변화 168

4부 두 뇌로 달리다

사람 닮은 인공지능 175

초연결사회/ 177
SNS 시대/ 184
더 큰 인간으로의 발걸음, 환경지능/ 187
　유비쿼터스 모바일 인터넷 187/ 인터랙션, 인간과 기계의 상호작용 190/ 의식이 있는 인공지능 193/

앰비언트 인텔리전스, 환경지능의 시대/ 201
AI 헬스케어 플랫폼, 호스피털에서 홈스피털로/ 210

5부 창조하고 발명하라

1 제조와 변형 215

대영제국을 부른 제조업/ 215

2 미래의 제조업 221

초연결사회와 선진제조업의 시대/ 221
　다시 꽃피는 제조업 223/ 패션산업으로 미리 보는 선진제조업 225/ 3차원 가상공간 응용기술 232/ 스마트 패션 공장 235

선진제조업의 기반, 빅데이터와 인공지능/ 237
다시 제조업으로/ 242
　성장활력을 잃어버린 제조업 243/ 우리 제조업의 현주소를 찾아 245/ 제조업 르네상스를 열어가는 선진국들 249/ 리쇼어링해야 할 우리 기업 252/ 기술혁신이 승부를 가른다 255

제4 번영의 길/ 258
스타트업 육성으로 일자리 만들어야/ 260

　찾아보기 263
　참고문헌 267

제1부

보이지 않는 것의 지배

1
코로나바이러스와 기회의 창

뉴 노멀을 요구하는 코로나바이러스 인류의 수명은 감염병과 끊임없이 싸우며 연장되었다. 인류 역사에서 최초이자 마지막 인구감소가 일어난 것도 감염병에 의한 것이었다. 중세 유럽에서 1억 명 이상의 희생자를 낸 흑사병(1347~1353)이 지나간 뒤 유럽 각국은 감염병에 취약한 밀집형 주거단지 대신 '팔마노바Palmanova'와 같은 사방이 훤하게 뚫린 방사선형 도시를 건설했다.

미국공학한림원이 지금까지 과학기술이 이룬 업적 20가지를 선정한 적이 있다. 이 중에 평균 수명을 연장시켰다는 이유로 포함된 업적이 상하수도 시설이었다. 물을 공급하기 위한 상수도시설은 로마시대 수도교 유적, 잉카의 마추 픽추machu picchu 유적에서도 볼 수 있듯이 역사가 오래다. 하지만 깨끗하고 안전한 식수의 공급이라는 의미에서 상수도시설의 역사는 불과 100여 년 안팎이다. 오늘날 관광 명소로 자리잡은 파리의 하수도는 감염병 예방이라는 배경에서 만들어졌다.

19세기 중반 콜레라가 전 유럽을 강타했다. 다른 지역은 차치하고 파리에서만 콜레라로 1만 8천여 명이 사망할 정도였다. 콜레라가 영국에서 우물을 중심으로 번져나가자 과학자들은 그 원인이 수인성 병이라는 것을 찾아내 대대적으로 상하수도를 정비했다. 이 사업은 감염병 예방뿐 아니라 인류의 수명을 연장하는 데 크게 기여했다.

우리가 최근 겪고 있는 코로나바이러스 팬데믹도 의학과 과학이 융합된 기술로 대처하고 있다. 첨단 ICT 인프라와 의료기관과의 연계는 코로나바이러스 팬데믹과 같은 비상사태에서 눈부신 활약을 하고 있다. 감염병이 돌 때 시골에 사는 것과 도시에 사는 것, 어느 쪽이 더 건강과 장수에 도움이 되는지 생각해 볼 수 있다. 대도시는 감염에 더 취약하다. 인구밀도가 높은 도시가 인구밀도가 낮은 지방에 비해 감염이 빨랐고, 감염자도 많았다. 같은 도시에서도 인구집적도가 큰 도심이 외곽지역보다 감염위험이 높았다. 인구집적도에 따른 격차가 컸다.

다중의 편리 중심으로 세워진 대중교통 중심의 도시계획은 코로나바이러스에 매우 취약함을 드러냈다. 이를 보면 도시계획의 철학과 패러다임을 바꿔야 할 필요가 있다. 대중교통의 중심축을 따라 감염이 많이 되므로 감염병 확산을 막기 위한 새로운 공간 배치를 할 필요가 있다. 대중교통 중심의 용도지역제, 즉 주거·상업지역을 분리하지 않고 혼합형 공간배치를 채택해야 할 필요성이 감염병에 대한 대처방안으로 대두됐다. 도심에도 주거를 병행, 사람의 이동을 줄일 수 있도록 설계한다면 일시적인 인구 밀집에 의한 감염병 전파를 줄여나갈 수 있다. 성공적인 예로 미국은 금융위기 이후 도심 한복판에 스타트업 공간을 제공하자 젊은이들이 모여들어 도심이 활성화되고, 다운타운이 살아났다. 한편 사회적 거리두기가 오래 가자 획일적인 아파트 생활을 벗어나 단독 주택이나 전원생활에 대한 선호가 나타나고 있다.

코로나바이러스 팬데믹이 곧 잡힐지, 대재난으로 역사에 남을지는 미지수다. 아직 판단하기는 이르다. 일부 감염병 학자는 코로나바이러스가 앞으로 2년 동안 소멸과 확산을 반복할 것이라고 예측하기도 한다.

중국은 코로나바이러스 팬데믹의 은폐로 초기 대처에 실패하여 지역 의료체계의 붕괴를 초래했고, 수많은 희생자를 냈다. 현실을 직시하지 못하여 가혹한 결과를 맞았다. 국민의 안전보다 정권의 안전을 지켜내려고 한 것에 대한 큰 대가를 치른 셈이 됐다. 중국은 코로나 사태를 통해 불투명하고, 일당 독재체제의 우월성을 세계적으로 옹호해 왔던 국가자본주의의 결점을 여실히 드러냈다. 중국의 야망과 세계질서의 관행에 대한 무시와 자국 중심의 세계질서에 대한 의구심이 증폭됐다. 세계보건기구의 의사결정 과정에도 의문이 제기되고, 세계 보건의료자원의 활용성까지 떨어뜨렸다. 이 여파로 감염병 전파의 차단에 대한 효율성을 높이기 위해 전체주의 국가에서만 할 수 있던 엄격한 통제가 어느 나라에서나 통용되어 개인의 자유와 기본권 침해가 심각한 지경에 이르렀다.

코로나바이러스 팬데믹이 진정되더라도 세계 각국은 사회분열이 심해질 수 있다. 미국은 세계최고의 건실한 의료체계를 갖추고 있었으나, 트럼프 대통령의 초반의 안이한 현실부정이 수많은 시민들을 죽음으로 내몰았다. 일본은 아베 수상의 2020올림픽 개최와 맞물린 정치적 야망, 편협한 정치인들의 오판, 과거에 대한 집착 등으로 사태를 더욱 악화시켰다. 이스라엘은 요새심리 표본으로써 모든 외국인의 입국을 막고, 자국에 있던 단기 방문객까지도 내쫓는 등 자국민만 보호하는 일이 벌어졌다.

코로나바이러스 팬데믹은 우리가 노멀로 받아들이던 관습을 깡그리 무너뜨리고 새로운 뉴 노멀을 세우도록 요구한다. 근대 서구문명의 뿌리인 개인의 자유와 사생활 보호까지도 포기하는 지경에 이르렀다. 익숙한 제도나 관습 속에 젖어 문제로 여기지 않던 문제를 수면 밖으로 끌어냈다. 특히 코로나바이러러스 팬데믹과 같이 예견하지 못한 여러 이유로 불황조차도 정상이 되는 뉴 노멀의 시대가 오고 있다. 이런 상황 중에도 무엇보다 중요한 것은 경제회복이다. "바이러스로 죽기보다 굶어죽겠다."는 말이 통하지 않게 최선의 지속적이고 생산적인 '구휼책'을 빠르게 시행, 앞으로 이런 어려운 일이 닥칠 때에 대비해야 한다.

국가는 경제 안정화를 위한 최선의 재정정책을 세우고, 통화·금융정책으로 이를 뒷받침해야 한다. 현재의 경제적 타격이 실물경제에서 비롯된 것이기에 가계와 기업에 선별적 재정지원과 기업의 유동성 지원을 위한 정부대출이나 신용보증 등의 대책이 대폭 제공되어야 한다. 지난 금융위기는 말 그대로 금융위기였지만, 통화정책으로 거둘 수 있는 효과는 매우 한정적임을 경험했다. 이번 코로나바이러스 경제위기는 실물경제의 위축이다. 이 위기를 벗어나는 것을 넘어서서 기회의 창을 열어갈 재정정책을 펼쳐나가야 한다. 제조업을 통해 경기를 부양할 중소기업을 파격적으로 지원하는 재정정책을 펴야 한다. 국가 기간산업의 보호를 위한 특단의 재정정책도 필요하다. 또 전향적인 산업정책도 필요하다. 우리는 한진해운의 파산으로 그 대가를 톡톡히 치르고 있다. 한진해운의 파산 뒤, 컨테이너 한 개를 미국 서부에 있는 롱비치 항구까지 700달러면 보내던 것을 현재 1,700~2,000달러를 지불해야 보낼 수 있다. 더불어 운송시간까지 지연되는 등 수 조원의 비용을 우리 산업계가 더 부담하면서도 제조업의 국제경쟁력을 떨어뜨리고 있다. 세계 최대의 항공화물을 운송하는 국적 항공사와 같이 전 산업의 국제경쟁력에 직·간접으로 영향을 미치는 국가 기간산업은 반드시 지켜내야 한다.

코로나바이러스 팬데믹으로 빚어지는 세계 공급망 단절의 충격은 경제민족주의를 부추겨 세계 공급망의 변화를 불러올 것이다. 이때가 우리나라로서는 세계 속에서 우리가 가진 산업우위에 걸맞는 세계 공급망 재편을 이끌어내야 할 시점이다. 또 소프트파워를 높이고, 디지털전환이 진행되고 있는 시점에서 디지털 뉴딜에 부응할 선진 제조업에도 관심을 기울일 적기다.

폴더폰과 선진제조업

인공지능, 소프트웨어 산업은 국가경쟁력에도 큰 영향을 미치는 전략 분야다. 새로 출시된 삼성 폴더폰의 판매가는 239만 원이다. 하드웨어를 만드는 제조비는 33%도 안 되는 80만 원에 불과하다. 이처럼 하드웨어를 만드는 비용은 소프트웨어 비용에 비해 아주 낮다. 미래의 자동차도 소프트웨어가 주인공이 되고,

하드웨어가 조연이 될 것이다. 현재의 자동차 회사가 자율주행 전기차 분야의 경쟁에서 뒤처지면 소프트웨어 회사에 종속된다. 특히 이런 자동차회사는 자율주행자동차의 하드웨어라는 껍데기만 생산하는 기업으로 추락할 것이다.

세계 유명 패션제품의 SPA 브랜드인 유니클로는 위협적인 미래 경쟁자로 생각지도 못했던 온라인 쇼핑몰인 아마존을 지목했다. 이러한 것이 가능한 이유는 '3D 가상의복착용 시스템' '디지털 피팅'과 같은 소프트웨어 진보의 결과다.

코로나바이러스 팬데믹은 오프라인 매장의 매출을 온라인 쇼핑몰로 더 빠르게, 더 많이 이동시켰다. 영화관을 단 하나도 가지고 있지 않은 안방극장 넷플릭스Netflix의 인기도 치솟고 있으며 디즈니랜드가 출범시킨 영화 스트리밍 사이트 '디즈니플러스'는 수천만 명의 새로운 가입자를 맞이했다. 온라인 시장이 오프라인 시장을 앞지르는 시점에서 디자인 개발, 마케팅과 생산까지도 디지털플랫폼 기업이 차지할 가능성이 대두되고 있어서다.

우리나라는 스마트팩토리 시스템을 도입하기 위하여 제조업 혁신정책을 꾸준히 펼쳐 왔다. 특히 2015년 세계 최초로 '클라우드 컴퓨팅 발전법'을 제정하여 클라우드 분야의 성장을 견인하기 위한 기반을 마련했다. 이로 인해 공공 부문에서 민간 클라우드서비스 이용이 가능하게 됐다.

인공지능 소프트웨어와 디지털플랫폼은 1%의 천재적 영감이 99%의 통념을 뒤집으며 산업생태계를 바꾼다. 디지털플랫폼을 통해서 개인이 조직의 힘을 무한히 활용할 수 있는 세상이 열리고 있다. 조직과 비조직의 융합으로 개인의 창조성과 실행력이 폭발적으로 커지는 세상이다. 소프트웨어 매니아에게는 자신의 길을 찾게 해줄 뿐 아니라 가지 않은 길을 여는 영감과 도전의 열쇠를 제공한다. 우리의 전통제조업을 '제2정보혁명'의 핵심인 클라우드 컴퓨팅, 가상현실·증강현실, 지능로봇, 사물인터넷, 빅데이터, 인공지능, 환경지능 소프트웨어와 융합하여 산업 현장에서 제품의 디자인, 지능생산, 마케팅, 서비스연계 등과 어우러진 선진제조업을 키우는 데 전력을 기울여야 한다.

코로나바이러스 팬데믹은 생산성에 큰 변화를 초래할 것이다. 생활방식과 근무환경이 달라졌기 때문이다. 재택근무, 원격근무를 하게 됨으로써 컴퓨터 작업이 일상화되고 동영상 편집 기술, 가상현실·증강현실 기술 등이 크게 발전하게 되었다. 원거리 출장도 화상회의로 대신하게 되어 이동도 줄어들었다. 이동이 줄면서 차량정체가 사라지고, 개인 시간이 많아지게 됐다. 학교수업도 비대면 온라인으로 이루어지게 되었다. 하지만 교육은 온라인으로 지속되어야 할 것이 있고, 하지 않아야 할 것이 있어 온라인 교육은 보조수단이어야 한다. 온라인 평생교육의 기회는 증폭되어 콘텐츠의 소비가 많아지고, 웹 프로바이더들의 역할이 두드러질 것이다. 원격의료, 재택진료가 비약적으로 발전할 것이다. 오프라인에서의 생산, 마케팅 등을 모두 디지털플랫폼 안으로 끌어들이는 일을 더 가속화시킬 것이다.

초글로벌 연결사회와 고령사회로 인한 인구 구조의 변화에 맞는 기술과 서비스 개발이 중요하게 대두됐다. 이 사회구조의 변화에 따라 인간이 중심이 된 사회시스템의 발전과 인간친화 기술의 보편화가 실현되어 건강한 생활환경을 구축할 수 있게 될 것이다. 인간중심의 서비스를 제공하기 위해서는 산업과 과학기술의 인간과의 융합이 필수적이다. 한 예로 장애인과 고령자에 대한 지속적이고 새로운 서비스가 개발되어 윤리사회로의 전환이 빠르게 진행되고 있다.

기업은 코로나바이러스 팬데믹이 가져온 변화와 혁신을 생존을 위해 받아들여야 한다. 위기에 맞서 데이터 축적과 디지털 경험을 바탕으로 디지털전환을 조직 전체가 효율적으로 이행하고 신기술을 접목하여 디지털 뉴딜을 펼쳐야 한다. 특히 생산성 향상을 위한 혁신을 수용하여 도약해야 할 기회다. 국제사회에서는 취약해진 글로벌 분업체제에서 자국의 이익을 앞세우는 경제민족주의가 부상할 것이다. 고립적이고, 전제적인 성격을 띤 정부일수록 이러한 유혹에 빠져 자국만의 이익만 추구하고 국제협력을 통한 인류공통의 가치를 망각하게 된다.

대위기 속에서 준비된 자에게 기회는 온다. 지금까지 겪어보지 못한 비정상적인 상황에서도 미래에 대한 투자, 즉 사회 인프라, 연구개발, 교육 등 공적투자를 멈추지 않아야 한다. 또 국제사회에서 자국의 이익만을 추구하고, 국가주의로 흐르면 어떠한 상황에 봉착하게 되는지를 눈여겨 봐야 한다. 경제민족주의자들은 세계주의자들이 글로벌 공급망을 통해 자신의 야심과 부를 챙겨왔다고 하며 세계화와 국제협력을 부정하고, 보호주의 무역정책을 꾀하고 있다. 그들은 타국의 희생을 바탕으로 자국의 경기회복과 번영을 도모하려 하고 있으나 이는 세계사가 그 길이 잘못되었음을 확실하게 보여주었다.

위기 극복 후 지도층들은 불평등의 문제, 즉 각 집단의 이해상충의 문제를 배려가 통하는 세계화와 선진제조업으로 풀어야 한다. 상한선을 내리려 하지 말고, 하한선을 끌어올리려는 노력이 필요하다. 재앙 속에서 한 줄기 빛을 찾아내야 한다는 것, 코로나바이러스 팬데믹이 우리에게 준 교훈이다.

휴머노이드, 공학과 과학의 일

사람들은 공학이란 말을 들으면 어려워했다. 'Early Bird'를 부러워하고, 빨리 다가가는 데 둔감한 것을 부끄러워하지 않았다. 그런데 일반인이 공학을 모르는 것을 당연하게 여기던 사회 분위기도 스마트폰의 사용이 일상화되면서 180도 달라졌다. 이제 사람들은 인공지능, 빅데이터, 사물인터넷, 가상현실, 로봇, 지놈(DNA) 등과 같은 과학기술에 대해 이미 친숙해져 있고, 더 깊게 알고 싶어 한다. 코로나바이러스 팬데믹으로 인간의 능력을 높여주는 과학기술과 싫든 좋든 동행하게 되었다.

인간에 가까운 인공지능 로봇, 즉 휴머노이드를 만들려면 어떤 기술이 더 필요한가. 휴머노이드를 왜 지금 당장 만들 수 없을까? 휴머노이드가 있다면 무엇이 달라질까? 편리해질까, 불편해질까? 휴머노이드가 나의 파트너가 될 수 있을까?

이런 질문을 했다고 너무 나간다고 하던 때가 엊그제 같은데, 스마트폰을 사용하는 보통 사람들도 이런 질문을 이젠 쉽게 한다. 때론 공학자인 저자보다 공학이 이룬 기술을 더 적극적으로 사용하고, 더 앞선 상상을 하고, 미래를 설계하는 사람들을 보게 된다.

과학기술은 연극대본과도 같다. 연극을 공연하기 위해서는 배우, 무대, 조명 등이 필요하다. 극작가는 희곡을 쓰고, 연출가는 이 희곡을 토대로 공연을 한다. 이 비유가 유효하다면 과학자는 극작가에 해당하며 연출가는 공학자와 비슷하다. 공학기술은 과학기술을 토대로 현실에 자신을 드러낸다. 희곡이 관객을 만나려면 무대와 배우가 필요하듯 과학기술이 대중을 만나려면 다양한 공학기술이 필요하다.

이제 우리는 '인공지성(생각하는 인공지능)'을 만드는 데 도전한다. 우리가 이야기하는 인공지성은 사람처럼 배우고 느끼고 경험을 축적하여 상황에 맞게 스스로 행동하고 표현할 수 있는, 자유의지를 구가할 수 있는 강한 인공지능을 말한다. 일부 사람들은 이것을 '인공의식'으로도 부른다. 인공지성을 만들려면 필요한 기술이 무엇인가에 대해 알아야 한다. 이를 위해서 우리 자신은 인공지성보다 더 앞선 능력을 가져야 한다. 우리는 생물학적 지능과 지성을 더 고도로 발전시켜야 한다. 사람이 가진 지능의 구성과 원리, 작동방식을 연구하는 것은 과학의 일이다. 이러한 지식과 원리를 동원하여 인공지능을 만드는 것은 공학의 일이다. 하지만 인공지성을 아직 만들지 못하는 첫째 이유는 '인간의 의식'에 대해서 확실하게 몰라서다. 이는 과학이 덜 발달해서다. 둘째 이유는 인공지성을 만들 때 꼭 필요한 기술이나 소재가 아직 개발되지 않아서다. 어느 정도 이론은 체계가 잡혔지만, 아직도 갈 길이 멀다. 현재의 기술을 뛰어넘는 새로운 돌파기술이 필요하다.

사람들은 휴머노이드에 대하여 영화나 공상과학을 통해 마치 우리 옆에 온 것처럼 가까이 느끼지만 인간과 비슷한 성능의 휴머노이드 탄생은 당분간 먼 이야기다. 우선 인간의 뇌와 크기가 비슷하고, 연산속도도 그만큼 빠른 컴퓨터가 필요하다. 부수적으로 휴머노이드가 인간처럼 자연스럽게 움직이고 인간만큼의 힘을 발휘하려면 인간의 관절 크기와 비슷한 수준의 모터가 필요하다. 작으면서도 부드럽고, 그러면서도 강력한 힘을 낼 수 있는 모터를 만들 기술은 아직은 없다. 과학자들은 실로 이율배반적인 것을 실현하기 위해 끊임없이 노력하고 있다. 로봇은 전기에너지로 움직인다. 그런데 이동하는 로봇은 배터리로 움직인다. 지금의 리튬 이온 배터리 기술로는 에너지 밀도가 낮아 휴머노이드를 인간처럼 움직이게 할 수 있지만, 잠시 움직이게 할 뿐이고 원하는 작동을 흉내만 내다 끝낼 뿐이다. 휴머노이드를 인간처럼 생각하게 할 수 있지만 그 생각이라는 것도 아주 초보적인 수준에 머물고 있다. 인간의 의식이라는 것이 인간의 영역인지, 신의 영역인지에 대해 결론을 내리지 못하고 있으므로 당연한 결과일 수 있다. 결국 휴미노이드를 만들어냈다고 주장하지만 인간과는 비교할 수 없이 낮은 수준이다. 텔레비전에 수시로 등장하는 여러 인간 모습을 한 전시로봇이나 호텔 로비의 안내로봇은 아직도 인형놀이 수준에 불과해 보인다.

완전히 새로운 컴퓨터와 알고리즘, 작으면서도 힘이 센 모터, 에너지 밀도가 높은 새로운 배터리 시스템의 개발이 따라붙어야 현실 속에서 터미네이터를 만날 수 있을 것이다.

휴머노이드를 만들기 위해서는 과학기술은 물론 이것을 실현할 수 있는 공학기술이 필요하다. 공학기술은 과학이론과 실제 기술을 아우르는 말이다. 바이오 기술도 이 범주에 들어온다. 과학이론은 실제 기술에 변화를 주기도 하고 현실인식에 기반하여 새로운 과학이론이 만들어지기도 한다.

앞에서 인공지성이 작동할 수 있으려면 인간 뇌의 작동원리에 대한 이해가 필요하다고 했다. 인간처럼 사고하기 위해서는 우선 인간의 뇌와 같은 수준으로 정보를 처리할 수 있어야 한다고도 했다. 더 자세히 말하자면 1,800cc 정도인 인간의 뇌에는 신경세포인 뉴런이 1,000억 개 이상이 있다. 이 뉴런은 서로 1,000개 이상의 이웃 뉴런과 시냅스로 연결되어 있다. 뇌는 100조 개 이상의 시냅스에 전기신호를 흘려보내 정보를 저장하여 기억하는 정보창고다. 뉴런은 크게 세포체와 수상돌기, 축색돌기로 나뉜다. 세포체는 핵이 있는 중심 부분이다. 수상돌기는 세포체를 둘러싼 나뭇가지 모양의 구조로 신호를 받아들이는 부분이다. 축색돌기는 길게 뻗어 나온 부분으로 신호를 보낸다. 축색돌기의 끝 부분은 다른 뉴런의 수상돌기와 인접해 있다. 여기에 전기 신호가 도착하면 신경전달물질이 나오면서 화학물질 신호로 바뀌고 다른 뉴런의 수상돌기에서 이를 받아들인다. 이 구조가 시냅스다. 최근의 연구에 의해서 이 시냅스가 뉴런과 함께 인간의 학습과 기억의 보관 장소라는 것을 밝혀냈다.

인간의 뇌는 1초에 1,000조에 달하는 명령을 한번에 처리할 수 있다. 현재의 슈퍼컴퓨터도 이 정도의 정보 처리능력은 발휘할 수 있다. 하지만 그 컴퓨터도 부여된 한 가지 명령만 처리할 수 있으나 인간은 여러 명령을 동시에 취합하여 처리할 수 있다는 점이 다르다. 따라서 공상영화에서 볼 수 있는 인간에 버금가는 인공지능, 인공지성은 현 세대를 뛰어넘는 먼 미래에나 꿈꿔 볼 일이다.

경계를 허무는 과학자와 공학자

과학자는 길을 만들고, 공학자는 그 길을 걸어간다. 과학은 공학이 나아갈 수 있는 길을 제시하고 공학은 이 길을 걸으며 길 주변에 어떤 것이 있고, 그 끝에 무엇이 있는지를 확인한다. 이렇게 만들어진 길을 많은 사람이 자주 다니게 되면 길은 조금씩 넓어지고 바닥은 단단해져서 다니기가 편해져 곳곳으로 뻗어나간다. 이제 이 길은 공학자뿐 아니라 과학자도 다니고 때로 과학자도 공학자도 아닌 보통 사람들도 이용하게 되면서 길은 더욱 붐비게 된다.

이 붐비는 길에서 새로운 길이 열리기도 한다. 길을 넓히는 일에 과학자가 참여하기도 하고, 공학자가 새로운 길을 만들기도 한다. 과학과 공학은 서로를 보완하고 서로를 지탱한다. 과학은 공학을 견인하고 공학은 과학을 추동한다. 이렇게 될수록 공학과 과학, 공학자와 과학자의 경계는 모호해진다. 과학자이면서 동시에 공학자이고, 공학자이면서 동시에 과학자일 수 있게 된다.

미국 칼텍의 NASA 제트추진연구소JPL를 창립한 과학자인 유체역학 물리학자 테어도어 폰 카르만(Theodore von Karman,1881~1963)은 우주로켓을 설계한 공학자이기도 하다. 오늘날 우리가 살아가는 시대는 어떤 시대보다 과학과 공학이 융합하여 함께 폭발적으로 발전하고 있다. 이 발전으로 인해 사람들은 과학과 공학이 이루어낸 기술과 더 자주, 더 쉽게 마주하게 된다. 공학자와 과학자의 경계가 무너지듯이 공학자와 일반인의 경계도 허물어지고 있다. 우리는 자신도 모르는 사이에 공학자가 되어가고 있다. 우리 생활에 깊숙이 파고든 과학기술은 일상의 일부분이 되어 공학자가 생각해 내고, 만든 길을 따라가게 된다. 자신이 느끼지 못하는 사이에 공학자처럼 사고한다. 공학은 상상하는 것을 실현케 하는 힘이 있다. 공학의 바탕에는 우리가 꿈꾸고 그려내는 미래의 상상이 자리잡고 있다. 이왕 공학자려면 상상가여야 한다. 인문학자이면서도 자연의 근본을 이해하는 사람이어야 한다.

공학기술은 인간의 삶에 아주 큰 영향을 미친다. 이 말은 공학이 즉 과학기술이 인간의 정신과 사유에도 영향을 미친다는 뜻이다. 오늘날 기술발전 과정에서 우리는 이것을 피부로 느끼고 있다. 스마트폰이 없었던 시대와 지금의 사람들은 다르다. 불과 10년도 채 안된 동안의 이야기다. 스마트폰으로 쇼핑을 하고, 결제를 하는 것 정도를 말하는 것이 아니다. 스마트폰이 있으면 혼자 있어도 심심하지 않고, 사람들과 모여 이야기를 나누면서도 자기의 스마트폰을 보며 한눈을 팔기도 한다. 가깝고도 먼 당신, 멀리 있으면서도 가까운 당신이 되어간다.

스마트폰은 사람들의 행동과 습관과 사고를 바꿔 놓고 있다. 이제는 노트를 들고 다니며 메모하는 사람은 찾아보기 어려울 지경이다. 에버 노트나 구글 메모장을 활용한다. 펜으로 쓰는 사람도 드물고, 말로 적는다. 글을 배우지 않은 어린이마저 글씨가 작아서 안보이면 화면이 아닌데도 엄지와 집게손가락을 위 아래로 벌려 확대하려는 모습을 종종 본다. 코로나바이러스 팬데믹은 스마트폰을 통해 감염자의 동선과 맞는 사람을 찾아내고, 주위의 감염자가 있는지를 알려주는 것이 일상화되었다.

이렇게 공학기술의 영향력이 갈수록 강해지고 있음을 느낀다. 공학기술은 산업혁명 이후 인간의 생산 활동과 삶을 자신이 경험하지 못한 속도로 바꿔놓았고, 바꿔갈 것이다.

공학, 도전과 응전의 과정

인간은 도구를 사용했고, 인류의 역사도 어떤 재료의 도구를 사용했느냐에 따라 구분됐다. 석기시대, 청동기시대, 철기시대와 같은 구분이다. 이런 도구들이 인간의 정신과 삶의 방식에 중대한 영향을 미쳤다. 자연 환경은 인류문명의 발생과 불가분의 관계를 맺고 있다. 인간은 자연환경의 변화에 따른 한계를 극복하려고 자연현상에 대해 알려 했고, 이런 과정 속에서 인간의 한계도 알게 됐다. 인간의 본질과 본성에 대해서도 생각하게 됐다. 인간은 자신의 욕구를 충족시키기 위한 생산 활동을 했고, 그 과정에서 인간의 한계를 극복할 수 있는 도구를 끊임없이 개발해 왔다. 결국 이런 도전과 응전이 공학의 과정이기도 하다.

그런데도 우리는 오히려 공학기술의 영향력을 간과해 왔다. 현재는 공학기술과 디지털 기술을 일상에서 활용하는 사람과 그렇지 않은 사람의 격차가 날로 커져가고 있다. 나날이 진보하는 디지털 신기술을 활용하지 않을 때 디지털 격차도 커질 수 있다.

공학기술은 현실을 이끌어 간다. 현재 제4차 산업혁명 시대를 이끌고, 새로운 사회와 문화를 열어 갈 것이다. 물론 미래를 예측하는 것은 매우 어렵다. 특히 미래의 기술진보를 예측하는 것은 더 어렵다. 지금까지의 경험에 비춰보면 실제보다 너무 떨어져서 예측하거나,

훨씬 과장되게 예측했다. 과학기술이 사회에 미치는 영향도 과장된 경우가 많았다. 객관적으로 보지 못한 경향이 있다. 그중에서도 특히 헬스케어에 관련된 바이오 기술이나 생명과학에 대한 예측이 지나치게 과장됐다. 바이오 이코노미에 대한 것도 이에 속한다. 심지어 인간의 헬스케어에 관련한 바이오 기술과 생명과학조차도 단기 예측마저 틀린 경우가 많았다.

값싼 바이오 퓨얼Biofuel, 디자인되어 탄생한 아이, 부작용이 없는 치료제, 특히 암치료제, 에이즈 치료제, 파킨슨병 치료제, 만능 바이러스 치료제, 인공 심장, 인공 간, 지놈을 변형해 디자인된 식물이나 동물 등을 만들어낼 것이라고 오래 전부터 예측해 왔지만 현재까지 이루어진 것은 별로 없다. 그러나 최근에 개발된 크리스퍼CRISPR 유전자 가위는 인간이나 동식물의 세포에서 특정 유전자가 있는 원하는 부위의 DNA 교정이 가능해져 선천성 유전질환, 혈우병 등의 질환을 치료하고 맞춤형 아기, 동식물의 품질개량 등에 활용되어 무한한 가능성을 예고하고 있다.

영국의 F. E. 스미스(F. E. Smith, 1872~1930)가 100년 전에 인공고기의 등장을 예측했다. 2013년 생물학자들이 이때 예측된 인공고기를 배양해 냈다. 세포 배양 기술인 셀룰라 어그리컬쳐Cellular Agriculture를 기반으로 육류의 머슬셀Muscle Cells을 채취해서 실험실에서 처음 배양해낸 것이다. 햄버거 하나를 만들기 위한 셀의 배양 비용은 무려 3억 원이었다. 원가가 너무 비싸 아직 실용화하기에는 이르다. 그러나 앞으로는 햄버거 1개를 만들 수 있는 인공고기의 배양 비용이 1만원 이내로 가능하다고 한다. 같은 기술로 물론 닭고기, 생선, 우유, 달걀 등도 배양해 생산할 수 있을 것이다.

또 다른 기술로 합성고기를 만드는 일을 하고 있다. 밀에서 프로틴을 뽑고, 코코넛 오일, 감자 프로틴 등을 추출하여 쇠고기가 전혀 들어가지 않았으나 쇠고기 맛이 나는 합성육류를 만들었다. 이것은 진짜 쇠고기보다 더 쇠고기 맛이 나서 성황리에 팔리고 있다. 채식주의자들은 쌍수를 들고 환호할 일이다.

이렇게 리엔지니어링해서 지방을 빼고, 설탕과 소금을 빼고, 칼로리를 낮추면서도 맛이나 만족감을 더 주는 인공 햄버거 같은 정크 푸드가 만들어져 팔리는 날이 올 것이다. 그러면 더 이상 정크 푸드는 정크 푸드가 아니다. 이것은 낙농업에 의한 환경오염을 줄이는 데로 바로 연결되어 바이오기술이 이룩한 기후변화 대책과도 연결될 것이다. 이젠 푸줏간이라는 단어는 사전에서나 찾아볼 수 있을 정도로 세상이 바뀌고 있다. 앞으로 '진짜 쇠고기나 돼지고기'는 사라지고 '인공고기'나 '합성고기'가 일반화되어 밥상에 오를 것이다.

현재 전 세계 인구의 40%가 비만이다. 현대인은 영양이 부족해서가 아니라 너무나도 맛있는 음식을 많이 먹어 영양과잉으로 건강을 해치고, 여러 성인병을 유발한다. 많이 먹는 것에 대한 죄의식에서 벗어나 실컷 먹어도 건강을 해치지 않는 식품이 가까운 시일에 등장할 것이다. 더 나아가 음식도 개개인의 지놈에 맞는 맞춤형 영양식을 먹을 수 있게 될 것이다. 늘 먹던 음식을 더 영양가 높게, 해로운 것을 빼고 건강식으로 먹을 수 있는 날이 오고 있다.

우리는 오래도록 우성인자 선택과 이종교배 등 형질변형을 통해 품질을 개량하며 농작물을 재배해 왔다. 본래의 당근은 하얀색이고, 뿌리가 앙상한 뼈처럼 가늘었는데 품종개량으로 주황색의 튼실한 뿌리채소로 바뀌었다. 복숭아도 체리처럼 작고, 짠맛이었으나 당도 높은 즙이 풍부하고 먹음직스런 과일로 변모했다. 이제는 바이오텍 기술, 즉 날로 발전하는 제네틱 기술이나 바이오 분자기술로 DNA 이식을 통해서 짧은 시간 안에 새 품종을 만들어 내고, 개량된 종자로 농산물을 계속 생산해 갈 것이다. 대표적인 예로 비타민 A가 풍부한 바나나와 향이 천 가지가 있다는 천혜향이 있다. 이것은 오렌지와 귤을 교배시킨 것으로 신맛이 적고, 달고, 과즙이 풍부한 과일로 밀감과 비슷하지만 두, 세 배나 크다.

2
만드는 자가 강하다

빌려 쓰는 시대

많은 산업 생산품들은 서비스를 위한 제품으로 되어 소유하지 않고 공유하는 시대로 바뀌고 있다. 자동차, 집, 세탁기, 옷, 텔레비전 등을 빌려 쓰는 시대가 다가와 있다. 더 이상 이 땅에 쇼핑으로 스트레스를 푸는 사람도, 쇼핑에 따라가서 스트레스를 받는 사람도 없어질 것이다. 빌려 쓰는 사회로 바뀌게 되는 것이다.

환경지능은 어디를 가든 나에게 딱 맞는 정보를 제공해 줄 것이다. 예를 들면 집에서 직장까지 통근길을 선택할 때 더럽고, 지저분하고, 위험한 길을 피해갈 수 있게 안내할 수 있다. 종교지도자는 디지털 플랫폼상에서 앱을 만들어 신도들이 '시험'에 빠지지 않는 삶을 살도록 이끈다. 아예 시험에 들지 않게 하는 것이다. 앱을 통해 나쁜 행동을 하거나 엉뚱한 곳에 눈길을 돌리지 않게 하고, 식당에 가서도 먹지 말아야 할 음식 등의 선별 메뉴를 고르도록 도와준다. 할랄 음식이라든가 채식주의자들에게 맞는 음식을 개개인의 지놈 특성에 따라 골라낼 수 있게 정보를 제공함으로써 각자에 맞는 건강한 삶을 이끌게 한다. 또 자신에게 닥친 여러 문제를 멘토나 스승과 함께 고민하고, 어떤 길을 가야하는지 조언을 받을 수 있다. 쇼핑을 할 때도 좋은 제품을 고를 수 있도록 돕고, 윤리적으로 생산된 제품을 알려주고, 커피나 기호제품을 살 때도 가려서 생산이력이나 영양소 등에 대해서 알려준다.

인간이 생각하는 인공지능(인공의식)을 만드는 것은 다음 세대에나 가능한 먼 미래의 일이지만 인간의 뇌에 인공지능컴퓨터가 들어가고, 환경지능과 융합하여 더 스마트하고 더 똑똑해져 '인공지성의 시대'를 열어갈 것이다. 인공지성 사회에서는 이렇게 나를 조정하는 좋은 면과 나쁜 면이 공존한다. 내 호주머니 안에 환경지능 플랫폼이 들어앉아 의식과 양심을 지켜갈 수 있도록 한다. 윤리적으로 선한 사람들이 되게 유도하고 결과적으로 범죄가 줄어들고, 더 선한 세상으로 갈 수 있게 하는 좋은 면이 있다. 그러한 툴이 환경지능 플랫폼이다. 물론 나쁜 면도 있다. 밀착감시로 사생활이 침해받거나 환경지능에 의해 종속되거나 조종될 수도 있으며, 개성과 인간성이 상실될 수도 있다.

이렇게 환경지능을 어떻게 설계하느냐에 따라 사람들로 하여금 조직이나 사회를 위해서 할 일과 하지 않아야 할 일을 유도할 수 있지만 행동 패턴이 모니터링되고, 알게 모르게 끌려 다니는 일이 일어날 수 있다. 20년 전만 해도 사이버에서 댓글로 인한 피해는 찾아보기 어려웠다. 그러나 현실생활에서의 스토킹이 사이버로 들어온 것이다. 가짜 사진을 합성하거나, 가짜 뉴스의 대량유통이 사이버에서 벌어지고 있다.

인간의 뇌는 상황에 따라 적응한다. 긍정적으로만 사용된다면 날마다 상쾌하고 즐거운 일이 일어날 가능성이 늘어난다. 즉 정신적 웰빙, 멘탈 웰빙 사회를 만들어 갈 수 있게 된다. 그러나 사람들은 환경지능 속에서 실제와 가상을 넘나들며 혼돈의 늪에 빠질 수도 있고, 늘 뭔가에 의지하려고 하는 새로운 멘탈 패턴이 등장할 수도 있다.

결국 나는 주위 사람들과 연결되어 행동하고, 판단하고, 비교한다. 남이 하는 일과 내가 하는 일을 비교해서 환경지능 플랫폼을 통해서 알려준다. 초연결사회로 서로 연결되어 있어서다. 서로 네크워크되어 정신적, 신체적으로 교류하며 서로 활동적으로 변한다. 늘 내가 네크워크된 상황에 따라 상대가 바뀌게 되고, 주위와 환경을 살피게 된다. 단순 네트워크에서 한걸음 더 나아가 초연결사회의 윤리적 순기능은 환경지성이 더 나은 사회로 이끌어줄 것이다. 또 일상에서 날마다 공부하게 되는 세상이 열리게 된다. 생활하면서 나날이 정신도, 몸도 건강해질 것이다. 개인의 건강을 끌어올리고, 개인의 능력과 창의성을 최대한 발휘할 수 있는 사회로 발전될 것이다. 한편 환경지능은 개인간의 격차를 대폭 줄여주게 될 것이다. 인공지성은 빌 게이츠와 같은 수재와 보통사람과의 격차를 줄여주고, 일상생활을 영위하기에도 힘든 사람의 삶도 도와줄 것이다.

공학, 살아남는 1%의 비밀

1980년대 정보기술의 발전은 생산 공정에서 자동화를 급속히 불러왔고, 생산성을 한 단계 끌어올리는 데 기여했다. 이러한 정보기술은 생산성 향상에 그치지 않고, 우리의 생활 속으로 바로 파고들어 일상 자체를 바꿔 놓았다. '손안의 컴퓨터'로 불리는 스마트폰 플랫폼은 만능의 도구로 진화하며 사람과 기관, 사람과 조직, 사람과 사람, 사람과 사물 사이의 관계와 생활의 흐름까지 완전히 바꾼 것이다. 또 인공지능 디지털플랫폼이 등장해서 다양한 생활과 생산 정보, 소통이 무한대로 대중 속으로 확장되어 스며들고 있다. 이전의 모든 구매 행위와 소비 패턴, 뉴스와 언론 매체, 엔터테이먼트 등이 양방향으로 디지털플랫폼상에서 이루어지고 있다. 최근 컴퓨터 기술의 무한 진보와 인공지능의 급속한 발달과 함께 5G 통신기술의 진보에 따른 결과다. 인간사회에서 이루어지는 문명을 흉내 낼 수 있는 빅데이터 기술에 기반한 인공지능이 인간의 재화 생산과 일상생활을 또 한 번 바꿔 놓고 있다. 이것이 제4차 산업혁명을 추동하는 기반이 됐다.

제3차 산업혁명이 정보소통의 시간과 공간을 단축시켰다면 제4차 산업혁명은 자동화 공장을 넘어 무인 공장에 가까운 스마트 팩토리로 진화하고, 인간의 물리적 시간과 장소를 단축시켰다. 자율주행 자동차, 플라잉 카, 환경지능, 인공지성, 바이오의학, 이종장기 이식 등의 기술이 인간의 생산성과 삶을 획기적으로 변화시키고 있다. 가상현실과 증강현실 등의 발달은 거대한 물리적 경험을 한자리에 앉아서 체험할 수 있게 한다. 학습도 3차원 공간에서 실제 상황처럼 게임하듯 하게 했다. 그리하여 인간의 안목과 지식을 실제 경험보다 더 효과적으로 확장시켜 나가고 있다.

코로나바이러스 팬데믹이 온라인방식을 통해 원격학습의 확산을 가져왔다면 이제는 일상에서도 내가 사는 곳에서, 내가 배울 수 있는 영역을 스스로 파악해서, 독자적인 학위를 개척할 수 있는 새로운 교육혁명 시대를 열고 있다.

현대인은 정신세계에서의 무한한 확대와 확장이 가능하고, 다른 세대에서는 전혀 경험할 수 없던 일들을 경험할 수 있지만, 이러한 것들은 인간성의 발달과는 별개의 영역이다. 왜냐하면 대면경험이나 인간 관계 등의 생활에서 인간의 부족함을 메울 수 있어서다. 인간끼리 부딪치며 터득할 수 있는 점 없이 자신의 아집에 묶이거나 매몰되는 인간, 신체·정신적으로 나약한 인간으로 추락하게 될 문제점도 남아 있다.

과거의 기술발전이 생산성을 향상시켰다면 현재의 기술발전은 노동의 영역에서 인간을 해방시킨다. 로봇, 인공지능, 사물인터넷, 빅데이터, 자율주행자동차와 같은 제4차 산업혁명의 기술발전 속에서 인간의 노동은 점점 설 자리를 잃어가고 있다. 새로운 파괴적 혁신 기술은 늘 일자리를 위협하는 노동자의 적으로 간주되었다. 과학기술은 노동종말의 시대로 몰아가겠지만 한편으로는 첨단 공학기술을 가진 사람들에게 일할 기회가 더 많이 주어져 이들에게 부가 집중될 수도 있다. 따라서 집중된 부를 가진 이들은 그것이 자신만의 것이라고 생각할 것이 아니라 좀더 사회적 책임감을 가지고 나눔을 실천해야 할 의무가 있다.

우리는 지금부터 대량 실업시대에 대한 대책과 이들의 재교육, 평생교육에 대해 논의해야 하고, 한편으로는 첨단공학기술을 이끌어 나갈 역량 있는 인재를 키워내야 한다. 역사적으로 기술은 노동을 대체하며 생산성을 향상시켜 온 것은 분명하다. 이제 로봇과 인공지능은 생산성을 한 단계 더 업그레이드하여 삶의 질을 나은 길로 이끌 것이다. 궁극에는 이러한 첨단 기술이 자본의 평등을 추구하고 사회적으로는 인간성을 회복할 수 있게 만들 것이다.

영국의 대표적인 경제연구소 「옥스퍼드 이코노믹스Oxford Economics」에서는 2030년까지 제조업에서만 2천만 로봇을 채택(중국에서만 1,400만 로봇 채택 예상)할 것으로 예상하여 3,000만 개가 넘는 일자리가 대체될 것이라고 했다. 자동화로 없어진 일자리는 제조업의 생산성 증가를 뜻해서 작업의 질을 높이고, 경제성장을 촉진할 것이라고 했다. 현재 제조업 현장에서 한 로봇을 쓰면 평균 1.6명 분의 일자리가 줄게 된다. 이 1.6명은 지식이나 기술수준이 가장 취약한 노동자부터 해당된다. 한 로봇을 쓰면 몇 사람이 대체될 것인가 정도는 그 산업의 고도화에 따라 다르다. 산업현장에서 로봇으로 대체할 가능성의 비율은 선진국일수록 낮고, 후진국일수록 높다. 2011~2016년까지 로봇 대체 비율을 각 나라별로 분석한 결과를 살펴보면 일본 7%, 독일 27%, 미국 40%, 한국 83%, 중국 267%였다. 후진국일수록 로봇으로 대체가 더 빠르게 진행되었음을 알 수 있다. 세계적으로는 전 산업인력의 20%에 해당하는 8억 명의 일자리가 향후 10년 안에 로봇으로 대체될 것이라고 했다. 그 중에서 생산현장의 기계 오퍼레이터가 가장 큰 영향을 받게 될 것이다.

인간의 노동력이 기술로 대체되고 있고 기술발전을 이끄는 사람과 그렇지 않은 사람들 사이의 경제적 격차는 점점 더 벌어지고 있다. 이러한 현실을 부정하거나 비판한다고 해서 상황은 달라지지 않는다. 더욱이 이러한 큰 변화의 흐름을 다른 방향으로 바꿔놓을 수 있는 것도 아니다. 기술발전은 실제 '지금-여기'에서 벌어지고 있는 현실이다. 이 현실을 부정할 수 없다면 우리의 삶과 제도를 바꿔 새로운 디지털 문명 시대를 채비해야 한다. 경제적 격차를 줄일 수 있는 것은 앞선 교육이고, 개인의 한 걸음 더 앞서 나가는 창의성이다. 내가 가진 1%의 장점이나 창의성을 살리면 큰 소득으로 이어져 풍요로운 삶을 누릴 수 있다.

인공지능 디지털플랫폼 사회
미래 사회는 인공지능 디지털플랫폼 안에서 많은 학습과 생산, 구매, 소비, 헬스케어 등이 이뤄지게 된다. 이 플랫폼 안에서 모든 재화와 서비스를 서로 주고받는다. 세상의 모든 정보를 얻고, 자신의 생각과 일상의 흔적을 남기며 외부세상과 소통한다. 이는 타인에 의해서 나의 생각이나 행동이 영향을 받게 됨을 의미한다. 나 자신의 정체성을 상실하고 남의 생활을 대신하는 삶을 살 수도 있게 된다. 충동질과 추동의 늪에 빠져 헤매거나 주인이 아닌 남으로 살아갈 위험성도 있다. 마치 사이비 종교집단의 광신도처럼 인공지능 디지털플랫폼에 매몰되어 생활할 수도 있다.
인공지능 디지털플랫폼에서는 너무 많이 보여주고, 걸러지지 않은 정보가 넘쳐난다. 싸구려 볼거리와 양산된 거짓 뉴스 같은 정보의 늪에 빠지지 않도록 깊은 사고력을 키워가야 하는 것은 현재 우리의 당면 숙제다. 이 숙제를 해결하기 위해 인문학의 확장은 필수다. 상상력을 키워줄 수 있는 예술, 타인과 공감할 수 있는 능력, 정해진 룰 속에서 서로 부대끼며 몸으로 하는 스포츠 같은 활동을 마음껏 펼칠 수 있는 환경을 더 넓혀가야 한다.

환경지능과 컴퓨터 칩의 인체이식 등은 개개인의 지식정보 창고를 엄청나게 키운다. 환경지능은 필요한 정보를 어디를 가든 늘 합당하게 제공해주고, 필요한 조언을 해준다. 그러나 개인의 타고난 생체 뇌에 담긴 지식은 오히려 줄어들 수 있다. 네비게이션이 길치를 만들듯 생각의 고리가 끊어질 수도 있다. 뇌도 근육과 마찬가지로 쓰지 않으면 퇴화된다. 이를 막기 위해서는 사고력 증진을 위해 끊임없이 책을 읽어야 하고, 사유의 끈을 놓지 말아야 한다.

우리는 이미 인공지능 디지털플랫폼이라는 거대한 조직 속으로 들어와 있고, 그 안에서 생활하고 있다. 확장된 인간의 능력으로 삶의 질과 사회발전을 위해서 무엇을 할 것인가를 날마다 고민해야 한다. 따라서 이 플랫폼 속에서 함께 생활할 콘텐츠가 무엇보다 중요하다. 이 콘텐츠는 단순한 정보가 아니라 인문과 예술과 기술이 고도로 융합된 나만의 그 무엇이어야 한다. '차이 나는 나'가 만들어질 때 더 가치있는 기회를 잡을 수 있다. 나이도, 교육 수준도, 종교도, 지역도, 인종도 뛰어넘는다. 기회의 바다는 활짝 열려 있다. 그 방향키는 자격을 갖춘 자, 준비된 자는 누구나 쥘 수 있다. 이런 것들의 시작점에 인공지능 디지털플랫폼이 있다.

지역분쟁과 기후변화

현재 세계 3대 지정학적 위험요소로 남중국해 문제, 페르시아 걸프 지역의 분쟁, 북한 핵문제 등을 들 수 있다. 이 셋은 세계 분쟁사에서 어느 것 하나라도 우위라고 할 것이 없을 정도로 분쟁의 핵이며, 우리에게도 직접 영향을 미치는 문제들이다. 이 중 남중국해 문제는 아편전쟁(1840~1842)에서 대패하여 땅에 떨어진 청나라의 자존심을 세우려는 중국의 남중국해에 대한 영유권 주장과 맥을 같이하고 있다. 청나라가 남중국해의 영유권을 주장한 시점에는 남중국해를 샅샅이 탐험하여 작은 섬이나 암초, 모래톱에까지 이름을 붙이고 측량해서 완벽한 지도를 제작할 국력이 없었다. 영국 해군이 완성한 해도를 베껴 거기에 임의의 선을 그어 주변국을 무시하고 영유권을 주장했지만, 그것을 지켜낼 국력이 없다는 것을 알고 있었기에 세계는 관심을 두지 않았다. 그런데 중국은 지난 30년 동안 이룩한 경제부흥에 힘입어 국력이 높아지자 국제규범을 무시하고 화이어리 크로스 암초Fiery Cross Reef 지역에 인공섬을 만들고 여기에 비행장과 항만을 건설한 뒤 필리핀, 베트남과 영유권 분쟁을 야기하고 있으며 말레이시아, 인도네시아, 부루나이와도 분쟁 중에 있

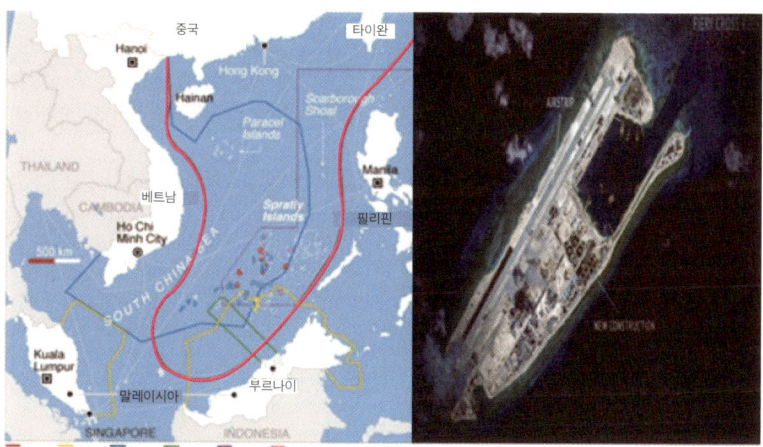

▲ 왼쪽 : 중국이 주장하는 영해(빨간 선 안쪽)와 각국이 주장하는 영해(각색)
▲ 오른쪽 : 남중국해 화이어리 크로스 암초에 만든 중국의 인공섬

다. 우한 폐렴으로 촉발된 코로나바이러스 팬데믹을 역이용하여 세계 산업공급망의 지배전략을 세워 바이오의학, 희토류에 기반한 첨단 소재, 전자·정보 등 제4차 산업혁명 분야에서 전략적 위치를 강화하고 경제·외교·군사력에서 미국을 제치고 세계 패권을 차지하려 하고 있다.

우리가 당면하고 있는 또 다른 문제로 기후변화를 들 수 있다. 현대인 한 사람은 농경시대보다 3천 배 이상의 에너지를 쓰고 있다. 이 비율은 점점 늘어날 것이다. 에너지 사용의 증가는 인구팽창과 함께 환경문제를 야기하여 지구 평균 기온 상승에 영향을 미치고, 기상재해, 생태계 파괴, 해수면 상승 등 자연재앙을 빈번하게 일으키고 있다. 유엔과 각 정부는 여러 환경단체, 기업 등과 함께 지난 20년 동안 기후변화에 대처하기 위하여 끊임없이 노력해 왔다. 파리기후변화협약을 통해 금세기가 끝나기 전까지 지구 온도를 1.5°C 이상 상승하지 않도록 하기 위하여 2030년까지 온실가스 배출을 30% 줄이고, 2050년까지 카본 뉴트럴을 달성하기 위해 막대한 노력과 비용을 투입할 예정이다. 그렇게 되면 지금보다 더 깨끗해진 공기, 더 쾌적해진 자연환경 속에서 인류는 누구나 건강한 삶을 살게 될 것이다.

그런데 묘하게도 우주의 큰 변화를 보면 2035년에는 태양의 활동이 1% 가량 감소하여 지구에는 지금의 소온난기가 끝나고 소빙하기가 닥칠 것으로 예측된다. 자연의 큰 변화 앞에 인간의 노력이 얼마나 효용이 있을지 생각해 보게 한다.

디지털 경제, 패권 전쟁으로

1980년대 말까지 전 세계 10대 기업 가운데 8개를 차지했던 일본이 무너지고 이후 우리나라와 싱가포르 등 '아시아의 용'들이 크게 약진했다. 1990년대에는 세계 10대 기업 모두를 미국이 차지했다. 하지만 2008년 9월 금융위기가 덮치며 세계의 경제지형은 또 다시 뒤바뀌어 세계 10대 기업에 미국의 ExxonMobil, 월마트, MS 세 기업만이 살아남고, 중국과 브라질, 러시아의 공기업이 나머지를 휩쓸었다. 시장자본주의가 이머징 마켓의 국가자본주의에 밀리는 형국으로 보였다. 그러나 지금은 상황이 또 바뀌어 여러 나라의 기업이 10대 기업의 자리를 놓고 경주하고 있으며 특히 중국 기업 3개가 올라와 있다.

2020년대는 모든 산업의 경계가 무너지고 그 안에서 융합하고 분화하고 변화하며 싱딩 기간 동안 서성상이 오래 지속될 것으로 예측된다. 특히 코로나바이러스 팬데믹은 2020년에는 세계경제를 5% 이상 후퇴시키면서 세계경제 지형을 또 한 번 휘저어 놓을 것이다.

영국 런던경영대학원 게리 하멜(Gary Hamel, 1954~) 교수는 혁신만이 이 만연된 불확실성과 위기를 넘어서는 진정한 처방이며 유일한 처방이라고 했다. 혁신은 더 이상 새롭지도 신기하지도 않은 유행어처럼 낡아버린 느낌이 든다. 그럼에도 지난 40여 년간의 신자유주의와 글로벌화 속에서 부침해 온 기업의 역사를 더듬어 보면 혁신은 여전히 우리의 생존을 담보하며 기업과 국가의 운명을 결정하고 있다.

현재 미국의 국력은 단연 세계 패권국의 면모를 그대로 유지하고 있다. 미국의 2021년도 국방비 예상 지출액은 7,400억 달러로 미국 다음

세계 10대 기업의 변천

1990			2019		
company	Revenue($M)	국가	company	Revenue($M)	국가
GeneralMotors	126,974	미국	Walmart	500,343	미국
FordMotor	96,933	미국	SinopecGroup	348,903	중국
Exxon	86,656	미국	R. D. Shell	326,953	네덜란드
IBM	63,438	미국	ChinaN.Petrol	326,008	중국
GeneralElectric	55,264	미국	StateGrid	311,870	중국
Mobil	50,976	미국	SaudiAramco	265,172	사우디아라비아
AltriaGroup	39,069	미국	BP	260,028	영국
Chrysler	36,156	미국	ExxonMobil	244,582	미국
Dupont	35,209	미국	Volkswagen	244,363	독일
Texaco	32,416	미국	ToyotaMotor	242,137	일본

으로 국방비 지출을 많이 하는 7개국(중국, 사우디, 인도, 프랑스, 러시아, 영국, 독일)을 합친 것보다 많다. 또 군대는 전쟁을 하는 군대가 평화를 유지하는 군대보다 더 강한 전투력을 갖는다. 미국은 월남전 이후에도 지난 20년 간 세계 곳곳에서 전쟁을 해온 나라다. 따라서 미국의 군사적 패권에 도전할 나라는 아직 찾아볼 수 없다.

미국의 트럼프 대통령이 일으킨 미중 무역전쟁은 사실 세계 패권 특히 세계 디지털패권을 놓고 벌이는 경제 전쟁이다. 트럼프는 'Buy American-Hire American(미국제품을 사고, 미국인을 고용해서 만들어라)'의 슬로건 아래 관세장벽을 둘러치고, 보호주의무역을 이끌며 세계화를 후퇴시키고 있다. 글로벌 국제분업 시스템하에서 기업은 자국내에서는 부가가치가 높은 일만 하고, 인건비가 제일 싼 곳을 찾아가 제조한다. 글로벌화가 대세이던 중에 트럼프는 'Buy American-Hire American'을 외치며 기존의 국제 분업에 기초한 글로벌 서플라이 체인을 무력화시켰다. 해외에 나가 있는 자국의 기업을 국내로 리쇼어링하여 일자리 창출에도 심혈을 기울였다.

이러한 정책으로 미국은 제조업에서 일자리가 많이 창출되었고, 제조업에서 파생되는 여러 서비스산업이 생겨 고용과 경기가 되살아났다. 2020년 코로나바이러스 팬데믹에 의한 경제 충격이 오기 전까지 미국은 실업률이 3.5%에 이르러 거의 완전 고용 상태를 유지하며 견고한 성장을 했다. 경제의 선순환이 이루어지며 혁신이 동반되고 있었다. 경제구조 전체로 보면 제조업 비중이 13%밖에 되지 않는데도 셰일가스, 컴퓨터와 인터넷 기반의 지식정보 혁명을 바탕으로 제조업 부흥을 위한 지원을 아끼지 않으며 제소업 혁신을 꾀했다.

한편 'Buy American-Hire American' 정책으로 세계 무역 거래와 교역량이 트럼프 전에는 5.7%씩 상승하던 것이 트럼프 이후 1/4 수준으로 곤두박질쳤다. 전 세계 제조업에 부진을 초래했고, 더 나아가 세계화 시대의 글로업 분업체계를 흔들어 놓고 있다. 이 변화는 세계 경제 흐름에 큰 영향을 주어 새로운 변화를 만들어 내고 있다. 그럼에도 코로나바이러스 팬데믹은 미국이 지난 10년간 제조업을 중심으로 완전고용 상태까지 달성한 경제 위업을 단 한 달여 만에 물거품으로 만들어 버렸다. 5,200여만 개의 일자리가 넉 달 만에 사라질만큼 경제도 사회의 여러 현상과 마찬가지로 팬데믹에는 속수무책의 허약함을 드러냈다. 세계 경제는 앞으로도 현재까지 겪은 변화보다 더 큰 변화를 겪게 될 것이다.

중국은 '중국제조 2025(Made In China 2025)'를 통해 차세대 정보기술·신에너지·바이오·첨단설비제조·신소재·환경보전·전기차 등 신산업을 적극적으로 육성하고 있다.

최근 인공지능은 컴퓨터 기술의 진보와 빅데이터, 깊은 기계학습으로 큰 발전을 보게 됐다. 기계학습은 수집한 데이터를 이용해 스스로 학습하는 인공지능 알고리즘 중의 하나다. 중국은 인공지능 분야에서 세계를 앞서가려고 박차를 가하고 있다. 미래의 디지털 패권 시대를 중국이 주도하겠다는 의지를 보였고, 이를 하나하나 실천에 옮기고 있다. 개인정보 보호나 사생활 침해의 소지에 관계없이 데이터를 무차별적으로 대규모로 수집하고, 이를 가공하여 얻어내는 빅데이터 기술을 키워내며 인공지능 분야에서 급속한 발전을 일궈냈다. 공산당 일당독재의 국가자본주의 체제에서 개인의 정보보호나, 사생활 침해의 소지는 뒤로하고 필요하다면 수집한 빅데이터 정보를 사용하여 인공지능의 자율학습으로 그 능력을 효율적으로 키워왔다. 제도적으로 개인정보보호법이 강화된 나라에서는 할 수 없는 일을 중국은 국가가 주도적으로 하여 빅데이터의 수집과 가공, 이용 면에서 미국이나 유럽을 앞선 세계 1위로 올라섰다.

산업 전반에도 AI 디지털플랫폼 개척에 성공하여 세계 10대 e-Economy에 중국의 e-비즈니스 디지털플랫폼 기업인 알리바바, 텐센트, 엔트 파이낸셜이 들어가 있다. 이렇게 셋이나 진입해 있는 것이다.

중국의 세계 디지털 패권 추구는 결코 허황된 것이 아니다. 충분히 달성할 수 있다. 디지털플랫폼 경제하에서는 그 파급효과가 전혀 예

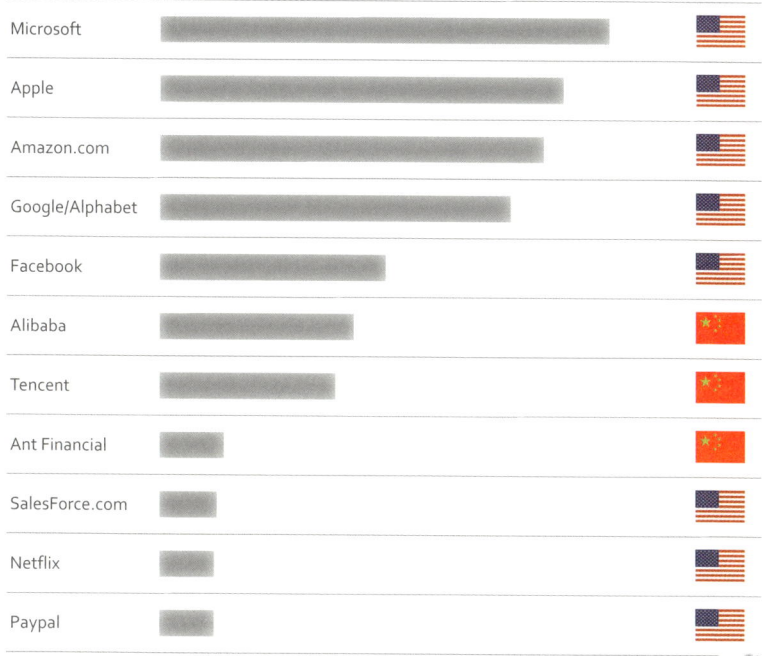

상할 수 없을 정도로 커서, 관련분야뿐 아니라 다른 분야의 산업도 폭발적으로 잠식할 수 있고, 석권할만큼 막강하다. 우버가 택시 업계의 패러다임을 한순간에 바꿔놓듯이 서로 관계가 없는 관계망, 전혀 예상하지 못한 분야에서 현재 진행되고 있는 기업의 경쟁과는 전혀 관계없는 엉뚱한 곳에서 파괴적인 혁신이 다가오고 있다.

일본은 산업경쟁력강화법 제정과 기업실증특례 등 파격적으로 규제를 완화하였고 '4차산업혁명 선도전략'을 통해 국가 재편, 로봇·인공지능에 집중하여 제조업을 육성하고 있다. 독일도 '인더스트리 4.0'이라는 제조업 혁신정책을 세우고, 사이버 현실 시스템Cyber Physical System이라는 구호 아래 스마트공장을 활용한 제조업 혁신을 꾸준히 꾀하고 있다. 최근 급속히 발전한 빅데이터, 로봇, 가상·증강현실, 인공지능과 융합되어 단순지식노동을 대체함으로써 제4차 산업혁명을 견인하고 있다. 여기에 더하여 독일 경제에서 제조업 비중을 25%까지 끌어올리기 위해 '독일 국가산업전략 2030'을 수립하여 역동적으로 추진하고 있다.

만드는 자가 강하다

역사적으로 생산성을 높인 나라가 선진국으로 자리잡아 갔다. 청나라가 서구 열강으로부터 당한 치욕의 100년은 생산성이 낮은 봉건사회의 틀에 얽매어 산업혁명이 일어난 영국의 발전 속도를 따라가지 못해서다. 1800년대 초까지도 청나라는 세계 최고 부국이었다. 산업혁명으로 더 강한 기술로 빠른 걸음을 한 영국이 더 큰 부를 축적하여 앞서게 된 것이지, 느린 걸음의 청나라가 후퇴한 것이 아니었다. 청나라는 더디게 발전해 가고 있었지만, 그 발전 효과는 영국과 유럽에 비해 훨씬 미미했다.

제1차 산업혁명은 제조업의 혁명이다. 모든 부가가치의 원천이 제조업에서 나왔다. 디자인, 마케팅, 금융, 유통 등이 모두 이를 중심으로 펼쳐졌다. 최고의 부가가치도 제조업이 누렸다. 생산하는 자가 부가가치를 독점할 수 있었기에 영국이 세계 최고의 부강한 국가가 됐다. 이것이 가능했던 것은 과학기술과 공학의 발전 덕분이었다.

그 시기에는 제조업에 모든 경제 활동이 종속되어 움직였지만 점차 그 흐름이 바뀌었다. 제1차 세계대전 뒤 패권의 주체도 영국에서 미국으로 넘어왔다. 글로벌화가 진전됨에 따라 글로벌 밸류체인에 많

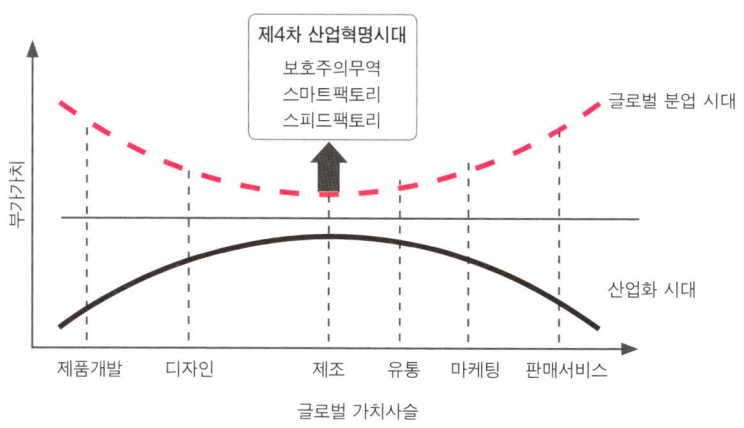

은 변화를 가져왔다. 기획, 디자인과 연구, 마케팅은 문화와 기술력이 있는 선진국에서 이뤄졌고, 제조과정은 인건비가 낮은 후진국에서 진행됐다. 글로벌화 이전의 제조업은 기획, 디자인, 연구, 제조, 마케팅이 모두 이익을 각기 평등하게 취했으나 글로벌화에 따라 제조분야는 부가가치가 떨어지고 나머지 분야는 커지게 됐다. 따라서 일부 제조업은 후진국으로 옮겨갈 수밖에 없었다.

글로벌 경제에서는 선진국과 후진국을 가리지 않고 정보기술의 발달로 생산현장이 가까운 곳에 있든, 먼 곳에 있든 생산 공정관리가 원격으로 이루어진다. 지금 선진국은 다시 제조업을 중심으로 소리 없는 전쟁을 치르고 있다. 기존의 제조업에 ICT첨단기술과 결합시켜 스마트공장을 활용한 선진제조업이 앞으로 국가의 부와 국제경쟁력을 결정하게 될 것이기 때문이다. 트럼프는 보호주의무역정책과 스마트팩토리, 스피드팩토리 등으로 글로벌 가치사슬 자체를 뒤흔들어 제조업을 다시 미국으로 불러들였다. 제조업이 가장 적은 부가가치를 창출하던 글로벌 분업을 깨고 제조업의 부가가치를 높여 선진국에서도 제조업이 가능하게 만들고 있다. 만드는 자가 강자가 되는 시대가 새롭게 열리고 있다.

제2부

문명을 열다

1
혁명인가 물결인가

정치적으로 혁명이라고 불리는 것에는 러시아혁명, 영국명예혁명, 미국독립혁명, 청교도혁명, 프랑스혁명, 쿠바혁명, 4·19혁명, 중국문화혁명 등 인류 역사에서 수없이 많이 있다. 이러한 혁명은 기존의 나쁜 지도자를 몰아내거나 새로운 정치체제를 도입했을 때, 또 지배자와 피지배자의 위치가 완전히 뒤바뀔 때를 일컫는다. 이런 식이라면 혁명은 많아도 너무 많다.

과학이나 공학에서는 혁명이라는 말의 사용을 극도로 아낀다. 예컨대 천동설에서 지동설로 바뀌는 엄청난 인식론적 전환 앞에서도 혁명이라는 말을 쓰지 않았다. 인간에게 엄청난 편익을 제공한 비행기, 자동차, TV나 컴퓨터가 발명되었을 때도 혁신innovation이라고 부를 뿐, 혁명이라고 명명하기를 꺼렸다.

공학은 도대체 어떤 것을 혁명이라 부르는가. 공학에서 혁명은 인간의 생산성이 폭발적으로 증가해서 노동자와 노동환경을 포함한 산업생태계를 완전히 뒤흔들어 놓았을 때만 혁명의 자격을 부여했다. 따라서 공학에서 말하는 혁명은 새로운 기술이 인간 개개인의 삶을 바꿀 뿐만 아니라 집단의 변화로 나아가는 현상, 그리하여 기존의 삶과는 다른 완전히 새로운 삶의 방식을 가능하게 만들 때 혁명이라고 부른다. 그래서 과학이나 공학은 크게 농업혁명과 산업혁명에 국한하여 혁명이라는 지위를 부여하고 있다.

산업혁명을 세분화하여 제1차 산업혁명, 제2차 산업혁명, 제3차 산업혁명, 제4차 산업혁명이라고 부르기도 한다. 하지만 앨빈 토플러는 산업혁명을 세분화하지 않았다. 그는 앞으로 다가올 변화의 중심에는 산업이 아니라 인간이 서게 될 것이라고 보았다. 그래서 그는 혁명이라는 말 대신 '물결Wave'이라는 말을 사용했다. 기존의 낡은 것들은 싹 쓸어가고 전혀 새로운 성질의 것들이 그 빈자리를 채운다는 점에서 파도를 떠올린듯하다.

앨빈 토플러가 산업혁명을 '제2의 물결'로 바꿔 부르긴 했지만, 적어도 그는 산업혁명을 부정하지 않았다. 그런데 유발 하라리는 '과학혁명'이라는 말을 썼고, 그 시기를 16세기부터라고 하고 있다. 그 시기는 신 중심의 세계관에서 종교개혁을 거치며 인간존중과 자아의 자각 등을 중요시하는 인본주의Humanism를 추구하고, 지동설과 같은 과학적 세계관을 세우며 르네상스 시대를 열어간 시점이다. 그는 이 시기를 기점으로 죽음은 무엇인가, 우주는 어떻게 형성되었는가와 같은 중요한 질문 앞에서 그 답을 모른다는 것을 깨달았다는 것이다. 무지에 대한 깨달음은 무지를 극복하려는 노력을 낳았고, 과학적 탐구와 연구를 통해 우주와 인간에 대한 새로운 지식을 얻을 수 있게 되었으며, 이러한 합리주의는 서양의 문화와 근대사회를 이루는 근본 사상이 되었다.

앨빈 토플러나 유발 하라리가 새롭게 붙인 이름은 흥미롭다. 하지만 이들이 바꾼 것은 '이름'이며, 그 혁명의 내용이 완전히 새롭다고 보기 어렵다. 그래서 이 책에서는 기존에 사용했던 농업혁명과 산업혁명을 그대로 사용하려고 한다. 또 산업혁명을 세분화하여 제1차, 제2차, 제3차, 제4차 혁명으로 나누었고, 각 혁명의 동력과 특징을 중심으로 살펴보았다. 혁명을 촉발시킨 계기, 핵심 과학기술, 이로 인한 집단과 개인의 변화, 그런 변화가 만들어내는 새로운 사회를 중심으로 이야기하려고 한다.

마르크스가 말한 대로 인간의 역사는 발전하지 않는다. 발전하는 것이 있다면 그것은 인간이 만든 시스템이며, 과학기술이 이 시스템의 발전을 추동한다. 마르크스는 역사의 발전단계를 5단계로 나누어 단계마다 혁명이 있었다고 봤지만 공학이 인정하는 혁명은 농업혁명과 산업혁명 이 둘밖에 없다.

2
사회를 열다

농업혁명 이전의 인류

농업혁명을 왜 혁명인지 살펴보려면 우선 농업혁명 이전 인류의 삶에 대해서 알아야 한다. 가장 오래된 인류의 흔적은 7백만 년 전으로 거슬러 올라간다. 이 흔적은 아프리카 중부의 차드공화국에서 발견된 사헤란트로푸스 차덴시스Sahelanthropus Tchadensis로 아프리카 유인원과 연관된 멸종 인류다. 이 화석에 현지어로 '삶의 희망'이라는 뜻의 '투마이Toumai'라는 이름을 붙였다.

이런 화석은 지금도 여전히 발굴되고 있으니 고인류는 더 오래 전인 1천만 년 전에서 200만 년 전 사이에 출현했을 것으로 여겨진다. 그렇다면 인류는 거의 1천만 년 동안 이동생활을 하며 살았다. 그 과정에서 250만 년 전에 석기를 사용하게 됐고 이 시기를 전후로 호모속은 호모 하빌리스, 호모 에렉투스, 호모 루돌펜시스 등 3종이 공존했던 것으로 보인다. 이중 호모 에렉투스는 200만 년 동안 아프리카, 아시아, 시베리아, 인도네시아 등 지구의 광범위한 지역에서 생존하며 100만 년 전에는 불을 사용한 우리의 직계 조상이라 할 수 있다. 유럽과 아시아 동쪽에 정착했던 에렉투스인은 이 지역에서 200만 년 이상 살아남았다. 이들은 어떠한 혁신도 변화도 시도하지 않고, 자연환경에 순응하며 생존만 했다. 생활방식이나 석기를 만드는 기술은 도태될 때까지 거의 동일한 수준으로 유지됐다. 가까운 동종 그룹끼리만 어울리고 현실에 안주하며 아무런 변화나 혁신을 추구하지 않았던 호모 에렉투스는 결국 멸종됐다.

현생인류의 명칭은 호모 사피엔스와 호모 사피엔스 사피엔스로 불린다. 그 차이는 네안데르탈인을 호모 사피엔스와 전혀 다른 종으로 보느냐 아니면 유사한 종으로 보느냐에 따라 갈린다. 현생인류와 네안데르탈인을 유사한 종으로 볼 경우 호모 사피엔스라 부르고, 현생인류는 호모 사피엔스 사피엔스라 부른다. 이 두 종을 이종으로 보는 경우 호모 네안데르탈인과 호모 사피엔스로 구분해서 부른다. 그

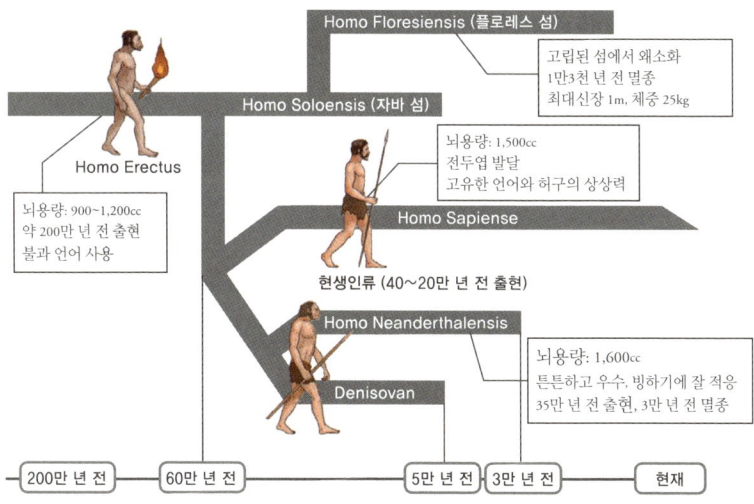

인류의 진화과정

런데 유전공학의 발달로 현생인류와 네안데르탈인이 사촌이라는 것이 밝혀지고 현생인류는 네안데르탈인의 DNA가 2% 정도 섞인 혼혈임이 밝혀졌다.

네안데르탈인은 유럽과 중동, 서아시아, 중앙아시아 일부지역에 넓게 흩어져 살았다. 호모 에렉투스는 이들보다 훨씬 전인 200만여 년 전에 유라시아 대륙과 아시아 동쪽에 퍼져 살았다. 네안데르탈인은 튼튼하고, 우수하며, 추운 기후에도 잘 적응했으며 3만여 년 전까지 사피엔스와 경쟁관계에 있었다. 그런 네안데르탈인이 왜 사피엔스에게 정복당했을까. 자원 경쟁에서 밀려난 게 가장 큰 원인이라는 것이 최근 밝혀졌다.

유발 하라리는 약 7만 년 전부터 사피엔스는 전두엽에서 일어난 돌연변이로 인지능력을 가지게 됐다고 하고 이것을 '인지혁명'이라고 불렀다. 호모 사피엔스의 인지혁명 시기는 7만 년에서 3만 년 전 사이에 일어난 것으로 여겨진다. 이것이야말로 매우 중요한 혁명이다. 호모 사피엔스는 전두엽이 발달하여 커지고 인지능력이 확장되며 허구를 창조해 낼 수 있는 상상력으로 창조성을 발휘하게 됐다. 고유한 언어를 가져 의사소통의 범위도 넓어지며 막대한 양의 정보를 저장할 수 있었다. 가상의 신을 창조하고, 이를 중심으로 구성원의 대규모 협력을 이끌어 냈으며 열린 시스템으로 중지를 모아 혁신을 이루어냈다.

이에 반해 다른 종들은 소수의 가까운 무리끼리 협동할 뿐 수많은 이방인과 매우 유연하게 협력하는 사피엔스에 대적하기에는 역부족이었다. 또 사피엔스는 활을 제작하는 기술도 있어 창과 도끼, 찌르

개만을 가진 다른 종을 먼 거리에서 제압할 수도 있어서 마지막까지 경쟁했던 네안데르탈인을 3만여 년 전에 멸종시키고 지구를 정복했다. 새로운 세상을 연 사피엔스는 드디어 지구 역사상 마지막 빙하기가 끝나고 온난화됨에 따라 얼음에 덮여 있던 땅에 초목이 우거져 수렵채집의 생활에서 농경 정착생활로 전환하게 됐으며 인류문명이 시작되는 순간이었다.

인류는 왜 정착했나

신석기 시대에 있었던 농업혁명은 한 번쯤은 들어본 말일 것이다. 그런데 이 혁명을 명명한 학자는 누구일까. 그 주인공은 바로 호주 태생의 고고학자 고든 차일드(V. Gordon Childe, 1892~1957)다. 그는 부유한 집안에서 태어나 영국 옥스퍼드 대학에서 유학하며 선사 고고학에 깊이 매료됐고 헤겔과 마르크스 사상에도 심취했다. 유학을 마치고 호주로 귀국하여 좌익성향의 정치활동을 하기도 했다. 이후 영국 에든버러 대학 교수와 런던 대학 고고학연구소 소장을 지냈다. 그는 다양한 고고학 자료를 체계적으로 분석했고 이를 토대로 유럽 선사 문화의 전개양상을 살펴보았고, 이 과정에서 '신석기혁명' 혹은 '농업혁명'이라고 명명하게 된다.

인류는 출현하고부터 거의 수백만 년 동안 재난 수준의 지구환경 변화에 적응하며 초원과 숲과 강과 바닷가를 떠돌았다. 그들은 한 곳에 머물러 살 수 없었고, 사바나의 동물들처럼 무리를 지어 이동하며 살았다. 그랬던 인간이 드디어 농사를 지으면서 한 곳에 정착하게 된다. 그런데 농경은 결코 수렵이나 채집에 비해 수월하다고 말할 수 없다. 곡식이나 가축을 키우는데 있어 더 많이 노력해야 한다. 신석기인은 이런 불편함을 무릅쓰고서라도 왜 정착하려 했던 것일까.

여기에 대해서는 의견이 분분하다. 어떤 학자는 좁은 땅에서 더 많은 식량을 확보할 수 있었다고 말한다. 또 사냥을 좌우하는 것이 운이라면 농업은 노력한 만큼 대가가 발생한다. 과연 그럴까. 지금의 기술 수준에서는 야생보다 인공적 재배가 훨씬 효율이 높다. 잡초를 제거하거나 더 많은 공을 들여 가꾸면 노력한 만큼 수확도 풍성했다. 하지만 노동의 효율은 수확량과 늘 같이 가는 게 아니라 효용 체감의 법칙에 따라 한계에 이르르게 됐다. 그런데 신석기 시대에도 그랬으리라고 장담하기 어렵다. 무엇보다 인간이 합리적인 사고와 효율성을 중시하는 사고를 갖추었다는 전제 아래에서 이런 주장은 타당할 수 있다. 이런 가설은 아나크로니즘anachronism, 즉 시대착오적 발상이라 할 수 있다.

또 다른 학자는 갑작스런 기후변화가 영향을 미쳤다고 말한다. 북서유럽의 툰드라지대가 기후가 따뜻해지면서 온대삼림으로 변화한다. 이렇게 되면서 즐겨 먹던 야생열매를 먹을 수 없게 됐고, 순록 떼와 같은 짐승을 사냥하는 것도 어려워졌다. 그래서 순록을 키우고, 작물을 재배했다는 설도 있다. 간단히 말해 익숙한 것을 먹기 위해 가축화와 작물화를 진행했다는 것이다. 이 가설은 허약하기 짝이 없다. 왜냐하면 인류가 정착하기 전 수백만 년 동안 기후변화는 수없이 일어났다. 그렇다면 인간은 이보다 훨씬 앞서서 정착생활을 했어야 옳다.

인구가 불어나자 농경이 필요해졌다고 주장하는 학자도 있다. 하지만 정착생활은 인구의 급격한 증가를 가져왔다. 인구가 늘어났다면 정착생활을 끝냈어야 하지 않을까.

많은 학자는 신석기 농업혁명이 인간의 인지혁명과 관련이 있다고 말한다. 신석기 시대 이전인 3만여 년 전에 전두엽의 발달로 인간은 상상할 수 있는 능력을 지녔고, 그 능력을 바탕으로 허구를 믿기까지 했다고 한다. 다시 말해 사후세계에 대한 생각을 가지고 있었고, 자신의 수호신으로 특정한 동물이나 상징물을 섬겼다. 이런 종교적 상징물을 짓기 위해 한 곳에 머물다가 인간은 그냥 그렇게 눌러 앉게 됐다고 한다. 특별한 이유가 있어서 정착생활을 한 것이 아니라 기후변화가 가져온 새로운 환경과 생활습관에 젖어 그냥 정착생활을 했다는 것이다. 이것이 삶의 진실에 훨씬 더 가까울 수도 있다.

혁신적으로 바꾼 인간의 사고

신석기인들은 정착하여 농사를 지었지만 때로는 그것만으로 식량이 부족했을 수도 있다. 야생식물을 길들일 수 있다면 야생동물을 길들이는 것도 가능하지 않았을까. 그런 생각을 하는 것은 어렵지 않다. 아니면 우연히 어미 잃은 멧돼지나 여우를 길들인 인간이 다른 동물을 길들일 수 있다는 생각을 하는 것도 어렵지 않았을 것이다.

사람들은 곡식을 구해서 바닥에 두는 것보다 나뭇잎에 두는 것이 더 좋다는 것을 알았고, 나뭇잎보다는 돌과 같은 것이 더 오래간다는 것을 알게 된다. 평평한 돌보다는 오목하게 패인 돌이 더 실용적이라는 것을 알게 됐을 것이다. 오목한 돌을 찾아다니다가 종국에는 흙을 이용하여 토기를 만든다. 오목한 것과 평평한 것, 그런 도형에 대한 관념도 생겨나게 됐을 것이다.

사람들에게 가장 먼저 사육되고 길들여진 동물은 개, 돼지, 소, 양 등이었다. 하지만 그들은 자신이 가지고 있는 가축이 몇 마리인지를 몰랐을지도 모른다. 왜냐하면 이들에게 아직 숫자라는 것이 없었을 테니까. 그래서 양을 몰고 풀을 뜯어 먹이고 돌아왔을 때 양이 없어졌다는 것도 양이 늘어났다는 것도 알지 못했을 수도 있다. 그렇게 시간이 흘러 양과 돌멩이를 등치시킬 수 있었을 것이다. 전혀 닮지 않은 양과 돌멩이가 같다는 것은 얼마나 놀라운 발상의 전환인가. 이렇게 그들은 수를 알아가게 됐을 것이다.

처음에 사육하고 길들여진 이러한 동물의 고기를 먹었을 것이다. 그런데 그 가죽의 유용함을 조금씩 알게 됐고, 가죽으로 동물처럼 몸을 보호할 수 있다는 것을 알게 됐을 것이다. 뼈를 이용하여 더 날카롭고 더 섬세한 것을 만드는데 사용하게 됐을 것이다. 그와 함께 만들어야 할 것을 머릿속으로 떠올리는 능력 역시 인지혁명의 덕택으로 향상된다. 정말 놀라울 정도로 느리게 말이다.

또 이들은 농사를 짓게 되면서 작물의 성장에 영향을 끼치는 요소들에 대한 지식을 쌓아 갔을 것이다. 해가 뜨고, 비가 내리고, 바람이 부는 등의 자연 현상을 관찰하게 됐고 이것이 어떤 식으로든 변화한다는 것을 인간은 알게 됐다. 그런데 이런 자연변화가 인간에 의해 일어나는 것이 아니었기에 이러한 변화를 가능하게 만드는 더 큰 존재가 있다는 것을 생각하게 됐을 것이다. 그렇게 인간은 자연의 큰 힘을 느꼈을 것이고 그 힘을 숭배하게 됐을 것이다.

신석기인들은 정착 생활을 하면서 곡식이나 고기를 다루는 방식을 배워야 했다. 사물을 대하는 방식이 달라지면서 행동을 변화시켰고, 이런 행동에 기반하여 새로운 경험을 쌓아가게 됐다. 눈에 보이는 것만 생각하던 인간은 눈에 보이지 않는 것들에 대해서도 더 깊이 생각하게 됐을 것이다. 인간의 사고의 범위는 물질적인 것에서 비물질적인 것으로, 실체적인 것에서 관념적인 것으로 확대되어 나갔던 것으로 여겨진다. 농업혁명은 인간의 사고를 혁신적으로 바꿔놓았다는 점에서 더 큰 의의를 가진다.

더 많은 사람이 함께 살아가기

농업혁명이 일어난 신석기 시대 이전까지 인간은 자연의 일부에 불과했다. 자연 속에서 자연이 길러내는 과일을 먹고, 자연이 키워낸 동물을 사냥했다. 하지만 농업혁명을 통해 인간은 자신이 먹을 것을 스스로 만들어 냈다. 이전까지 인간은 자연에 완벽히 예속되어 자연에 기생하여 살아갔다. 농업과 목축을 습득함으로써 자연이 관장했던 생산의 영역에 개입하게 된 것이다. 자연보다 더 우월하다는 자부심을 갖기까지 1만 년이라는 세월이 더 필요했지만, 농업혁명을 통해 자연과 대등해질 수 있는 계기를 얻게 됐으며, 자연을 이용하는 기술을 통해 이 지구를 지배하게 됐다.

돌아다니는 것에 익숙한 인간이 자발적으로 한 곳에 정착해서 살아간다는 것은 놀라운 일이 아닐 수 없다. 생각해 보라. 길고양이를 집고양이로 만드는 일은 얼마나 어려운가. 중성화 수술을 시키지 않으면 길고양이는 어떤 방법을 동원해서라도 집을 뛰쳐나가고 말 것이다. 어쩌면 특별한 사람들에게 남아 있는 역마살, 행려병이라고 불리는 것들은 수십만 년, 수백만 년 동안 인간 유전자 속에 각인된 기억이 아닐까. 어찌됐든 수백만 년을 헤매던 인간은 한 곳에 모여 살게 됐다.

모여 살면서 인간은 사회생활이라 부르는 것을 하게 된다. 이런 생활이 습관이 될 때 우리는 이것을 문화라고 부른다. 정착을 하고 한 곳에 모여 살게 되면서 인간은 정착생활이라는 새로운 삶의 방식을 채택했고, 이것의 반복을 통해 생활습관을 갖게 됐고, 개인의 습관이 집단 전체로 확대되어 나가면서 드디어 문화라는 것을 갖게 된다. 인간은 이제 자신의 삶의 족적을 의식적으로 남기며 까마득한 어둠에 불을 밝힌다. 그렇게 끝없이 태어나고 죽기를 반복하며, 변화없이 되풀이되기만 하던 반복된 운행에서 벗어나 스스로를 각인시키며 문명의 길을 열어가게 됐다.

신석기인들은 움집을 지어 너댓 명이 함께 살았다. 함께 살아간다는 것은 얼마나 환상적이면서도 끔찍한 일인가. 혼자 살면 하고 싶은 대로 하면 그만이었는데 같이 살면 다른 사람들에게 맞추어야 한다. 이제 인간은 기쁨, 슬픔, 분노, 사랑, 즐거움과 같은 감정을 무조건 표출하는 것이 아니라 조율하는 방법을 배우게 된다. 이렇게 서로에게 맞춰나가는 것, 이것이 윤리고 도덕이다. 신석기 농업혁명은 인간에게 처음으로 도덕과 윤리의식을 갖게 만들었을 것이다.

무엇보다 인간은 분화되기 시작한다. 곡물을 키우는 사람과 가축을 기르는 사람으로 나눠지고, 농경과 목축의 기술은 발전하게 됐을 것이다. 농경민과 목축민은 서로 의존하며 서로의 생산물을 교환했을 것이고 그 과정에서 교역이 발생했을 것이다. 농경과 목축에 더 뛰어난 능력을 갖춘 사람, 더 많은 지식을 가진 사람이 우대를 받았을 것이다. 기술 발전은 생산성 확대를 가져왔고 그러한 경제적 기반에 힘입어 인구는 증가하게 됐다. 그러면서 사회는 더 복잡해지고 복잡해진 사회를 조율할 질서가 필요했을 것이다.

가족 단위로 집단생활을 하던 사람들은 다른 집단과 결혼을 하면서 집단의 규모를 더 확대해 나갔을 것이며 이를 통해 씨족공동체를 형성했다. 그들이 속한 자연환경과 그러한 환경에 적합한 생활습관 즉 문화를 쌓아나가며 독립된 사회를 형성해 나갔을 것이다. 유사한 문화를 공유하는 씨족이 연합하면서 부족사회로 발전해 나갔을 것이다. 더 규모가 크고, 더 생산력이 뛰어나고, 농경과 목축에 더 많은 지식을 갖춘 부족이 더 높은 지위를 차지해 나갔다. 그렇게 인간은 계급적 위계질서를 갖게 되며, 그 규모가 확대될수록 점점 고대국가의 모습으로 변모해 나갔다.

결국 농업혁명은 더 많은 인간을 결합하게 만들었다. 많은 인간이 집단을 이루면 이룰수록 더 다양한 사고와 더 다양한 기술을 가진 인간을 발견할 수 있게 됐다. 양적 다양성은 질적 다양성을 낳는다. 양적 변화가 질적 변화를 일으킬 수 있다는 말은 고대사회 발전사에서 증명됐다.

제3부

노동에 날개를 달다

1
부를 경험하다

밥 문제 해결

산업은 농업의 자리를 차지하고 군림하며 인간을 산업사회에 맞게 개조한다. 인간은 더 이상 운명과 필연에 매달리지 않는다. 산업사회의 인간은 자연의 섭리에 저항하며 자신의 운명을 스스로 헤쳐 나가고자 한다. 프런티어 정신! 산업사회는 이것을 종교처럼 섬기고 윤리규범처럼 따르게 했다. 산업혁명은 18세기 유럽의 한구석에서 시작하여 전 세계로 들불처럼 번져나갔다.

인류의 역사를 보면 삶의 질과 사회의 변화가 단계적으로 진보해 왔다. 욕구를 충족하기 위해, 삶의 질을 바꾸기 위해 노력해 왔다. 그 과정에서 필요하면 혁신했다. 시간의 흐름을 따라 발생한 단계적 진보를 깨는 계기가 산업혁명이다. 지난 1만여 년 동안의 인류의 축적된 경험을 깨고 새로운 세상을 만들어 낸 것이다.

농경사회에서는 완만하고 느린 발전은 재투자를 어디에 하느냐가 관건이었지만 한계가 있었다. 생산성의 획기적 증가나 새로운 분야의 생산수단을 만들어 낼 수 없었다. 천재지변과 전쟁이 없는 한 농업사회에서는 별다른 이변이 없었다. 미래에 대한 불안과 경쟁이 없다시피한 사회여서 의식주를 해결하는 데 집중할 수 있었다. 통치자의 평가는 국민에게 의식주를 제대로 제공했느냐가 잣대였다. 농업생산은 생산성 체감의 법칙에 따라 생산성 향상에 한계가 있다. 서너 배 더 공을 들여도 더 이상의 소출은 이루어지지 않는다. 효용체증이 아니라 체감이다. 농업사회에서 인간의 노동에 의해 얻을 수 있는 양은 정해져 있었다. 나눔의 과정에서도 지배계층의 착취가 일어났다. 제국을 건설하며 변방국을 침범한 것도 의식주의 해결을 위해서였지만 제한적이었다. 대중이 문화를 이끌 힘이 없었고, 부를 독점한 지배계급이 문화를 만들어 냈다. 창조의 주체는 지배 계급의 정점인 귀족과 제왕이었다.

산업혁명 전까지 인류는 '따뜻한 밥'의 해결이 절체절명의 과제였다. 인간은 삼시 세 끼를 해결하기 위해 하루 종일 뛰어야 했다. 제1차 산업혁명을 통해 대중의 의식주가 보편적으로 해결됐고, 절대빈곤에서 벗어났다. 세 끼조차 해결하지 못하던 계급에게도 따뜻한 밥이 주어져 가진 자와 가지지 못한 자의 격차가 줄어들었다. 전체 대중의 격을 한 단계 끌어올린 것이다. 가지지 않은 자들의 부를 착취한 것이 아니라, 생산수단이 200배 이상 향상되며, 농노와 지주의 착취구조가 만드는 한계를 극복해 나갔다. 산업사회에서의 생산성은 이전의 사회와 완전히 다르게 나온다. 산업사회에서는 농경사회의 같은 노동력에 비해 더 큰 재화를 생산해 낼 수 있었다. 노동자의 기준으로 볼 때 생산성은 어떤 일을 하느냐, 어떤 생산방법이냐에 따라 차이가 있다. 자본가들이 더 큰 이익을 취한 것 못지않게, 노동자들도 그 혜택을 나누어 가질 수 있었다. 자본가들은 부를 축적하여 재투자를 했고, 이것이 혁신과 사회발전의 원동력이 됐다.

산업사회는 이익이 난 만큼 끊임없이 재투자됐다. 모든 재화가 새로운 분야를 개척하는 데 투자되고, 미래를 예측해서 이윤이 있는 분야로 새로운 투자가 집중됐다. 산업사회에서 자본가는 미래를 향한 꿈을 가지게 됐고, 투자할 곳이 너무도 많아졌고 이를 실천에 옮겼다. 산업사회의 등장으로 지난 250년 동안 인류 사회는 급격한 발전과 변화를 맞게 됐으며 인구도 기하급수적으로 증가했다. 거대한 부와 조직을 거느린 대자본가도 다수 출현했다.

산업사회의 부는 미래에 대한 준비, 경쟁에 대한 대비를 필연적으로 하게 된다. 자본이 축적되었지만, 대중의 빈부격차의 폭이 넓어진 것은 아니었다. 자본이 새로운 분야로 흘러들어갔고, 새로운 산업을 준비할 수 있는 미중물이 됐다. 부가 극내화되었고, 대중들의 삶의 질을 한 단계 끌어올리는 계기가 됐다. 이렇게 '밥' 문제가 해결되자 시민사회로 가는 길이 열렸다. 산업화시대의 리더십은 각각의 개체가 미래를 더 잘 준비할 수 있게 하고, 더 도전해 나갈 수 있는 기틀을 만들어 주었지만 한편으로 산업사회는 천재지변보다 인간에 의한 재해를 걱정하는 위험사회로 변모됐다.

기계혁명과 폭발적 생산성

증기기관과 인프라의 구축   우리는 증기기관의 발명자를 제임스 와트로 알고 있다. 하지만 증기기관은 그보다 훨씬 오래 전에 발명됐다.

2,000년 전 알렉산드리아의 헤론(Heron, 10~70)이 그 주인공이다. 헤론은 증기압을 이용해 물을 한쪽 용기에서 다른 쪽으로 옮기는 방법을 고안했다. 그 압력을 이용하여 육중한 사원의 문을 여닫을 수 있었다. 헤론의 구상은 획기적이었으나 이것이 사용될 만한 곳은 극히 제한적이었다. 이 장치를 이용해서 사원의 문을 열면 겨우 신기한 구경거리 정도에 불과했다.

시대가 요구하는 것은 단지 획기적이어서만은 안 된다. 그 시대의 사람들에게 유용하고 그 사람들이 받아들일 수 있는 어떤 것이어야 한다. 발명품이 사용될 수 있도록 사회적 여건이 갖춰지지 않으면 그것은 역사 속으로 사라져 버린다. 증기기관이 상용화되려면 이 기관을 만들 수 있는 철이 있어야 하고 지속적으로 증기압을 발생시킬 수 있고, 효율도 높은 연료로 질좋은 석탄이 필요하다. 무엇보다 증기기관과 같은 거대한 힘을 필요로 하는 공장과 산업이 있어야 한다. 그런 산업이 없다면 이 발명은 아무런 효용 가치가 없다.

이런 발명이 바로 산업의 인프라(Infrastructure, 기반)에 속한다. 이로부터 생겨난 산업도 국가의 인프라다. 기술은 현실 위에서 발을 내딛을 수 있다. 헤론의 증기기관은 일종의 사상누각이라 할 수 있다. 그의 시대는 증기기관을 뒷받침할 수 있는 인프라가 갖춰지지 않아서다. 이 인프라가 마련되기까지 1,700년을 기다려야 했다.

증기기관 1663년 에드워드 서머셋(Edward Somerset, 1601~1667)의 발명품 모음집에는 증기기관을 이용한 펌프가 등장한다. 그는 이것을 만들 공장을 짓기도 전에 사망했다. 우스터 백작과 함께 증기펌프에 중요한 아이디어를 제공한 사람은 프랑스의 물리학자 드니 파팽(Denis Papin, 1647~1712)이다. 파팽은 실린더에 증기를 채우면 피스톤이 아래로 내려가고 증기가 빠져나가면 피스톤이 위로 올라가는 대기압식 증기펌프를 만들었다.

이러한 증기펌프를 보다 효율적으로 개량하여 상용화한 사람이 토마스 세이버리(Thomas Savery, 1650~1715)다. 1668년 세이버리의 증기펌프는 처음으로 광산에서 사용됐는데 이 기계가 제 성능을 발휘하면 광산에서 유용하게 사용될 것은 분명했다. 왜냐하면 광산에서는 광물을 캐는 것만큼이나 물을 퍼내는 일이 중요하기 때문이다. 비가 내려 갱도에 물이 차거나, 지하에서 물이 솟구치면 채굴을 할 수 없었다. 세이버리는 자신이 만든 기계가 사용될 용도와 그 파급력까지 분명히 알고 있었던 것 같다. 그가 발명한 증기펌프에 '광부의 친구'라는 이름을 붙인 것만으로도 이를 알 수 있다. 광부들은 그들을 효율적으로 도와주는 도구라는 친구를 얻었고 세이버리는 큰 돈을 벌 수 있었다.

문제는 세이버리의 증기펌프가 물을 30m 이상 끌어올릴 수 없었다. 이러한 문제를 해결한 사람이 토마스 뉴커먼(Thomas Newcomen, 1663~1729)이다. 뉴커먼은 증기가 실린더로 들어오는 과정에서 에너지를 잃게 된다는 단점을 보완했다. 그래서 파팽과 세이버리와 달리 실린더 아래에서 증기가 들어오도록 만들었다. 증기가 들어오면 피스톤이 위로 올라가고, 증기가 식어 진공상태가 되면 피스톤은 아래로 내려오게 된다. 증기가 아래에서 곧장 실린더로 이동할 수 있도록 개량한 것에 불과하지만 스팀의 효율을 높여 뉴커먼식 증기기관은 거의 100년 동안 인기리에 사용됐다.

이런 뉴커먼 증기기관의 가장 큰 문제점을 극복하여 에너지 효율을 한 단계 더 높게 개선한 사람이 제임스 와트(James Watt, 1736~1819)다. 뉴커먼의 증기기관은 실린더의 증기를 냉각시키기 위해 실린더 내

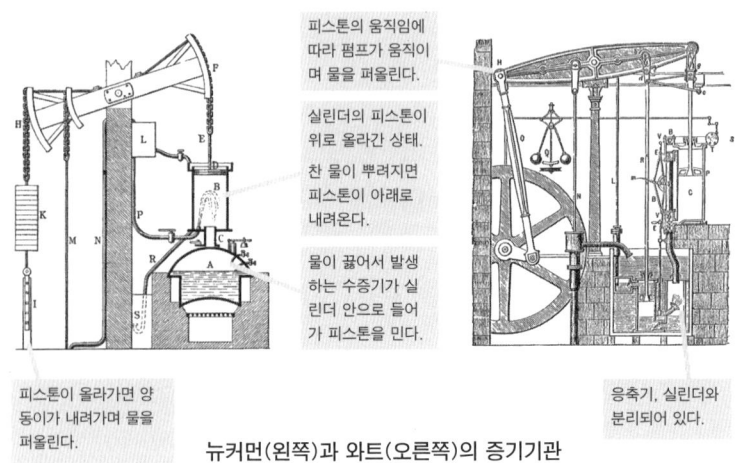

뉴커먼(왼쪽)과 와트(오른쪽)의 증기기관

부에서 물을 분출하게 되는데 이때 가열된 실린더도 냉각된다. 증기로 실린더를 채우려면 실린더도 다시 가열되어야 하고 그만큼 더 많은 에너지를 공급해야 했다.

하지만 실린더를 제외한 증기만 냉각시킨다면 쓸데없는 에너지 소비를 줄일 수 있다. 그 방법은 간단하다. 뉴커먼 증기기관은 실린더 안에서 증기의 응축이 일어난다. 그렇다면 실린더와 증기의 응축이 일어나는 곳을 분리시키면 된다. 이것은 파팽이 구상한 방식으로 돌아가 효율을 더 높이면 된다.

이렇게 응축기와 피스톤이 분리되자 상하운동에 갇혀 있던 피스톤을 좌우로도 움직일 수 있게 되었다. 좌우로 움직이는 피스톤은 물레나 톱니바퀴를 훨씬 효율적으로 회전시킬 수 있게 된다. 이러한 개선된 증기기관을 이용하여 1775년 비로소 방적기와 같은 섬유기계, 나아가 증기선과 증기기관차의 동력으로 실용화할 수 있게 됐다.

증기선과 증기기관차 드니 파팽은 1707년에 증기엔진을 배에 부착한 증기기관 선박을 만들었다. 하지만 당시의 사람들은 기계에 대해 거부감을 가지고 있었다. 무엇보다 증기기관을 배의 동력으로 삼게 될 때 뱃사공들은 실업자가 되고 만다. 이런 노파심이 현실에서 위력을 발휘했다. 독일의 뱃사공 조합원들은 드니 파팽을 죽인 뒤 그가 만든 세계 최초의 증기선을 파괴해 버렸다고 한다. 조합원이 파팽을 죽였다는 것은 과장된 말일 수도 있지만, 이때부터 사람들은 기계가 자신들의 일자리를 빼앗아 갈 수 있다는 것을 직감했을 것이다. 이렇게 산업혁명은 늘 일자리를 기계로 대체하거나 없애는 문제로 갈등의 소지를 제공했다.

화가들이 언제부터 기차를 그렸는지 정확히 알 수는 없으나, 1887년 모네(Claude Monet, 1840~1926)가 그린 「생 라자르 역」은 우리들에게 잘 알려져 있다. 그는 「인상, 해돋이Impression, Sunrise」를 출품했는데, 기존의 그림 기법과 너무도 다른 그림을 보게 된 비평가들은 안개를 너무 선명하게 그렸다고, 사물을 그릴 능력도 없는 화가라고 혹평했다.

모네는 이런 비평가들이 뭐라고 하든 말든 자신의 그림을 그렸다. 마치 보란듯이 증기에 둘러싸여 기차역도, 기관차도, 사람도 제대로 보이지 않는 그림을 그려 놓았다. 미술사에서 인상파의 특징과 모네의 화풍을 잘 보여주는 작품으로 가치가 높다. 공학의 측면에서 이 작품은 19세기에 증기기관차가 이미 당대의 일상 깊이 스며들었다는 것을 방증해 주는 중요한 자료다.

교통수단에서 철도는 가장 빠르게 인류의 삶을 변화발전시켰다. 사람이나 말이 끌던 궤도마차는 증기기관차로 대체됐고, 철도라는 근대적인 육상교통수단의 시발점이 됐다. 1825년 영국의 스톡턴Stockton에서 달링턴Darlington까지 40km에 이르는 최초의 화물철도가 운행됐으며, 이어서 1830년 맨체스터Manchester에서 리버풀Liverpool 사이에 최초의 여객용 철도가 개통됐다. 증기기관차가 20세기 말까지 다음 세대의 동력기관인 디젤기관차가 등장하기까지 수많은 파생형을 만들며 철도라는 교통수단의 엄청난 발전을 이끌었다.

증기기관차는 유럽 전역에 철도문명시대를 열었다. 증기기관 기차는 더 빨리 달리게 됐고, 더 멀리 갈 수 있게 됐다. 기차는 사람만 태운 것이 아니라 그 사람과 함께 하는 문화까지 태웠다. 유럽의 산업문명은 기차와 함께 달려 아시아 동쪽 끝 우리나라에까지 와 닿았다.

영국은 면방공업 분야에서 1733년 존 케이의 자동북flying shuttle, 1764년 제임스 하그리브스의 제니Jenny방적기, 1769년 리차드 아크라이트의 수력방적기, 1779년 사무엘 크롬프턴Samuel Crompton의 뮬방적기의 발명으로 혁신이 꾸준히 진행되어 산업생산성이 점차 향상됐다. 그러던 중 에너지 효율이 10배 상승된 와트의 증기기관의 발명은 기계화에 의한 생산성을 폭발적으로 증가시켜 이른바 생산성 혁명인 산업혁명의 동력이 됐다.

영국에서부터 시작된 산업혁명은 19세기부터 유럽 전체로 퍼졌고, 미국도 남북전쟁(1861~1865)이 끝난 후 유럽의 산업혁명 기술을 흡수하고 기계공업도 발달시켰다.

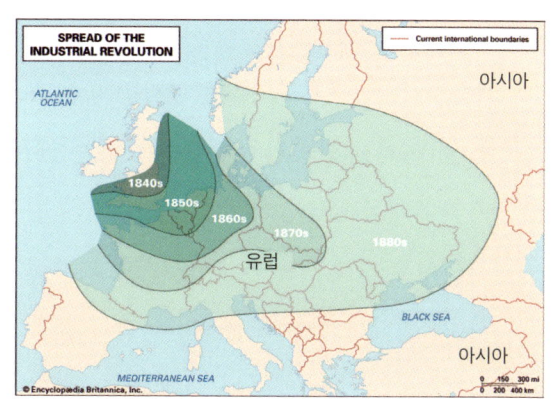

영국에서 시작된 산업혁명의 시대별 전파도

사람이 할 일을 기계가 할 수 있게 되자 직장을 잃은 노동자들은 '러다이트운동'을 벌여 기계를 부수고 다니기도 했다. 한편 일부 자본가의 엄청난 부의 축적은 간접적으로는 부익부 빈익빈을 가속화시켜 공산주의가 태동하는 원인이 되기도 했다.

인류 역사에서 가장 많이 사용되고 있는 동력기관으로 현재까지도 지구의 모든 석탄 발전소나 원자력 발전소에서 전력의 80% 가량을 생산하는 것이 증기기관이다. 현재도 어지간한 동력장치는 이 증기기관의 모델에서 기인하고 있기에 200년이 지나도록 인류의 산업과 생활의 필수요소로 자리잡고 있다.

증기기관의 동력, 석탄   드니 파팽이 증기선을 만든 것은 1707년이다. 그런데 토마스 세이버리가 증기펌프를 만든 것은 그보다 십 년이 앞선 1698년이었다. 토마스 세이버리는 이 증기펌프를 특허 출원하고, 광산의 지하수를 퍼올리는 데 써서 큰돈을 벌었다. 같은 것을 만들었는데 한 사람은 돈을 벌었고, 한 사람은 목숨을 잃었다. 어떻게 이럴 수 있었을까. 결론부터 말하자면 배는 사람의 노동력을 이용하여 저었기에 증기선은 뱃사공의 일자리를 뺏는 '노동자의 적'이었다. 하지만 탄광의 지하수를 퍼내는 데에는 사람의 인력만으로는 턱없이 부족해서 증기펌프는 '노동자의 친구'가 될 수 있었다.

그런데 여기서 드는 의문 두 가지. 왜 이렇게 많은 석탄이 필요했을까. 무엇 때문에 시대 전체가 석탄 채굴에 열을 올렸을까. 그 이유는 석탄을 이용하면 부피에 비해 높은 에너지를 얻을 수 있어서다. 이를 이용하여 철을 가공하고 제련했다. 또 질 좋은 석탄은 증기선이나 군함의 성능을 결정했다.

가정에서도 석탄을 사용하기 전에는 땔감으로 나무를 이용했다. 하지만 나무는 열량이 낮고 부피가 크며 다른 여러 분야에서도 많이 사용되고 있었다. 집, 가구, 종이 등을 만드는 주재료로 쓰였다. 무엇보다 배! 영국에서 배는 무역을 가능케 하는 상선의 제작과 국가를 지켜주는 군함을 만드는 주재료였다. 목재 수요의 대폭 증가로 산림이 황폐해지자 불안감을 느낀 영국 정부는 1558년 벌목을 제한하는 조치를 내렸다. 열강에 대하여 산업화하면서 석탄의 사용량은 더욱 늘어나게 됐다. 사용량이 늘어나게 된 또 다른 이유는 1666년 9월, 런던에서 발생한 대형 화재 때문이었다. 이 화재는 5일 동안 이어졌고, 그 과정에서 1만 3,000채의 가옥이 불탔다. 이후 집을 새로 지을 때 석탄을 사용하는 집을 짓게 되는데 지금도 영국을 대표하는 굴뚝 달린 집은 이때부터 지어졌다. 난방을 위한 주연료가 석탄이 되면서 그 수요량이 증가한 것은 당연하다. 이로 인해 런던의 공기가 무척 나빠지긴 했지만, 석탄은 인류의 삶에서 조리와 난방을 획기적으로 개선한 것이다.

또 석탄은 당시 군함의 전투력에 결정적인 영향력을 미쳤다. 역사학자 중에는 러일전쟁에서 러시아가 패한 요인 중 하나로 석탄의 품질을 들기도 한다. 러시아를 견제한 영국이 러시아 함대의 수에즈 운하의 통과를 막았고, 중간기착지인 남아프리카에서 좋은 품질의 석탄 공급을 차단했기에 저급탄을 사용한 증기선인 군함의 기동력이 떨어져 러일전쟁에서 패할 수밖에 없었다는 것이다.

지금도 석탄은 석유만큼 중요한 에너지 자원이다. 증기기관은 발전을 거듭하여 석탄을 효율적으로 운반하는 수단으로 쓰이게 됐다. 석탄을 요구했던 시대는 더 많은 증기기관을 요구했고, 증기기관은 자신의 연료로 석탄을 요구했다. 둘은 서로 맞물리며 한 시대를 풍미했다. 소비하기 위해 생산하고 생산하기 위해 소비하는 순환성, 이러한 맞물림 속에서 산업의 규모는 확대됐다. 자본가와 국가의 부는 국내 시장을 넘어 식민지나 세계로 확장되어 단시간에 축적됐다.

공장과 도시의 등장

영국은 17세기 명예혁명을 거치면서 면방공업, 제철, 유리, 시멘트 등 전 산업에 기계화의 혁신이 일어나, 생산성이 증가하여 경제적으로 윤택해지고 정치적으로 안정되기 시작했다. 이를 통해 민주주의의 초석을 다질 수 있었고, 정치적인 자유와 평등을 이룩했다. 인간존엄의 정신은 정치, 사회, 문화 전반에 전파되면서 농노와 장원으로 대별되는 봉건제도는 자연스럽게 해체됐고 상업과 산업 중심으로 사회가 재배치됐다.

새로운 꿈을 꾸며 오랫동안 살던 곳에서 떠나거나 사회·종교적 이유 등으로 타지로 떠나 공장 임금노동자로 변한 사람들이 늘어났다. 산업혁명이 시작되면서 공장을 중심으로 사람이 모여들었고 집단을 이루게 됐다. 공장에서는 생산 노동력이 필요하게 됐고, 이주한 사람은 임금노동자가 된 것이다. 근대도시는 이렇게 탄생했다. 그와 함께 사회 문제도 발생하게 됐다. 많은 사람을 통치하고 통제할 법이 만들어지고, 노동자와 사용자 사이 분쟁이나 대립을 조율할 수 있는 장치가 요구됐다.

무엇보다 중요한 것은 의식주 문제였다. 갑자기 많은 사람이 모여들게 되자 이들을 수용할 수 있는 주거문제가 대두됐고, 도로와 상하수도 시설이 필요해졌다. 이를 해결하는 과정에서 자연스럽게 건축공학과 토목·도시공학이 발전하게 됐다. 도시 사람에게 먹을 것을 제공하기 위해 도시 주변의 농촌에서 식량과 농축산물을 들여와야 했다. 이를 위해 운반을 효율적으로 할 수 있는 운송수단을 찾게 되면서 증기기관에 의한 교통도 비약적인 발전을 이루게 됐다.

산업혁명의 중요한 변화는 우선 생산규모가 엄청나게 커졌다는 것이다. 산업혁명을 대표하는 이미지는 일렬로 늘어선 방적기에 붙어서 일하는 노동자의 모습이다. 대규모의 공장과 기계를 통해서 대규모의 생산이 이뤄졌다. 급격하게 이룩한 산업화는 도시 노동자의 노동력 부족으로 이어져 어린이까지도 생산 현장에 투입됐다.

공장에서 일할 사람이 필요했으므로 유례를 찾을 수 없을 정도의 많은 사람이 도시로 몰리면서 새로운 형태의 사회·정치적 가치가 태동되고 시민사회를 이끌 대중이 형성됐다.

1899년 산업혁명시대 방적기에 붙어서 일하는 노동자의 모습

1908년 미국 사우스캐롤라이나 주 뉴베리 몰로의 한 공장에서 일하는 어린 방적공

패권국으로 올라선 영국

산업혁명 이전인 18세기까지 세계에서 가장 많은 재화를 생산하던 나라는 중국과 인도였다. 마케도니아의 알렉산더 대왕이 세계를 지배한 것처럼 말하지만 그는 인도의 본토는커녕 히말라야 산맥을 넘지도 못하고 죽었다. 오히려 그리스와 로마는 힌두교와 불교를 바탕으로 번성했던 인도문명의 영향을 받았다. 그리스는 인도문화를 그들 방식으로 재해석하고, 융합하여 헬레니즘 문화를 만들어냈다.

로마가 "해가 지지 않는 제국"이라고 역사는 말하지만, 그들은 아시아 근처에도 오지 못했다. 오히려 3~4세기 중국 북쪽에 위치한 흉노족이 유럽대륙으로 전진했고, 이에 놀란 게르만족이 이동하면서 로마는 힘을 잃기 시작했다. 중국과 인도는 실크로드를 통해 비단을 전 세계에 유통시켰다. 또 칠기와 도자기 등의 소공업 제품을 수출했으며 화약, 제지 기술도 유럽으로 전파시켰다.

명나라의 정화함대는 1405년부터 1430년까지 7차례에 걸쳐 원정을 떠났다. 포르투갈의 탐험가 바스코 다가마(Vasco Dagama, 1460~1524)의 아프리카 희망봉 발견보다 100여 년 앞서 희망봉까지 진출하여 해상무역을 활발하게 이끌며 세계에 조공무역과 중화사상을 심어 나갔다. 각 나라의 수많은 사절과 상인이 남경으로 와 교역을 텄고, 아시아·아프리카 교역을 통해 사자나 기린, 코발트 같은 새로운 문물을 얻고 명나라가 세계의 종주국임을 알렸다. 시간이 가면서 귀족들은 생산적인 교역보다는 백성들의 식량과 생필품을 팔아 코발트, 향신료 등의 사치품 수입에 열을 올리자 백성들의 원성이 자자해졌다.

유가사상까지 더해져 해상무역 회의론이 대두됐다. 북방에서 이민족의 위협을 느낀 명나라 홍무제는 1371년 해금(해양 교역금지)정책을 펴고, 쇄국의 길을 걸었다. 이 해금정책은 청나라에까지 이어져 빠르게 발전해 가고 있는 바깥 세상에 눈을 감은 격이 되었다. 이때부터 자기들만의 세상을 보았고, 세계 경쟁을 포기한 격이고, 결국 19세기 말에는 중국 역사에서 100년 치욕의 역사가 시작되는 단초를 제공한 셈이었다.

스페인과 포르투갈이 인도, 아프리카, 아메리카 등으로 눈을 돌려 식민지를 개척하고 영향력을 키워가고 있을 때에도 영국, 프랑스, 독일은 자기들이 세계의 전부인 양 대륙에서 세력을 확장하는 데 주력했다. 유럽대륙에서 떨어져 있던 잉글랜드, 스코틀랜드, 아일랜드가 잉글랜드를 중심으로 통합되고, 권리청원, 권리장전 등을 통해 정치체제 안정화시킬 수 있었다. 또 유럽내륙이 여전히 농업에 목을 매고 있을 때 영국은 무역과 상업, 산업생산에서 기계화 혁신 등의 발전이 꾸준히 이어졌다. 영국의 척박한 환경이 농업에 적합하지 않았던 것이 오히려 전화위복이었다고 할 수 있다.

증기기관을 통해 생산량을 극대화시킨 영국은 전 세계 공업생산을 압도하면서 재화 생산량이 증가하기 시작했고, 이는 영국의 국부를 빠르게 증가시켰다. 이때 주요한 역할을 한 사람이 제임스 와트(James Watt, 1736~1819)와 애덤 스미스(Adam Smith, 1723~1790)다. 스코틀랜드 글래스고대학의 수학기계설비사였던 와트는 증기기관의 효율을 획기적으로 향상시키는 데 성공했다. 그의 증기기관은 양수기에만 사용되던 그 이전의 증기기관과는 달리 면방산업 등의 제조업에 동력을

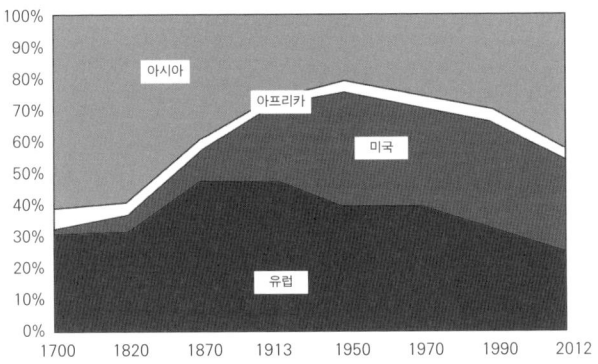

유럽의 GDP는 세계 GDP의 47%를 차지했으나 2012년도에는 25%로 감소

공급해 새로운 공장에서 대규모 생산을 가능케 하는 제1차 산업혁명을 이끌었다.

제임스 와트는 자신보다 13살 많은 글래스고대학의 동료인 정치경제학자 애덤 스미스를 만나면서 산업혁명의 꽃을 피우게 됐다. 애덤 스미스의 경제이론에서 영감을 얻고 1775년 볼턴과 '볼턴 앤 와트'사를 설립, 증기기관의 양산에 들어가 경제적으로 큰 성공을 거둔다. 애덤 스미스는 산업혁명의 진행 과정을 보며 이론적으로 자신의 학문을 꽃피웠다. 애덤 스미스는 와트의 증기기관 도입으로 산업 생산의 획기적 증대와 분업의 효과에 주목했다. 『국부론』을 펴낸 것이 1776년이었다. 이 책에서 산업생산이 부의 원천임을 깨닫고 노동자의 생산성 향상이 사회와 국가의 이익으로 이어진다는 이론을 펼쳤다.

애덤 스미스의 자유주의사상과 분업의 원리는 동 시대 윌리엄 피트(William Pitt, 1759~1806) 수상 등 정치지도자의 통치철학으로 승화됐고, 영국의 정치·경제제도를 산업화시대에 걸맞게 바꾸는 데 결정적으

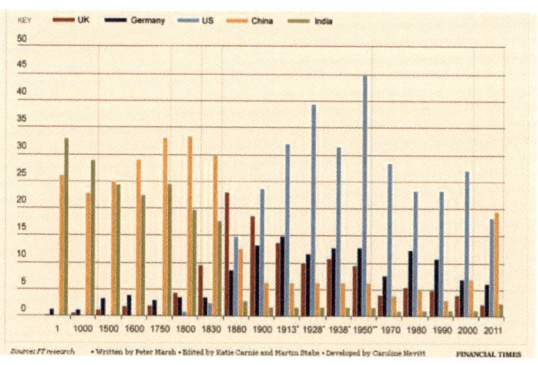

5대 강국(영국, 독일, 미국, 중국, 인도)이 세계 산업 생산에서 차지하는 비중의 역사

로 기여했다.

영국은 1850년 경에는 전 세계 공업생산의 절반 가량을 차지하면서 대영제국의 기틀을 세워나갔다. 생산성의 증가는 노동자의 부를 증가시키면서 국부를 증가시켰고, 자본가는 자본을 재투자함으로써 산업은 더욱 발전하게 됐다. 이런 선순환 속에서 영국은 승승장구하며 식민지를 하나 둘 늘려나가 세계의 패권을 거머쥐었다. 하지만 경쟁적인 식민지 정책이 제1차 세계대전의 불씨가 됐고, 이 전쟁으로 패권이 오히려 미국으로 넘어가긴 했지만, 산업혁명이 가져온 대영제국의 영광은 세계사 속에 아직도 여전히 각인되어 있다.

속도가 키운 근대

자연을 지배하라　산업혁명은 속도다. 생산량을 늘리려면 기계의 규모도 커야 했지만, 무엇보다 생산의 속도가 빨라야 했다. 산업혁명은 이런 기계의 생산속도를 혁신적으로 변화시켜 놓았다. 생산성을 폭발적으로 증가시켜 생산의 속도가 빨라지자 운반의 속도가 빨라졌고, 운반의 속도가 빨라지자 소비의 속도도 빨라졌다. 인간은 처음으로 생산의 속도를 스스로 조절할 수 있게 됐다.

농업을 기반으로 하는 전근대사회에서 생산의 속도는 인간이 아니라 자연에 의해 결정됐다. 재배속도는 일조량, 강수량 등의 날씨와 계절의 조건과 환경에 의해 지배되며 자연의 순리에 따라 이뤄졌다. 그런 점에서 전근대인이 숙명론과 운명론적 세계관을 가졌던 것은 필연이다. 근대적 공장이 등장하면서 계절이나 날씨에 구애받지 않게 됐다. 마음만 먹으면 얼마든지 생산속도를 높일 수 있게 됐다. 인간은 비로소 자연에 구애받지 않고, 인간 스스로 생산의 속도를 지배할 수 있게 됐다.

"신은 죽었다"는 니체(Friedrich Wilhelm Nietzsche, 1844~1900)의 선언은 인간이 처한 상황을 극복한 실존 의지를 말한 것으로, "자연은 죽었다"는 말이기도 할 것이다. 이제 근대인은 자연인이 아니라 도시인으로, 인간 스스로가 인간을 지배하는 '인간독립'의 시대를 열어가게 된다. 이런 속도에 변화를 준 기계가 증기기관이라면, 그 속도를 피부로 느낄 수 있게 해준 것은 기차와 증기선일 것이다.

효율성의 시대다 증기기관이 산업에만 영향을 미쳤다고 생각하면 큰 오산이다. 증기기관은 우리의 사소한 일상 전체에 변혁을 가져왔다. 산업혁명 이전의 사람이 주로 가내수공업으로 일했다면 이후의 사람은 이제 출퇴근을 하게 됐다. 집에서 할 수 있는 일을 공장이 가져가 버려서다.

공장으로 출근을 하게 되면서 외출복과 작업복을 구분하게 됐고, 공장 근처에 모여 살게 됐으며, 먼 곳에서도 출퇴근할 수 있는 탈 것이 요구됐고, 정해진 때에 임금을 받게 됐다. 일정한 규모의 돈이 매달 들어오게 되자 정해진 돈을 잘 쓰는 방법을 고민하게 됐다. '합리적 소비'라는 개념이 비로소 탄생하게 된 것이다.

노동자의 임금은 한 시간, 하루, 일주일, 한 달 단위로 계산했다. 노동의 강도와 질이 임금에 영향을 미쳤겠지만, 무엇보다 당대의 노동자는 단순 육체 노동을 했다. 따라서 임금에 영향을 미치는 가장 중요한 요소는 노동시간이었다. 일을 하는 시간이 많으면 많은 임금을 받고, 적으면 적은 임금을 받는다. 이러한 시간이 곧 돈이 되는 세상에서 가장 중요한 것은 '시간의 관리'다. 더 이상 시간은 덧없이 흘러가면 그만인 어떤 것이 아니라 소중하게 관리하고, 관리되어야 할 대상으로 자리잡게 됐다.

이제 시간은 조직을 관리하고, 조직의 의존관계를 조정하기에 이르렀다. 노동자는 더 오래 일하고, 더 잘 일할 수 있도록 자신의 몸을 관리할 필요가 있었다. 여기에서 개인의 건강과 체력이라는 개념이 등장하기 시작했다. 자본가는 동일한 시간 동안 노동의 생산성을 높이면 높일수록 더 많은 이윤을 낼 수 있었다. 따라서 노동자의 건강과 노동 생산성을 관리하고 생산기술과 기계를 발전시킬 필요가 있었다. 코로나바이러스 팬데믹에서 각 기업은 종사자들의 근무시간뿐 아니라 퇴근 후에도 몇 명 이상이 모인 곳에 출입을 금지하는 등 사생활의 영역에까지 통제하는 것과 맥을 같이하고 있다. 모든 사람에게 시간은 주어져 있고, 시대와 장소를 막론하고 시간은 일정한 속도로 흐른다. 이 공평한 시간을 얼마나 효과적으로 사용하는가, 그것이 이윤과 직결됐고, 이것이 다시 노동자의 삶의 질을 결정하게 됐다.

동일한 시간에 더 많은 가치를 창출하는 것을 두고 우리는 "생산성이 높다." 또는 "효율이 좋다."고 말한다. 효율성! 이것은 근대사회에서 가장 중요한 사회적 가치로 자리잡았다. 효율성의 가치를 가장 잘 드러낸 소설은 1873년에 발표된 쥘 베른(Jules Verne, 1828~1905)의 『80일간의 세계일주Le Tour du monde en quatre-vingt jours』일 것이다. 이 소설은 가장 빠른 탈 것과 가장 빠른 길을 이용하여 세계를 80일 만에 횡단하는 이야기다. 주인공 필리스 포그Phileas Fogg는 파리에서 이집트의 수에즈로, 수에즈에서 예멘의 아덴으로, 아덴에서 인도의 뭄바이로 태평양을 건너 미국으로, 아메리카 대륙을 횡단하고 다시 대서양을 건너 영국으로 돌아온다.

도시와 도시를 이동할 수 있는 가장 빠른 탈 것은 무엇인지, 시간은 얼마나 걸리는지, 몇 시에 기차나 배가 있는지를 계산하고, 거기에 맞추려고 노력했다. 이 소설은 결국 근대적 탈 것에 대한 믿음과 시간에 대한 신봉을 기반으로 그것을 합리적이고 효율적으로 사용하는 것에 대해 말하는 근대의 판타지 소설이었던 셈이다.

문제는 시간이다 효율성은 더 많은 재화를 만들 것을 요구하고, 실용성은 그렇게 생겨난 생산품이 쓸모가 있어야 한다고 말한다. 조건이 있다면 더 빨리 만들어야 한다는 것이다. 더 빠른 시간에 더 많은 상품을 만드는 일, 이것이 산업혁명 이후 사회발전과 변화를 추동하는 효율성과 실용성의 실체다.

결국 시간이 문제다.

미하엘 엔데(Michael Ende, 1929~1995)의 『모모Momo』(1973)는 시간의 문제를 다룬다. 동화로 분류되긴 하지만 오히려 어른에게 더 의미 있는 책이다. 이 책의 정식 이름은 『모모, 시간도둑과 사람에게 빼앗긴 시간을 돌려준 한 아이의 이상한 이야기MOMO oder Die seltsame Geschichte von den Zeit-Dieben und von dem Kind, das den Menschen die gestohlene Zeitzurückbrachte』였다.

이 긴 제목을 통해서 '모모'라는 소녀가 사람의 시간을 훔쳐가는 도둑과 싸움을 벌인다는 내용임을 짐작할 수 있다. 시간을 훔쳐가는 도둑은 시간을 돈으로 환원하여 사람에게 나눠주고 사람의 시간을 관리한다. 그렇게 되자 여유롭고 활기 있던 사람은 시간에 쫓기게 되고, 점점 바빠지고, 피곤해지고, 피로는 누적된다. 피곤하고 힘든 사람이 늘 그렇듯 그 피로를 다른 사람에게 전가하고 다른 사람의 탓으로 돌리려고 한다. 사람은 서로에게 불평불만으로 가득차게 되고, 툭하면 싸우게 된다. 평화로웠던 마을은 순식간에 이기적이고 개인적이며, 인정머리 없는 차가운 마을로 변해간다. 이러한 모습이 지금 우리의 모습이기도 하다. 모모는 시간도둑과 싸워 사람에게 여유와 행복을 되찾아 준다.

데이비드 로이David Loy와 린다 굿휴Linda Goodhew는 『모모, 도겐, 시간의 일반화Momo, Dogen, and the Commodication of Time』에서 시간도둑의 악몽이 살아난다며 『모모』를 20세기의 중요한 소설 중 하나로 꼽고 있다. 미하엘 엔데는 근대 자본주의 사회의 시간이 어떻게 인간을 지배하고 관리하는지 정확히 꿰뚫어 보았다.

시간을 관리당한다는 것, 이것이 근대인의 가장 큰 불행이다. 밤이 깊으면 자고, 날이 밝으면 일어나는 삶이 전근대적 농경시대의 삶이었다면 근대인은 정해진 시간에 일어나고, 정해진 시간에 밥을 먹고, 정해진 시간에 휴식을 취한다. 쉬고 싶어 쉬는 것이 아니라 시계의 명령에 맞춰 휴식을 취한다.

시계는 매초 '틱톡'대며 인간의 삶이 유한하다는 것을 각인시킨다. 유한한 삶을 보람차고 의미 있게 살라고 한다. 마치 본보기라도 보이겠다는 듯 시계의 초침은 '틱'에 한 걸음, '톡'에 한 걸음 꾸준히 앞을 향해 나아간다. 거기까진 좋다. 하지만 이것이 너무 강조되면 일에 매몰된다. 그리하여 남는 것은 일이며, 일이 만들어내는 성과다. 그 성과를 즐길 틈도 없이 또 다른 일을 해야 한다.

근면과 성실이 근대의 중요한 윤리적 규범으로 자리잡게 됐고, 이를 통해 시간을 아낄 수 있게 됐다. 시간을 아끼면 더 많은 일을 할 수 있고, 더 많은 일을 하면 더 많은 돈을 벌 수 있다. 일하고 돈을 벌고, 돈 벌고 또 일한다. 왜 그렇게 하는가. 나중에 더 행복하고 윤택하고 여유로운 삶을 살기 위해서다.

하지만 그 나중이란 도대체 언제인가. 60대? 70대? 정해지지 않은 미래, 그 오지 않을 미래, 그 미래의 여유를 위해 너무 팍팍하고 피로한 삶을 살아가고 있는 것은 아닐까. 시간을 아끼기만 하고 정작 그 아낀 시간은 사용하지도 못한 채 인생을 마치게 되는 것은 아닐까. 헛된 일로 시간을 탕진하거나 청춘을 낭비하지 말라고 하지만 시간을 아끼는 일만 하다가 삶을 흘려보낸다면 그 역시 시간을 탕진하는 일일 것이다.

실용성과 효율성이 과도하게 강조되는 시대의 가장 이상적인 인간의 모습은 정확하고 신속하게 움직이는 기계를 닮은 삶일 것이다. 닦고, 조이고, 기름을 쳐주면 밤낮 쉴 새 없이 돌아가는 기계처럼 인간도 일을 하고 싶어 한다. 산업사회가 그러한 인간을 요구하며, 우리 스스로 그러한 모범적인 인간이 되기를 갈망한다. 그러면 이러한 시대를 어떻게 살아가야 하는가.

그 답은 너무도 간단하다. 자기 자신에게 더 집중하라는 것. 그렇다고 이기적이 되라는 것은 아니다. 자신에게 집중한다면 자신을 둘러싸고 있는 이 세계 역시 더 분명하게 보일 것이다. 그러니 나, 그리고 나와 관계 맺고 있는 사람들에게 더 관심을 집중해야 한다. 나의 발전만큼이나 남의 발전을 도울 때 사회가 더불어 발전하고, 나의 발전으로 돌아올 것이다. 그때 공학은 공학을 위한 공학이 아니라 사람을 위한 공학이라는 본연의 자리를 찾게 될 것이다. 우리의 일도 일을 위한 일이 아닌, 사람을 위한 일이 될 것이다. 그리하여 우리는 우리 삶의 주인이 될 수 있다.

출렁이는 환경

기후변화　지난 100년간 지구의 온도는 평균 0.74℃ 상승했다. 최근 25년간에는 0.45℃ 상승했는데 점점 그 증가폭이 빠르게 커짐을 알 수 있다. 이러한 지구 온난화는 폭염·폭설·폭우·극심한 가뭄·토네이도 등 이상기후의 진도를 빠르게 한다. 또 농작물 수확량에도 큰 영향을 끼친다. 현재와 같은 추세대로 지구 온난화가 지속되면 해수면을 상승시켜 금세기 말에는 세계 곳곳에서 인구밀집 지역을 수몰시켜 1억 명 이상의 삶의 터전을 망가뜨리는 재앙이 오게 할 수도 있다.

산업혁명 이후 화석연료를 무분별하게 사용하면서 대기 중의 이산화탄소 농도가 증가했고 그 결과 지구가 따뜻해졌다고 믿고 있다. 이것이 지구 온실효과 혹은 온난화 가설이다. 이 가설은 1822년 프랑스 수학자 장 밥티스트 조제프 푸리에(Jean Baptiste Joseph Fourier, 1768~1830)가 제기했다. 그는 처음으로 지구의 대기 중 이산화탄소가 온실효과를 일으킬 수 있다고 했다. 70여 년이 지난 1896년 스웨덴의 스반테 아레니우스(Svante August Arrhenius, 1859~1927)도 온실효과의 주범으로 대기 중 이산화탄소를 지목했고, 1938년 영국의 캘린더(Guy Stewart Callendar, 1897~1964)는 화석연료 사용으로 생겨난 이산화탄소가 온실효과를 일으키는 원리를 밝혔다.

인구가 증가하면서 석유나 석탄과 같은 화석연료를 더 많이 사용하게 되고, 여기에서 나온 이산화탄소가 대기 중에 퍼지게 된다. 그렇게 되면 이산화탄소는 대기 중에 이산화탄소층을 형성하여 온실효과로 지구 바깥으로 나가야 할 열기를 차단하면서 지구의 온도를 상승시키는 것이다. 이것을 그냥 믿기 전에 그 주장을 꼼꼼히 따라가며 따져보는 것이 좋겠다. 인구가 산업화 이후 지난 250년 동안 폭발적으로 증가한 것은 맞는지, 산업혁명 이전과 이후의 이산화탄소 배출량은 차이가 있는지, 지구 온난화와 이산화탄소는 어떤 관계가 있는지, 이런 것들 말이다.

우선 인구증가에서부터 시작해보자. 지구상의 인구는 늘 증가해 왔다. 1만여 년 전 농업혁명 당시 500만 명이었다가 1세기 때 3억 명 가량으로 불어났다. 산업혁명 때는 9억 명, 100년 뒤 전기혁명 때는 15억 명 가량, 현재는 77억 명 가량이 함께 살아가고 있다. 그런데 딱 한 번 지구에서 인구가 줄어든 적이 있다. 14세기(1347-1353년) 중세 유럽인구의 1/3이나 되는 2,500만 명 가량이 희생되고 세계에서 7,500만 명 가량에서 2억명 가량의 목숨을 앗아간 흑사병이 일어났던 때다. 이때를 제외하고 지구의 인구는 꾸준히 일정하게 증가해 왔다. 그러다가 산업혁명 이후 지난 250년 동안 세계 인구는 기하급수적으로 빠르게 증가하고 있다. 영국의 경우만 봐도 1800년 800만 가량이던 데서 1850년 1,680만, 1900년 3,000만 명 가량으로 산업혁명 후 50년마다 두 배로 증가했다.

실질적으로 산업혁명 이전과 이후의 대기 중 이산화탄소 농도를 측정해 보면 산업혁명 이전에는 280ppm이었던 것이 현재는 100ppm이상 더 늘어난 380~400ppm으로 측정됐다. 여기에서 어떻게 과거의 이산화탄소 농도를 측정할 수 있었을까. 답은 간단하다. 빙하를 이용하면 된다. 북극과 남극에는 100년 전에 형성된 얼음부터 수만여 년 전에 형성된 빙하가 있다. 얼음은 얼음으로만 이루어진 것이 아니라 당시의 미세한 공기방울이 포함되어 있다. 이 공기방울을 통해 물이 얼기 시작했던 당시 대기의 상황을 알 수 있다. 이러한 공기방울을 분석하여 지금으로부터 40만 년 이전까지의 이산화탄소량을 측정해 보았다. 이 결과 이산화탄소의 농도가 산업혁명 이전의 280ppm에서 현재 380~400ppm으로 증가해 있었다.

이산화탄소가 증가하면 기온이 상승하는 것일까. 지질학자에 따르면 태초의 대기 중의 이산화탄소의 농도는 무척 높아서 75% 정도였다고 한다. 태고적의 나무가 엄청나게 컸던 것은 이산화탄소의 농도가 그만큼 짙었기 때문이다. 이산화탄소를 흡수하여 유기물질을 합성하는 광합성 식물은 이산화탄소가 많으면 많을수록 성장이 더욱 촉진된다. 결국 우리가 사용하는 석탄은 약 1억 년 전 공기 중의 이산화탄소가 광합성에 의해서 공기 중에서 흡수되어 산소를 내놓고 탄소는 나무와 같은 유기물로 변환되어 땅속에 보관된 것이다. 이런 이산화탄소가 어쩌다가 온난화의 주범으로 지목받게 된 것일까. 이것을 알면 이산화탄소의 증가와 대기온도 상승간의 상관관계를 알 수 있다. 국제기후협의회IPCC 제3차 당사국 총회에서 이산화탄소CO_2, 메탄CH_4, 아산화질소N_2O, 수소화불화탄소HFCs, 과불화탄소PFCs, 육불화황SF_6을 6대 온실가스로 지정했다. 메탄은 폐기물, 음식물 쓰레기, 가축의 배설물, 초식 동물의 트림 등에 의해서 발생한다. 이산화탄소는 주로 화석연료를 에너지로 사용할 때 배출된다. 이산화탄소는 화학적으로 안정한 물질이기에 다른 물질로 전환시키기 어렵다. 또 전체 온실가스 배출량 중 이산화탄소는 80% 이상을 차지하고 있다. 결국 이산화탄소를 줄이면 온실가스도 줄어든다.

오늘날 대기에 포함된 이산화탄소의 농도는 200년 전보다 35% 이상 증가했다. 그렇다면 지구의 평균 온도는 얼마나 상승했을까. 지구 온도는 지난 100년 동안 0.74℃ 상승했다. 1년에 0.007℃ 정도 증가한다는 말이 된다. 앞으로 100년 동안 아무 규제 없이 무분별하게 화석연료를 사용하면 지구 온도는 지난 100년 동안 상승한 온도보다 훨씬 더 높은 수준으로 올라갈 것이다.

물론 이런 온도 증가가 아주 작은 것처럼 느껴지지만 지구의 차원에서 보면 꼭 그런 것만은 아니다. 왜냐하면 이러한 조그만 온도변화로 그린란드Greenland의 빙하가 녹고, 남극과 북극의 만년설이 녹아버렸기 때문이다. 1990년의 그린란드는 대부분 빙하로 덮여 있었다. 그랬던 것이 불과 30년 사이에 빙하가 많이 녹아버렸다. 그 결과 북극해 항로가 열렸다. 북극해 항로가 열린 덕분에 우리나라에서 배를 이용하여 런던이니 유럽 대륙에 갈 때 얼을 성도 빨리 갈 수 있게 되었고, 또 무엇보다 그린란드에 사람이 다시 살아갈 수 있는 환경이 조성되어 가고 있다.

인구 증가에 따라 이산화탄소의 농도가 증가한 것은 확실하다. 그렇다고 해서 이산화탄소의 증가가 온난화의 주범이라고 할 수 있을까. 이산화탄소의 증가로 그린란드의 빙하가 녹은 것일까. 여기에 대해서는 더 살펴보아야 한다.

초록빛의 땅인가 얼음의 땅인가 그린란드를 최초로 발견한 사람은 바이킹의 후손인 에이리크 토르발드손(Erik Thorvaldsson, 951~1005)이었다. 그의 아버지가 노르웨이에서 추방되어 아이슬랜드에서 살았고, 982

년 에이리크도 비슷한 혐의로 추방됐다. 새로운 땅을 찾아나서 발견한 곳이 바로 그린란드였다. 에이리크는 그곳에서 3년 동안 그린란드의 연안 구석구석을 탐방하여 농사지을 수 있는 땅이라는 것을 확인하고 986년 아이슬랜드로 돌아왔다. 그는 자기가 발견한 땅이 풀과 숲이 우거진 아름다운 '초록빛 땅Green Land'이라고 하며 이주할 사람을 끌어 모았다. 그의 마케팅은 유효했고, 400여 명을 성공적으로 이주시킬 수 있었다. 당시 그곳은 소온난기의 정점으로 숲과 초원이 광활하게 펼쳐져 있었다. 이들은 섬에 두 지역을 개발해서 농사를 지었으며, 그후 더 많은 사람들이 이주하여 수백 곳의 농장을 일구며 살았다. 하지만 1300년대에 또다시 소빙하기가 닥쳐와 날씨가 추워지면서 농경지가 서서히 얼음으로 뒤덮이게 되었고, 해안에는 유빙이 생겨 항해가 힘들자 노르웨이와의 교류도 어렵게 됐다. 때마침 유럽 대륙에서는 흑사병이 돌면서 교류가 완전히 중단됐고, 결국 그린란드의 노르만족 거주지는 1408년 소멸됐다. 그린란드에서 초록빛 땅은 사라지고 또 다시 얼음이 뒤덮인 동토의 땅으로 변한 것이다.

그런데 여기서의 문제점을 살펴보자. 에이리크가 그린란드를 발견했던 10세기의 그린란드의 빙하는 무엇 때문에 녹은 것일까, 14세기에는 왜 또 날씨가 추워졌던 것일까, 이것도 이산화탄소의 농도와 관련이 있는 것일까.

이러한 기후변화는 대자연의 주기적 순환에 의한 것으로 볼 수 있다. 46억 살인 지구의 온도는 늘 일정했던 것이 아니다. 가장 온난한 시기의 기온은 오늘날보다 8~15℃ 더 높았다. 그러나 7억 년 전과 5억

5천만 년, 3억 년 전에 대규모의 빙하기가 찾아왔고, 반면 약 6억5천만 년 전에는 아주 온난하여 극지방에서도 얼음을 보기 어려웠으나 5억5천만 년 전부터는 또 대빙하기가 시작됐다. 지구는 긴 역사만큼이나 빙하기와 온난기가 엎치락뒤치락하며 이어졌다. 지난 1백만 년 동안에도 지구는 일곱 번의 빙하기를 겪다가 2만여 년 전 절정을 이룬다. 이 빙하기는 1만 1,700여 년 전에 끝났고, 그 이후에는 수백 년을 단위로 소빙하기와 소온난기가 반복되고 있으며 우리는 현재 중세 소빙하기가 끝난 이후에 시작된 소온난기를 살아가고 있다.

이러한 기후변화를 이끄는 자연적인 원인으로는 태양의 흑점 활동, 지구 자전축 변화, 화산폭발, 지구와 주변 천체의 공전주기의 변화 등을 들 수 있다. 이 중에서 가장 중요한 원인으로 거론되는 것이 태양이다. 흑점 폭발과 같은 태양의 활동이 지구의 온도변화에 직접 영향을 준다. 또 태양과 지구의 거리와 지축 흔들림 등에 의해 지구의 온도는 오르락내리락한다. 지구에서 태양까지의 평균거리는 1억 4,960만km이나, 2019년을 기준으로 지구와 태양과의 거리가 가장 가까웠을 때는 1월 3일로 그 거리는 1억4,710만km였고, 가장 멀 때는 7월 4일로 1억5,200만km였다. 이렇게 태양과의 거리가 변하는 이유는 지구가 타원형 궤도로 태양을 돌고 있어서다. 또 공전하면서 수성, 금성, 화성, 목성, 토성 등의 천체와 만나게 되는데 이때 각 천체와 만나는 위치에 따라 만유인력이 작용하는 힘이 달라지고, 지구와 태양과의 거리에 영향을 미치게 된다. 정확히 말하자면 매년 달라지는 것은 아니고, 러시아의 과학자 밀란코비치에 의하면 2만3천 년마다 주기적으로 반복된다고 한다. 이것이 지구의 공전주기 변화다. 밀란코비치는 지구 타원 공전궤도의 이심율과 자전축 경사의 변화와 세차운동이 지구의 기후변화 주기를 결정한다는 수학적 가설을 세웠다.

지난 천 년 동안 지구의 온도변화를 보면 오늘날의 평균기온보다 낮은 상태가 지속됐다. 10세기부터 13세기까지는 '중세 온난기' 혹은 '제2의 기후적 최적기'라고 불릴만큼 온난한 시기였다. 에이리크가 그린란드에 정착촌을 건설할 수 있었던 것도 당시의 온난한 기후와 관련이 있다. 그러나 13세기 중반을 넘어서면서 유럽 전역에 혹한이 왔고, 아이슬란드에도 또 다시 대지에 얼음이 덮여 곡물농사가 불가능할 정도로 추워졌다. 이와 같은 한랭한 시기가 19세기 말까지 이어졌는데 이를 '소빙하기'라고 부른다. 그렇다면 현재는 1859년 이후 다시 '소온난기'가 시작되고 있다고 보는 것이 합리적이다.

지구의 이산화탄소 농도는 소온난기에 따라 자연적인 원인과 화석연료를 에너지원으로 사용하는 산업혁명 이후 지난 250년 동안 뚜렷하게 증가해 왔다. 이산화탄소의 농도가 증가하면 기온이 올라간다는 것을 부정할 수 없다. 그렇다고 지구 기후변화의 절대적인 원인을 인류의 경제활동에서 기인하는 이산화탄소의 증가만으로 보기도 어렵다. 2020년 5월, 대기 중의 이산화탄소 농도가 418ppm으로 1958년 하와이 마우나로아에서 관측한 이래 역대 최고치였다. 코로나바이러스 팬데믹으로 전 세계 경제활동이 급격히 줄었음에도 이산화탄소 농도는 계속 증가했다. 중국은 코로나바이러스 팬데믹으로 경제활동을 중단하여 이산화탄소 배출량이 25% 줄었으며 전 세계적으로는 20% 이상 줄었다. 그런데도 대기 중의 이산화탄소가 증가한 것은 인간의 경제활동 때문만이 아니라 지구의 소온난화로 인한 자연증가의 영향이 컸다는 반증이다.

지구는 생각하는 것보다 훨씬 크다. 우스갯소리로 14억을 초과하는 중국인이 일시에 점프를 하면 지구의 지축이 흔들릴 것이라고 한다. 이것은 터무니없는 과장에 지나지 않는다. 유튜브 시리즈 브이소스 Vsauce는 재미난 상상을 시뮬레이션으로 보여준다. 그 중 하나가 "어느 날 신이 너무 화가 나 77억 세계인구를 미국의 그랜드캐년에 버린다면 어떻게 될까." 하는 것이었다. 직경 446km, 높이 1.6km의 거대한 그랜드캐년 안에 지구인 77억 전부를 몰아넣었더니 그랜드캐년의 한 부분만 차지하는 약간 높은 산 정도에 지나지 않았다. 여태까지 지구에 태어난 모든 인간, 그러니까 1,080억여 명을 유사한 방식으로 쌓아올린다 해도 유사한 크기의 산 15개가 생길 뿐 그랜드캐년을 전부 채울 수는 없다. 인간 1명의 평균체중을 70kg이라 했을 때 77억 명의 무게는 대체로 5억5천만 톤 정도인데, 지구의 무게는 어림잡아 597경 2천조($5,972 \times 10^{21}$) 톤에 이른다. 이 정도라면 지구의 인구전체가 동시에 점프를 한다고 해도 지구는 꿈쩍도 하지 않을 것이다.

지구상의 대부분의 생물체는 태양열과 이산화탄소를 이용하여 유기물질을 만든다. 사람은 죽으면 이산화탄소와 수소, 산소가 되어 흩어진다. 그렇게 흩어진 이산화탄소는 식물의 광합성에 의해서 옥수수가 될 수도 있고, 나무가 될 수도 있고, 감자가 될 수도 있다. 그렇게 변한 감자를 소가 먹을 수도, 개나 고양이가 먹을 수가 있다. 우리의 몸이 죽은 뒤에는 소, 개, 고양이 등으로 다시 태어나게 되는 것이다. 그런 점에서 지구는 하나의 거대한 순환장치라 할 수 있다. 그러므로 대자연의 순환 앞에서 환경문제를 해결하기 위해 노력해야 하고, 무엇보다 환경오염을 일으키지 않는 지속가능한 성장이 중요하다.

보이지 않는 공기와 도시 스모그 인간이 살아가는 동안 숨을 쉴 때 한 번에 마시는 공기분자 수는 1sextillion(10^{21})으로 천문학적 숫자다. 이들 중에는 2,500년 전 소크라테스가 신성모독으로 사형에 처해져 독약을 마시고 죽어가며 내뿜은 마지막 호흡에서 나온 공기분자 몇 개를 오늘 내가 들이마실 수도 있다.

공기 속에는 여러 성분이 섞여 있다. 17세기 초 벨기에의 화학자 잔 헬몬트(Jan Helmont, 1580~1644)는 그리스어인 카오스Chaos라는 뜻에서 'Gas'라는 단어를 최초로 사용했다. 규정하기 힘든 성격의 물질이 공기임을 뜻했고, 현대 물리·화학의 기초를 세웠다. 노벨은 고체가 기체로 바뀌는 과정에서 부피가 수억 배로 늘어나는 부피팽창을 이용해서 엄청난 폭발력을 가진 다이나마이트를 개발, 상업화에 성공하여 거부가 되었다. 그는 협심증을 앓고 있었고, 협심증 치료제인 다이나마이트의 주성분 나이트로글리세린을 끼고 살았다. 협심증 환자가 노벨의 다이나마이트 공장에서 일하며 멀쩡하게 낫는다는 사실을 우연히 발견해서 나이트로글리세린을 협심증 치료제로 개발하게 되었다. 일반인에게 다이너마이트의 공포심을 주지 않기 위해 협심증 치료제를 트리니트린으로 달리 명명했다. 다이나마이트는 광산개발과 토목사업 등에 유용하게 사용되었지만 전쟁의 무기로도 사용되어 수많은 희생자를 낳게 됐다. 이를 속죄하는 뜻에서 노벨상을 만들고 엄청난 상금을 내걸었다. 그의 이러한 노력에도 불구하고 노벨의 사망을 알리는 신문의 헤드라인은 극적이었다. "죽음의 상인이 죽었다. The Merchant of Death is Dead."

독일 화학자 프리츠 하버(Fritz Haber, 1868~1934)와 칼 보쉬(Carl Bosch, 1874~1940)는 공기 속의 질소와 수소로부터 화학반응으로 암모니아를 합성하여, 이로부터 질소비료를 발명, 농업 생산성을 크게 끌어올려 인류를 기아에서 해방시킨 공로로 노벨화학상을 받았다. 전 세계에서 매년 쓰는 총에너지의 1%로 1억7,500만톤의 질소비료를 만들고, 이 비료로 전 세계 곡물의 반을 생산한다. 결국 공기가 우리가 먹는 식량인 빵으로 변환된 것이다. 그러나 이 두 과학자는 제1차 세계대전 중 1915년 독일군이 사용한 살상용 독가스인 크로린가스를 개발함으로써 이들의 위대한 연구업적은 흔적도 없이 묻혔다.

산업혁명을 촉발한 제임스 와트의 스팀엔진도 공기의 일종인 수증기의 힘을 이용한 것이다. 전기혁명 시대의 혁신가 헨리 베서머(Henry Bessemer, 1813~1898)는 공기를 철강생산 공정 개발에 응용했다. 뜨거운 압축공기를 쇳물에 불어넣어 쇳물에 녹아 있는 불순물을 제거하여 값싸고 빠르게 카본스틸 즉 탄소강을 생산해 냈다.

1904년 노벨물리학상을 받은 존 윌리엄 스트럿 레일리(John William Strutt Rayleigh, 1842~1919)는 수학자이자 물리학자였다. 저항, 전류, 전자기력 등의 표준을 만들었고 실험물리학 분야도 선구적으로 개척했다. 왜 하늘이 파란지를 설명하는 레일리 산란 현상과 지진의 표면파인 레일리파도 발견했다. 그는 1894년 공기 중의 아르곤을 처음 발견했고, 이를 이용하여 도시를 밝히는 아르곤 가로등이 등장하게 됐다. 인간은 뜨거우면 시원한 걸 원하고, 추우면 따뜻한 걸 원한다. 하지만 열을 올리기는 쉬워도 내리기는 어려웠다. 1895년 기네스 맥주를 냉장할 때 쿨링 가스를 처음으로 사용했다. 알베르트 아인슈타인(Albert Einstein, 1879~1955)과 헝가리 태생 미국 물리학자 실라르드 레오(Leo Szilard, 1898~1964)는 메탄가스를 냉매로 사용하는 냉장고 개발에 진력했지만 큰 성공을 거두지 못했다. 메탄가스를 냉매로 쓴 것이 패착이었다. 이들은 또 연쇄 핵분열 현상을 이용하여 원자로 건설과 핵폭탄 제조의 토대를 마련했다. 실라르드 레오는 제2차 세계대전 중 아인슈타인과 함께 맨하탄 프로젝트에 참여해서 원자폭탄을 제조하는 데 기여했다.

윌리스 하빌란드 캐리어(Willis Haviland Carrier, 1876~1950)가 1902년 오늘날 한여름에 필수품이 된 에어콘의 원리를 발명했다. 본디 에어콘은 높은 습도와 온도에서 책을 보호하고자 개발했지만 사람이 가장 큰 수혜를 입었다. 1930년대 들어 염화불화카본CFC의 냉매가 냉장고와 에어콘에 쓰이며 오늘날의 냉장고와 에어콘이 만들어졌다. 캘리어가 설립한 에어콘 전문기업 캐리어사에 의한 에어콘의 상업화는 사람이 살지 못하는 미국의 서부 열대지역으로 확산되어 인구의 대이동과 더운 사막지역의 도시 형성에 크게 기여했다.

우리는 일상에서 라돈과 같은 방사선에 오염된 공기를 마시고 산다. 커피, 바나나, 브라질넛 등의 자연에서 얻어지는 식료품에도 방사선이 존재한다. 이들에 피폭되는 방사선의 양은 병원에서 X선 촬영을 할 때 노출되는 양의 1/10도 되지 않는다. 인류가 지금까지 핵무기 개발을 위해 무수히 실시한 핵실험이나 원자력 발전으로 유발된 방사선 오염은 지구의 크기에 비하면 무시해도 될 만큼 미미하다. 자연 상태의 방사선 중 가장 많은 양을 차지하는 것이 라돈과 토론이다. 라돈은 우라늄에서, 토론은 토륨에서 나온다. 자연에 존재하는 방사선 물질이 우리의 생활 주변에 노출되면 사람이 방사선에 피폭하게 된다. 토론은 반감기가 55초로 곧 소멸되지만, 라돈은 91시간으로 계속 노출되면 건강에 해로울 수 있다. 방사선 기체인 라돈은 색도 냄새도 맛도 없다. 라돈의 자연방출에 인간은 무방비로 노출되어 있다. 우리는 일상생활에서 평균적으로 연간 3밀리시버트mSv의 방사선 피폭을 받는다. 세계보건기구의 통계에 의하면 전 세계 폐암환자의 10% 가량이 자연상의 라돈을 흡입하여 발병된다고 한다. 건물의 지하나 우라늄 같은 방사선 광물이 많이 매장된 지역에서 생활하면 자연의 방사선 노출에서 벗어날 수 없다. X선 촬영 등 인공적인 피폭 양을 1/3mSv로 제한하면 건강에 해로움은 없는 것으로 나타났다. 하지만 방사선의 피폭은 가능한 최소화하는 것이 좋다. 라논을 포함한 발암물질은 아무리 적어도 있는 양만큼 비례해서 암이 증가한다. 방사선 물질을 이용한 생활밀착형 제품은 건강에 전혀 도움이 되지 않는다.

공기 중 미세먼지의 농도는 '흐림'과 '맑음'에 비례하지 않는다. 미세먼지 측정결과를 보면 작은 도시 전라북도 전주가 서울보다 평균치가 높다. 중국발 미세먼지가 반 이상을 차지하기 때문이다. 황사가 문제였던 시대와, 중국이 산업화되고 난 뒤의 우리나라 미세먼지는 그 성분이 확연하게 달라졌다. 미세먼지 대처를 위한 '패러다임의 전환'이 필요한 시점이다.

1952년 4천 명의 희생자를 낸 런던의 스모그는 산업화가 남긴 후유

증의 상징이다. 지금은 런던에 이러한 스모그가 사라졌다. 화력발전소의 도시로부터 먼 곳으로 이전과 석탄 난방의 가스 난방 전환, 자동차 배기가스 배출의 엄격한 통제, 도시 숲의 관리 등을 과학적으로 실행한 결과다.

지속가능성 일찍이 과학자들은 '둠스데이' 시나리오를 쓰며 지속가능한 지구를 지켜가야 한다고 강조했다. 과학자들은 산업화·도시화에 따른 기후변화와 혜성의 충돌, 감염병의 대유행 등을 지구 멸망의 3대 원인으로 꼽았다. 스티븐 호킹(Stephen W. Hawking, 1942~2018) 박사는 "인류의 생존을 위협하는 것으로 기후변화, 핵무기, 인공지능" 등을 우선 꼽았다. 나아가 "인구과잉, 소행성 충돌, 감염병의 대유행으로 지구가 멸망할 것"이라고 예견하며 "인류가 멸종하지 않으려면 200년 이내에 지구를 떠나야 한다."고 했다.
이런 견해에 영향을 받았는지 모르겠으나 일론 머스크는 2000년대 초 화성에 도시를 건설하겠다는 야심찬 계획을 세우게 된다. 이 계획은 본격적으로 추진되어 2030에는 화성에 갈 수 있게 된다. 이를 통해 지금까지 인간이 지닌 큰 의문의 하나인, 지구의 생성과 생명체의 기원에 대한 답을 얻게 될지도 모른다. 인간 본연의 문제는 차치하고 지구의 생성과정도 여러 떠다니는 행성들과 10여 차례 충돌하며 일으킨 엄청난 에너지로 인해 10개의 지구 최초 크기의 행성이 뭉쳐진 것으로 이해되어 왔다. 최근 우주의 근접 관찰에 의하면 행성 충돌과 함께 여러 행성들이 어깨동무하듯 부드럽게 합쳐진 것도 있다는 가설이 나오고 있다.

일론 머스크의 SpaceX사는 2026년 사람을 처음으로 화성에 보낼 계획을 진행 중에 있다. 사람이 가려면 화성에서 생활할 물자가 필요하다. 2024년에는 이 화물을 우선 화성으로 보낼 예정이다. 2년의 간격을 두고 보내는 것은 화성과 지구가 2년마다 가장 가까운 거리에 오기 때문이다. 2026에 쏘아 올리면 약 7개월에 걸쳐 비행하여 2027년 화성에 최초로 인류가 도착하게 된다. 이러한 계획이 순조롭게 진행되면 인간이 화성에 이주함으로써 지금까지 막대한 재원을 우주공학에 투자한 결실 하나를 보게 될 것이다.

또 다른 계획의 일환으로 우주상공에 2022년부터 6인용의 스페이스 호텔 건설 계획이 추진되고 있다. 호기심 많은 호사가들의 우주여행이 눈앞에 다가오고 있는 것이다. 우주에서의 하룻밤! 실상 세계의 몇 부자는 이미 200억 원 이상의 개인돈을 써서 러시아가 쏘아올린 우주선 소유즈를 다고 우주를 돌아보는 호사를 즐겼다. 한편 제프 베조스의 블루 오리진은 우주관광객 모집에 나서 벌써 대기자 명단이 작성되고 있다.

지속가능성sustainability은 다음 세대의 수요를 충족시키기 위한 자연 생태계의 잠재력을 저해하지 않으면서 현 세대의 수요를 충족시키는 발전을 꾀하는 것을 의미한다. 지금 세대가 천연 자원이나 경제자원을 미리 당겨 써, 미래 세대에 부채로 남겨주지 않는 것을 의미하기도 한다. 지속가능성은 이렇게 환경, 경제, 사회적인 면에서의 모든 접근이 가능하다. 일반적으로 환경적인 면에서 논의하는 지속가능성을 환경 친화성이라고 볼 수 있다.

19세기 벨기에의 수학자 피에르 베르훌스트(Pierre Verhulst, 1804~1849)는 인구가 기하급수적으로 증가하지만 식량과 토지, 감염병 등의 제약으로 '로지스틱 곡선Logistic growth model'의 한계치에 이를 것이라고 했다. 지금도 COVID-19에 감염될 감염자수를 예측하는 데도 이 방정식이 쓰인다.

1970년대에는 로지스틱 곡선을 이용해서 지구가 수용할 수 있는 적정인구를 300억 명으로 계산했지만 2000년 이후에는 100억 명으로 하향 조정했다. 가장 큰 이유로 자연 생태계의 순환 고리가 깨진 것을 들 수 있다. 50년 전만 해도 일용품을 거의 천연물로 만들어 써서 자연 생태계의 순환 고리 안에서 생활할 수 있었으나 지금은 플라스틱 용품이 태반이어서 폐기물로 환경포화 현상이 일어나 생계태의 순환 고리가 깨진 것이다. 환경 수용력인 로지스틱 곡선의 한계치에 이른 셈이다.

친환경 제품Environmentally Improved Product은 제조 과정에서 에너지나 물 등의 사용절감으로 인한 환경의 보존, 화학물질 사용·배출 절감으로 인한 환경오염의 감소, 독성물질 감소로 인한 인체 무해성 등의 세 측면에서 한 항목이라도 기존 제품보다 향상된 제품을 말한다. 특히 최근에는 플라스틱에 의해 수중 생태계 교란이 일어나는 문제가 크게 이슈화되고 있다. 플라스틱이 바다 속에 버려지면 분해에 필요한 산소나 자외선이 차단되고 지면보다 온도가 낮으므로 분해속도가 지연되면서 완전히 분해되지 않은 미세플라스틱이 생태계에 위험한 존재가 되고 있다. 이를 해결하기 위한 여러 대안이 제시되고 있으나, 그 중 폐기된 제품을 재활용하는 순환경제 시스템의 중요성이 크게 부각되고 있다.

2020년 세계 최초로 새로운 해양종을 명명했다. 영국 뉴캐슬대학교의 해양생물학자 알랜 제이미슨Alan Jamieson 교수는 태평양의 가장 깊은 곳 마리아나Mariana 해구의 바닷속 7km 지점에서 지금까지 존재가 알려지

마리아나 해구에서 새로 발견된 해양종 유리슨스 플라스틱커스

지 않았던 크기 5cm 가량의 새우를 닮은 새로운 해양종을 찾아냈다. 이 해양종의 뱃속에 0.65mm 가량의 미세 합성섬유가 들어 있어 이 생명체의 이름을 '유리슨스 플라스틱커스Eurythenes Plasticus'라고 붙였다. 분류학 기호로 공식 기록에 새로운 해양종으로 플라스틱이라는 단어가 들어선 것이다. 해양 플라스틱 오염의 문제를 해양종의 이름에 붙여 해양오염에 대한 경각심을 일깨우기 위한 것이다.

미국의 부통령을 지낸 앨 고어(Albert Arnold Gore, 1948~)는 2006년 『불편한 진실』로 기후변화가 초래할 재앙을 부각시켰다. 기후변화에 의해서 토네이도가 자주 발생하고, 2016년에는 킬리만자로의 만년설이 사라지고, 북극은 2014년 여름부터 얼음이 사라질 것이라고 주장했다. 또 해수면이 6m 상승하고 폭풍해일로 상하이, 캘커타, 맨하탄의 일부가 물에 잠길 것이라고 했다. 태풍과 같은 극심한 이상 기후를 더 자주 유발하고 인류에게 파괴적인 피해를 줄 것이라고 경고하며 대중에게 공포심에 바탕한 기후변화 경고를 효과적으로 전파시키는 데 성공했다. 그런데 2013년 기후변화에 관한 정부간 협의체IPCC의

연구보고서에 의하면 지구 기온상승과 허리케인이나 태풍의 발생빈도의 상관관계는 존재하지 않는다고 밝혔다. 기후변화 전문가인 워싱턴 대학의 라푸터리 교수는 파리기후변화 협약에서 설정한 2100년까지의 대기온도 상승이 1.5℃에 도달할 가능성은 1%밖에 되지 않는다고 했다. 또 금세기 말 지구 평균 기온은 3.2℃까지 올라갈 것으로 예상되며, 2.0~4.9℃로 오를 확률이 90%에 이를 것이라고 기후변화의 수학적 모델에 근거하여 예측했다. 그러나 이런 예측을 할 수 있는 기후변화 모델은 현대에 들어 신뢰성에 도전을 받고 있다. 이 수학적 모델은 수퍼컴퓨터도 지구적인 차원에서 일어나는 거대한 문제를 풀 수 없어서 여러 가정 아래 단순화시킨 수학적 모델을 만들어 풀었기 때문이다. 그래서 자연에서 실제 일어나고 있는 현상과는 거리가 멀다는 지적도 있다.

파리협약에서 기후변화 피해에 대한 대책의 골자는 이산화탄소 배출의 감축이다. 이를 철저히 실행하려면 연간 수 조 달러의 비용이 들어간다. 일부 과학자는 이러한 엄청난 비용을 지불하기보다는 방조제 축조, 지하철 스톰 도어 설치, 통수성 아스팔트 포장 등이 더 실질적 방지책이며, 이러한 인프라 구조의 건설에 들어가는 비용은 이산화탄소 감축 비용에 비해 비교도 안 될 정도로 적다고 주장했다.

2030년에는 파리기후변화협약을 준수하기 위해서 전 세계가 매년 2조 달러의 비용을 지불해야 한다. 이 비용은 필연적으로 세계경제 성장을 일정 부분 희생시켜야 한다. 2100년까지 지불할 비용을 계산하면 파리기후변화협약은 인류 역사상 가장 큰 비용을 지불하는 국제협약이 될 것이다.

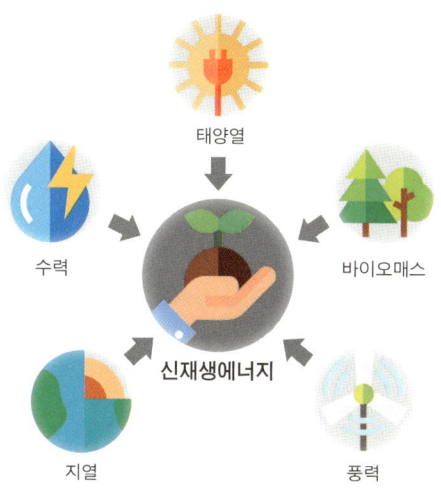

기후변화 방지 대책의 대안인 신재생에너지

한편 유엔 보고서에 의하면 기후변화협약에 서명한 모든 국가가 협약을 성실히 이행한다면 2016년부터 2030년까지 이산화탄소 배출량을 60기가 톤 줄일 수 있다고 했다. 그러나 대기온도 상승을 2℃ 이하로 유지하려면 6,000기가 톤을 감축해야 한다. 이들 보고서로 미루어 보아서도 파리기후변화협약에 가입한 모든 나라가 힘을 합쳐 수 조 달러의 비용을 들여 파리기후변화협약을 성실히 이행한다고 해도 지구에서 벌어지고 있는 문제 해결에는 역부족임을 알 수 있다.

기후변화 방지 대책의 으뜸가는 대안으로 현재 에너지 생산의 0.6%를 차지하는 태양광과 풍력, 바이오매스 등의 신재생에너지를 들 수 있다. 그런데 이들은 최근 급속한 과학기술의 발전에도 불구하고 전기생산의 불안정과 경제성이 부족하여 화석연료를 앞으로도 상당 기간 대체하지 못할 전망이다. 파리기후변화협약을 철저하게 준수

해도 이들 신재생에너지의 양은 25년 뒤에도 고작 세계 발전량의 3% 대에 머물 것으로 예상된다.

앨 고어와 같은 교조적인 환경론자로 인해서 비효율적이고, 불안정한, 믿을 수 없는 기술에 많은 비용이 투입되고 있다. 하지만 한편으로 생각하면 신재생에너지 분야의 신기술 연구개발과 투자활성화에 크게 기여한 점도 있기는 하다. 기후변화에 대한 올바른 정책을 만들기 위해서는 이 변화가 초래할 종말론적인 비관적 견해로 선동하기보다는 다양한 과학적 견해를 바탕으로 종합하여 정확히 분석하고 경제적 비용과 상황 등을 고려하여 판단할 필요가 있다.

최근 과학자와 경제학자의 모델 분석에 의하면 지구 기후변화가 초래할 비용은 매년 GDP 성장의 0.1%를 감소시켜 2100년까지 세계 GDP가 10% 감소할 것이라고 예측했다. 따라서 기후변화에 대응하여 지불할 비용은 GDP 성장의 0.1%를 넘어서는 안 된다는 의미다. 산업분야에 따라 기후변화가 미칠 영향이 다르므로 거기에 따른 차등 지원과 대책이 필요해서다.

이산화탄소는 인체에 해롭지도, 위험하지도 않다. 오히려 농작물이나 식물에게는 광합성에 도움을 주어 성장 동력원이 된다. 주류 과학자들은 기후변화는 자연 순환에 의한 지구온난화와 인간에 의한 경제활동이 더해져 일어난 현상이므로 실체가 있는 것이며, 인류의 가장 큰 위험일 수 있다고 한다. 그러나 기후변화는 서서히 올 것이며, 인류는 역사상 서서히 오는 변화에는 잘 적응해 왔다. 그렇다면 우리는 앞서 말한대로 위험한 상황을 정확하게 과학적 근거에 따라 추정하고, 합리적 비용을 산출하여 상대적 이점과 대안을 만드는 것이 중요하다.

독일은 친환경 정책을 추진하는 과정에서 선도적으로 탈원전 정책을 펼쳤지만 전기료는 그로 인해 50% 이상 올랐다. 일본은 후쿠시마 원전 사고로 원자력발전을 일시 중지시키는 동안 전기요금을 25~30% 이상 올렸다.

원자력이 일반 대중에게 주는 불안감, 방사선 피해 등으로 탈원전 정책을 추진한 나라가 많지만 최근 들어 미국, 영국, 스웨덴, 핀란드 등이 기후변화와 경제성 등을 고려하여 다시 원자력에 눈을 돌리고 있다. 지난 60년 사이 우리나라의 원자력산업 기술은 세계 최고 수준으로 발전했다. 탈원전 정책의 타당성을 검증하기 위해서는 과연 우리는 탈원전이 초래할 경제적 충격을 흡수하면서 에너지 효율성이 높은 선진산업 구조로 이전할 준비가 되어 있는지 짚어봐야 한다. 다가올 불확실한 위험에 동요하지 말고, 소급해하지 말고, 급속하게 발전하는 과학기술에 주목하면서 전략적으로 판단해야 한다. 탈원전 정책은 전기요금 상승에 의한 산업경쟁력 약화뿐만 아니라, 우리나라가 그동안 축적한 세계 최고의 원자력 기술을 세계로 수출할 기회를 잃게 되어 수백 조에 이르는 시장을 포기하는 결과를 초래할

바이오매스에 의한 지속가능한 에너지

것이다.

핀란드는 2020년 국가 차원에서 2035년까지 이산화탄소를 배출하는 만큼 감소시키겠다는 '카본 뉴트럴Carbon Neutral'을 선언했다. 국가차원에서 이를 선언한 것은 세계에서 처음 있는 일이다.

플라스틱으로 세계를 가장 많이 오염시킨 1위 회사로 꼽힌 코카콜라에서 지속가능 경영을 책임지고 있는 베아 페레즈Bea Perez는 다보스포럼 2020에서 "소비자는 아직도 플라스틱 병을 원한다. 만약 플라스틱 대신 알루미늄이나 유리병으로 대체하면 온실 가스를 더 많이 배출하게 된다. 소비자가 원하는 것을 하지 않는 것은 비즈니스가 아니다. 코카콜라는 2030년까지 소비자의 욕구를 만족시키면서 재활용 플라스틱병의 사용률을 50%로 끌어올리겠다. 앞으로 재활용에 참여하지 않으려면 코카콜라를 사먹지 말라."고 했다.

영국과 프랑스는 2040년부터 휘발유와 디젤차의 운행금지 계획을 세웠다. 내연기관의 새 차 등록을 받지 않음으로써 공해를 줄이고, 기후변화를 유발하는 '온실 가스'를 감축할 계획을 세운 것이다. 2030년이 되면 카본가격, 즉 이산화탄소 배출권의 가격이 글로벌 수준에서 일정한 가격으로 거래될 것으로 예상된다. 다시 말해 카본 배출권이 일정가격으로 글로벌하게 통일되는 세상이 오고 있다. 이러한 정책을 통해서 현재의 대기 중 이산화탄소 농도가 380~400ppm에서 350ppm으로 감소될 것으로 예상하고 있다. 이렇게 되면 정부와 환경운동가들의 노력과 더 효율적인 과학기술의 발전으로 우리가 숨 쉬는 공기가 현재보다 훨씬 더 깨끗해지고, 훼손된 자연환경도 많이 제자리를 찾아갈 것으로 기대된다. 자동차 공유 플랫폼과 자율주행

자동차의 대중화로 거리의 자동차 대수를 획기적으로 줄임으로써 도심의 공기가 한층 더 깨끗해질 것이다.

영국의 Clean Growth Plan은 2030년에 새 자동차의 60%를 전기차로 생산할 계획을 세웠다. 최근 유명 자동차 회사 폭스바겐VW은 디젤 자동차의 배기가스 조작으로 소비자들로부터 크게 신뢰를 잃자, 이에 대한 만회책으로 2030년까지 300여 개의 전체 차종 생산 모델을 모두 전기자동차와 병행해서 생산하겠다고 선언했다. 상당기간 내연기관과 더불어 전기차를 모든 모델에서 병존해서 공급하겠다는 것이다.

앞으로 재생에너지와 원자력이 환경문제를 개선하는 데 크게 기여할 것은 틀림없다. 한편 롤스로이스Rolls-Royce는 미니 원자로 개발을 2029년까지 완성하겠다고 발표했다. 이 원자로는 작은 모줄라 타입 원자로Small Modular Reactors다. 그 크기는 1.5에이커(1,800평, 6,069m^2) 정도에 세울 수 있으며 전체 발전소 부지는 10에이커(약 1만2천 평, 40,046m^2) 정도면 가능하다. 소규모 원자력발전소를 도시 근교에 설치하여 전기를 공급하겠다는 것이다. 발전용량은 기존의 원자력발전소가 140만 KW(1.4GW)규모인 데 반해 10만KW(100MW)의 규모로 도시 근처 어디에도 설치할 수 있다. 이 미니 원자력발전소는 건설비용도 크게 들어가지 않는다. 일부 선진국들의 2050년 'Net-Zero Emssion'의 목표를 달성하는 데 이 미니 원자력발전소가 크게 기여를 할 것으로 보인다. EU도 2026년에는 원자력발전소에서 사고가 일어나더라도 주민들에게 피해가 없는 안전한 원자로를 개발해서 선보일 계획을 가지고 있다.

플라스틱 수도관과 생활 안전

　　　　　　　　로마인은 과학기술로 500여 년 동안 서구 세계를 지배했다. 로마는 상·하수도, 도로, 원형극장, 공중목욕탕, 공중화장실 등 사회 인프라를 구축하는 데 탁월한 역량을 발휘했다. 식민지 주민들의 마음을 사고, 로마에 대한 동경심을 갖도록 하는 데도 기여했다. 기술의 대부분은 독창적인 발명이라기보다 이미 알려진 기술에 경험을 더해 사회 인프라 건설에 적용하여 더 실용적이고, 유용하게 만들었다.

로마는 인구가 늘고 도시가 팽창하자 물 공급이 최대의 당면 과제로 떠올랐다. 물 공급원이었던 티베르 강물은 오염되어 수인성 전염병에 노출되어 있었다. BC 4세기경에 이르자 우물과 물탱크가 낡아 물의 공급이 수요를 따라가지 못하게 됐다. 이를 위해 로마정부는 카에쿠스Appius Caecus를 건설책임자로 임명하여 길이 16km가 되는 아피아Aqua Appia 수로를 건설했다. 세계 최초의 상수도 시설이었다. 지금의 토목기술과 비교해도 결코 뒤지지 않는 정교한 상수도였다. 점점 발전시켜 100만여 명의 로마시민에게 물을 공급하기 위해 수로를 40km나 떨어진 취수원에까지 설치했다. 도심에서 수돗물은 대부분 지하에

수도교 유적

설치한 관을 통해 흘러갔지만, 지형의 장애물이 있는 곳에는 '수도

교'로 알려진 수로시설을 설치해 이를 극복했다. 수도교는 교량 기능보다는 수로 기능이 우선이었다. 2천 년 전에 오늘날의 방식과 거의 흡사한 상·하수도 시설과 수도 시설을 운영한 것이다. 이 유적은 2천 년이 지난 지금도 주목받고 있다.

로마는 수도시설로 도시에 깨끗한 물을 넉넉하게 공급해서 로마인은 청결하고 건강한 삶을 유지하며 물의 유희를 즐길 수 있었다. 당시 유럽 곳곳에서는 콜레라, 장티푸스 등 수인성 전염병으로 많은 시민이 목숨을 잃었다. 하지만 로마에는 당시 흔하던 수인성 질병이 거의 없었던 것으로 알려진다.

이에 반해 현대사회에서 안전한 물의 공급이라는 상수도 시설의 역사는 100여 년에 불과하다. 미국 필라델피아 시는 1906년 하천으로부터 취수한 원수를 아무런 처리 없이 수돗물로 공급했다. 그 물을 먹은 많은 시민이 수인성 전염병으로 희생됐다. 이때 도입된 모래 여과 방법은 수인성 전염병인 장티푸스나 콜레라 발병률을 급격히 낮췄다. 그 뒤 지금도 쓰고 있는 염소 소독법이 도입되어 수돗물이 더욱 안전해지고, 수인성 전염병도 거의 사라졌다.

그런데 로마인에게는 이상하게도 오늘날의 전염병 수준으로 납중독이 널리 퍼져 있었다고 한다. 이 원인이 수도관 때문이라고 말하는 이들이 있다. 로마는 도시에 설치한 수도관을 납으로 만들었다. 납은 인류가 6천여 년 전에 정제기술을 터득하여 지금까지 쓰고 있는 중금속 중의 하나다. 금속 중에서도 채광, 정련, 성형이 쉽고 쇠보다 훨씬 낮은 온도에서 녹일 수 있어 수도관, 그릇 등을 만드는 데 다양하게 쓰였다. 하지만 납이 인체에 흡수되면 대부분 뼈에 쌓이고, 신경계와 혈액 계통 등에 영향을 주어 신경장애나 빈혈 등을 일으키게 된다. 길게는 뼈나 연부조직에 침착하여 신체장애를 일으킨다.

로마의 귀족이나 왕족들은 포도주에 독특한 맛을 내기 위해 납을 감미제와 보존제로 첨가하여 마셨고, 이들은 납에 중독되어 일찍 죽는 경우가 허다했다. 고대 로마인의 뼈를 분석한 결과 납의 농도가 높았고, 로마 시민의 납중독을 시사하는 변비, 복통, 빈혈, 혈색의 변질, 관절통, 납관 제조 공장의 노동자들의 기형 같은 기록이 남아 있다. 로마 제국 쇠퇴기에 귀족 자녀의 출생률이 감소하고, 정신지체아가 많았다는 기록은 부유층의 납중독이 전염병 수준으로 널리 퍼져 있었다는 것을 보여준다. 납중독으로 체력과 정신력이 떨어져서 로마 제국이 멸망했다는 설도 있으나 그것은 잘 받아들여지지는 않는다.

납은 물에 녹으면 독성을 발휘하지만, 19세기까지도 납이 인체에 해롭다는 것을 몰랐기에 유럽의 곳곳은 납을 이용해 배수관의 납관을 만들어 사용했다. 영어의 배관을 의미하는 'Plumbing'은 라틴어의 납을 의미하는 'Plumbous'에서 왔다.

우리나라에서는 1908년 서울의 뚝도 정수장이 준공되어 서울 시민 12만여 명에게 수돗물을 공급했고, 시민 전체에 수돗물을 공급한 최초의 상수도 시설이었다. 1894년 부산의 일본인 거주 지역에 수돗물을 공급한 이후 처음이었다. 수도관은 주철관을 주로 썼고, 수명은 40여 년 정도였다. 수돗물이 주철관의 주요 성분인 철을 쉽게 용해시켜 철 산화물을 만들고, 알칼리 등과도 반응하여 탄산칼슘을 생성한다. 또 물속의 철 성분이 탄산이온과 반응하여 스케일을 생성한다. 스케일의 주성분은 탄산칼슘, 능철광, 철산화물 등이다. 그런데 이것들이 쌓이면 녹이 되어 수돗물이 흐르는 데 걸림돌이 되고, 때때로 녹물이 수돗물에 섞여 나오게 된다. 이 수도관의 외벽은 부식의 문제도 안고 있다.

지금은 상수도관에 덕타일 주철관, 내충격 PVC관, 시멘트관을 주로 쓴다. 덕타일 주철관은 주철관의 부식문제와 연성을 보완하기 위해 탄소, 규소, 망간, 인, 황을 섞어 관을 만든 다음 벽면에 시멘트 몰타르 라이닝, 에폭시나 PE 코팅 등을 한다. 북미에서는 수도관을 새로 설치할 때 내충격 PVC관을 많이 쓰고 있다. 수도관에는 PVC뿐 아니라 가교결합을 한 PE관도 쓴다. 이 PE관은 염소 성분에 취약해서 지금은 내충격 PVC가 대세를 이룬다. PVC플라스틱 수도관은 녹과 스케일이 거의 발생하지 않아 물이 깨끗하고, 내부 표면이 매끄러워 통수성이 우수하다.

한편 내충격 PVC관은 안성석인 화학구조로 부식되지 않으며, 스케일이 끼지 않아 통수능력이 높다. 염분에도 강해 해안지역에 매설해도 잘 견딘다. 연성이 좋아 깨지지 않으며 불안정한 지반이나 외부 충격에 어느 정도 변형이 가능하여 지진에 대한 안정성이 우수하다. 주철관의 수명은 40여 년인 데 반해, PVC관은 물이나 산소에 의해서 분해되거나 썩지 않는 성질을 가지고 있어 100년이 넘는다고 한다. 이러한 썩지 않는 성질은 수도관으로는 이점이 크지만, 수도관이 아닌 다른 용도에 사용할 경우, 자연에 순환되지 않는 환경문제의 폐단을 안고 있다.

플라스틱 문명시대

우리는 플라스틱과 함께 생활하고 있다. 일상생활에서 사용하는 여러 물건 중에서 플라스틱이 차지하는 비중은 과반을 훨씬 넘는다. 플라스틱Plastic이라는 단어는 그리스어 Plastiko에서 유래하는 것으로 '쉽게 모양을 낼 수 있다'는 뜻에서 비롯됐다. 플라스틱의 뿌리는 당시 코끼리 상아로 만든 고가의 당구공을 1868년 천연 셀룰로이드로 대체함으로써 플라스틱이 알려지기 시작했다. 플라스틱의 특성에 맞게 최초로 응용된 것은 전기 절연체 재료로 페놀계 합성수지인 베이클라이트를 사용함으로써 본격적인 플라스틱 시대를 열었다.

플라스틱이 없었더라면 제2차 세계대전 후 전쟁의 폐허로부터 세계문명의 재건은 힘들 수 있었다. 천연재료인 철, 유리, 목재보다 값싸고, 가볍고, 탄력성이 좋은 다양한 성질의 플라스틱은 현대인의 편리한 삶의 상징이다. 이제는 그 의존도가 너무 커져서 인류 전체가 플라스틱에서 헤어나지 못하는 '플라스틱 문명시대'를 살아간다. 플라스틱의 등장은 현대사에서 과학의 발전으로 비료나 항생제, 심지어 생체 호르몬까지 합성해 냄으로써 사람들은 밍크코트를 입은 돼지 등과 같은 인공창조물에 대한 무한한 상상을 하게 만들었다.

플라스틱 문명의 본격적인 개화는 나일론과 폴리에스터를 발명하고 나서부터다. 미국 듀폰의 카로더스는 1938년 나일론의 발명과 더불어 폴리에스터를 처음으로 합성하는 데도 성공했다. 하지만 폴리에스터에 다양한 색상을 넣는 방법을 찾아내지 못해 패션 섬유재료로 쓰지 못하고 나일론이 인류 최초의 합성섬유 자리를 차지했다.

합성섬유와 플라스틱 제품은 똑같은 성분의 고분자재료로서 형태만 달리해서 사용하는 것이다. 1941년 영국의 과학자 윈필드(John Rex Whinfield, 1901~1966)와 딕슨James Tennant Dickson이 카로더스가 중단한 폴리에스터의 섬유화 연구를 마무리함으로써 최초로 폴리에스터 섬유를 선보였다. 묘하게도 듀폰은 뒤늦게 폴리에스터 섬유특허를 소유한 영국의 ICI로부터 1946년에 섬유화 기술을 사들여 1950년부터 폴리에스터를 'Terylene'이라는 상표로 대량 생산하기 시작했다.

폴리에스터는 가볍고, 강하며, 투명하고, 어떤 색깔도 마음대로 넣을 수 있다. 초기에는 대부분 패션 섬유재료로 쓰였으나 지금은 플라스틱 제품 즉 페트병, 일회용 용기, 자동차 내장재, 의자 커버, 컴퓨터 등 쓰이지 않는 곳이 없다시피하고 있다.

듀폰의 카로더스가 폴리에스터와 나일론을 발명했을 당시, 폴리에스터는 염료분자를 화학석으로 결합시킬 수 있는 기능성 사이트가 없어서 색상을 부여하는 방법을 못 찾아 섬유패션 재료로 사용되지 않았다. 나일론을 합성섬유의 1호로 채택한 이유도 이 때문이었다. 훗날 폴리에스터를 분산염료로 물리적으로 염료를 고분자쇄 사이로 끼워 넣어서 색상을 부여하는 방법을 찾아냄으로써 패션제품에 폴리에스터가 대대적으로 사용됐고, 이어 플라스틱 재료로도 광범위하게 영역을 넓혀 나갔다. 폴리에스터는 주위 환경에 영향을 받지 않는 안정된 화학구조물로 되어 있어서 물이나 산소에 의해서 분해되거나 썩지 않는 성질이 있다. 물을 흡수하지 않으며 물과 산소를 차단하는 차단막 성질을 이용하여 밀폐용기나 물병, 음식물 포장지, 그릇 등으로 널리 사용된다.

옥수수에서 얻은 바이오에탄올

농산물과 같은 천연 바이오 원료로부터 플라스틱을 만들기도 한다. 바이오플라스틱이라 불리는 이 기술은 광합성에 의해 키운 식물로부터 에탄올과 같은 기초 화학 원자재를 얻는 것이다. 한편 에너지를 주로 얻는 바이오매스에 사용되는 재료는 벌목하고 남은 나무, 폐타이어와 폐플라스틱 등이 연료로 쓰인다. 중남미에서는 사탕수수를 재배하여 발전소의 연료로 쓰고 있다. 발효에 의해서 포도주를 생산하는 과정과 같은 방식으로 곡물을 발효시켜 얻는 알코올 성분의 바이오퓨얼BioFuel과 사탕수수나 옥수수를 화학적으로 처리해서 얻는 바이오플라스틱Bioplastic 재료인 피엘에이PLA(Polylatic Acid)가 널리 쓰이며 이것도 일종의 폴리에스터PET이다.

전분이나 설탕의 발효로부터 얻어지는 알코올, 이 알코올을 기반으로 하여 에틸렌글라이콜Ethylene Glycol을 얻고, 이것을 테레프살릭에시드Terephthalic Acid와 중합하여 만든 것이 바이오 폴리에스터다. 어디서 왔든 고분자화학물인 플라스틱은 플라스틱이다. 천연의 바이오 곡물에서 오든 석유 정제 공정의 나프타에서 오든 중합하여 고분자물을 얻으면 똑같다. 미국에서는 중동 석유의 의존도를 줄이기 위해

농산물에서 얻을 수 있는 바이오에탄올을 10% 가량 휘발유에 섞어서 자동차 연료로 썼다. 하지만 셰일가스가 등장한 뒤에는 주유소에서 이를 찾아볼 수 없게 됐다.

플라스틱은 일생생활에서 생활용기가 바뀌는 계기가 됐으며 모든 음식을 담는 용기로도 쓰이면서 위생상태와 생활의 편의성을 대폭 향상시켰다. 그러나 플라스틱은 자연환경에서 썩거나 변하지 않아 장점도 있고, 단점도 있다. 버려진 폐플라스틱은 자연계에서 수십 년에 걸쳐 미세 플라스틱으로 분해되어 해양을 비롯한 자연 생태계를 심각하게 위협하며 먹이사슬을 통해 우리에게 부메랑이 되고 있다. 그렇다고 플라스틱을 철제나 나무, 유리와 같은 천연자원으로 대체하는 것도 현실에서는 불가능에 가깝다. 오히려 더 큰 환경 피해를 초래해서다. 우리는 현대 물질문명의 풍요로움을 즐기는 가운데, 우리도 모르게 플라스틱 환경의 가해자고, 피해자가 됐다.

생태계를 위협하는 미세플라스틱의 역습

전 세계적으로 플라스틱을 적게 쓰고Reduce, 재사용하고Reuse, 재활용하고Recycle, 재창조하자Recreate는 4R 운동이 전개되고 있다. 그 중 재활용이 가장 유용하게 받아들여지고 있다. 세계 플라스틱 생산량은 연간 4억5천만여 톤에 이른다. 현재 추세로 간다면 2050년에는 거의 세 배로 늘어나 12억여 톤에 이를 것으로 예상했다. 세계 석유 소비량 중에 현재 6% 정도가 플라스틱 재료로 쓰이지만, 2050년도에는 20%로 늘어날 것으로 예상했다. 하지만 코로나바이러스 팬데믹으로 플라스틱 사용량에 대한 모든 예측은 지금까지만으로 10여 년을 앞당겼다. 일회용 플라스틱의 사용량이 대폭 늘어났기 때문이다. 특히 의료현장에서는 의료인의 개인보호장비PPE의 수요가 폭발적으로 늘어났다. 전 세계적으로 마스크는 한 달에 1,290억여 개, 의료용 고무장갑도 650억여 개가 사용되는 것으로 파악된다. 이렇게 다양한 플라스틱 용품이 더 많이 사용되는 바람에 오히려 2040년에 13억 톤의 플라스틱이 사용될 것으로 예측된다.

주위에 버려진 폐플라스틱은 장마에 휩쓸려 강으로 가고, 강물을 따라 바다에 이른다. 폐플라스틱은 오대양을 떠돌다가 조류의 흐름에 따라 곳곳에 '플라스틱 섬'을 이룬다. 거대한 플라스틱 섬이 태평양, 인도양, 대서양에 가리지 않고 생겨난다. 호주의 세계자연문화유산 그레이트 베리어 리프Great Barrier Reef에까지 폐플라스틱이 처박혀 물고기와 놀고 있다. 인간의 손길이 닿지 않는 지구의 마지막 청정지역인 남극에까지 흘러들어 나뒹굴고 있다.

플라스틱 문명시대 이후 인류가 생산해서 사용한 총 90억 톤에 이르는 플라스틱! 이 플라스틱 중 단 9%만이 재활용되고 나머지는 매립

되고 소각되거나, 지구 어딘가에 버려져 있거나, 아직도 우리 생활 주변에서 쓰이고 있다. 지금도 연간 생산량 4억5천만여 톤 중에 18%만이 재활용되고 있는 실정이며, 매년 250만 톤 이상의 폐플라스틱이 바다에 버려진다.

주위에 버려진 많은 플라스틱은 흘러 바다로 간다. 영화 '알바트로스'에서 바다에 떠 있는 죽은 알바트로스의 뱃속에서 다양한 색상의 폐플라스틱이 나오는 충격적인 한 장면을 보여준다. 또 바다갈매기의 어미 새가 미세 플라스틱 조각을 새끼의 입에 먹이로 넣어주는 장면은 시사하는 바가 크다.

일회용 플라스틱 제품을 단계적으로 퇴출하기 위한 노력은 세계 곳곳에서 일어나고 있다. 미국은 2030년까지 75% 줄여나가는 법안을 발의했고, 영국은 행방불명되는 플라스틱을 없애자는 운동을 펼치고 있다. 플라스틱은 자연 상태에서 오랜 세월이 경과하면 이산화탄소와 물로 분해되어 자연으로 돌아간다. 하지만 그 기간이 무려 300~500년 정도 걸리는 데 문제가 있다. 그 과정도 순탄치 않다. 바이오플라스틱으로 알려진 PLA는 옥수수에서 얻어진 천연재료지만, 일단 플라스틱으로 만들어지면 분해되는 데 70년 이상 걸린다. 친환경 바이오 폴리에스터를 화석연료가 아닌 사탕수수나 카사바cassava 또는 옥수수로부터 바이오 에틸렌글라이콜을 얻어 그것으로부터 폴리에스터를 합성했지만 이 역시 중압과정을 거쳐 고분자물(폴리에스터)이 되면 분해에 걸리는 시간이 다른 폴리에스터와 별 다를 바가 없다.

플라스틱은 화학적으로 안정된 구조고, 물에 분해되지 않으며 자연

환경에도 강해 자연으로 쉽게 환원되지 않아서 사용하는 데는 좋은 성질이지만 환경 측면에서는 독약이 되고 있다. 자연으로 환원되더라도 분해 과정에서 유해한 발암물질이나 환경호르몬을 배출하기도 한다.

미세 플라스틱은 플라스틱 제품이 분해되어 5mm 이하의 크기로 되었을 때를 말한다. 이 크기는 곡식의 크기로 새나 물고기의 먹이 크기와 같다. 플라스틱이 분해과정에서 미세 플라스틱으로 작아지면 조류들이 먹잇감으로 착각해서 쪼아먹고 새끼들에게 먹여줘 새와 물고기 뱃속에서 마이크로 플라스틱이 발견되는 참사가 벌어지고 있다. 미세 플라스틱이 더 분해된 나노 플라스틱은 1마이크론㎛ 이하 크기를 말한다. 이 크기의 플라스틱은 먹는 것 말고도 피부에 흡착되거나 음식물과 함께 소화기관에 섞여 들어가 축적될 수도 있다.

플라스틱은 화학적으로 안정된 물질이기에 한 번 사용한 후에도 형태나 색상을 바꿔 재사용할 수 있다. 이러한 특징 때문에 재활용하기 쉬운 소재다. 여기서 제기되는 문제점은 플라스틱의 화학구조가 한 가지가 아니고, 여러 다양한 종류의 화학구조를 지닌 플라스틱이 사용되고 있다는 점이다. 플라스틱의 원소재는 나일론, 폴리에스터PET, 폴리에틸렌PE, 폴리플로필렌PP, 피브이씨PVC, 폴리스타일렌PS, ABS, 합성고무 등이 있어서 종류를 나누는 일의 어려움이 있다. 이들 플라스틱은 녹는 온도도 다르고, 화학적 성분과 성질도 다르다. 따라서 재활용하려면 종류별로 구분해서 한 곳으로 모으는 선별과정이 필요하다. 이것이 단점이라면 단점이다.

세계적 브랜드의 패션제품의 경우 일부 제품들이 1/3 가량은 정상가

플라스틱의 종류

PET Polyethylene terephthalate	HDPE High-density polyethylene	LDPE Low-density polyethylene	PP Polypropylene	PS Polystyrene	PVC Polyvinyl chloride
Tg: 76 °C	Tg: -70 °C	Tg: -100 °C	Tg: -10 °C	Tg: 100 °C	Tg: 81 °C
Tm: 260 °C	Tm: 135 °C	Tm: 120 °C	Tm: 173 °C	Tm: 240 °C	Tm: 212 °C
D: 1.37-1.39	D: 0.94	D: 0.91-0.93	D: 0.85-0.93	D: 1.05	D: 1.38
음료병 의류 카펫섬유 샴푸통	우유통 화분 쓰레기통 세제통	케이블 피복 뽁뽁이 포장필름 쇼핑백	빨대 도시락통 기저귀 병뚜껑	옷걸이 달걀 보관함 장난감 트레이	인조가죽 파이프 창문틀 신용카드

Tg : 연화온도 Tm : 용융온도 D : 비중

일부 브랜드 패션제품의 1/3은 폐기된다

로 팔리고, 1/3 가량은 할인가로 판다. 나머지 팔지 못한 1/3 가량은 매립하거나 소각시켜 브랜드 가치를 지키려 노력한다. 이러한 현상은 세계 곳곳에서 벌어지고 있지만 이러한 비즈니스 모델도 이제 더 이상 설자리를 잃어가고 있다.

경제적 순환 활용의 가치를 지니는 재료는 현재로서는 단연 폴리에스터다. 세계적으로 폴리에스터의 재활용은 여러 국가에서 체계적으로 활성화되어 우리나라에서도 60% 가량이 재활용되고 있다. 이보다 훨씬 높은 재활용률을 보이는 나라도 있다. 일본과 유럽은 85% 이상이고, 대만에서는 정책을 잘 세워 95%에 이른다.

폴리에스터의 재활용은 물리·화학적 방법으로 구분할 수 있다. 화학적 재활용은 폴리에스터를 해중합 과정을 거쳐 EG와 TPA로 원화학소재로 환원하는 것이다. 이것은 가장 확실한 재활용 방법이지만 새로 생산하는 것 이상으로 공정이 복잡하고, 에너지와 비용이 많이 든다.

물리적 재활용MR은 폐기물을 모아 녹여서 형태를 다시 만드는 것이다. 예를 들어 폐 생수병을 모아 세척하고, 잘게 부순 다음 이를 다시 펠렛으로 만들어 다시 생수병을 만들든지, 실로 뽑아 패션섬유소재로 쓴다. 이들 재활용 플라스틱 재료는 수집과 분류, 세척과정을 거쳐야 하므로 새 플라스틱을 만드는 것보다 비용이 더 든다. 그러나 현대사회에서 환경에 대한 관심과 지속가능성에 대한 노력에 힘입어 많은 브랜드들이 재활용 플라스틱 재료를 선호해서 사용하며, 고객에게 친환경 제품으로 광고하여 기업의 사회적 책임을 다하고 소비자들에게 친환경기업이라는 이미지를 새겨준다. 세계 유명 브랜

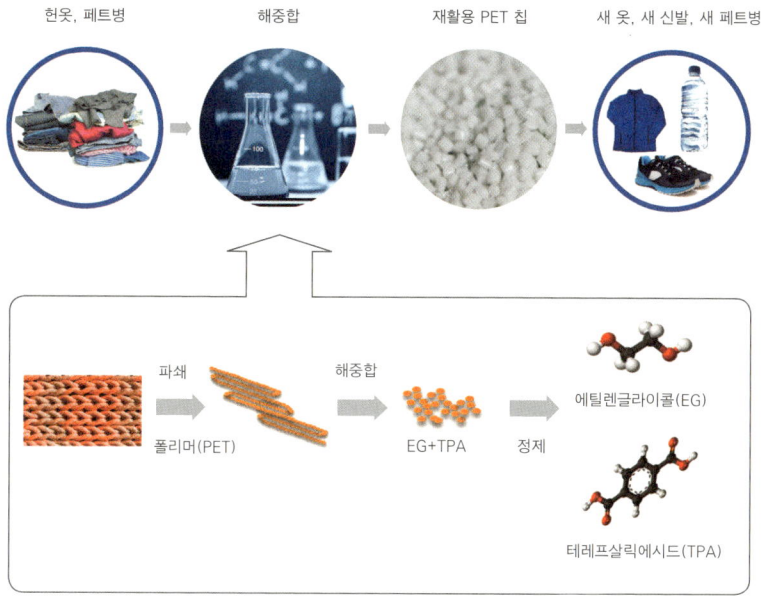

폐플라스틱의 해중합에 의한 화학적 재활용

드 중 어떤 곳은 '남극에서 회수한 해양 폐플라스틱으로 만든 제품'이라고 레이블에 붙여 판매하고 있다. 이렇게 재활용 플라스틱 재료의 인기를 틈타 갓 생산한 페트병을 바로 자르고 녹여 실로 다시 뽑아 제품을 만든 뒤 친환경 재활용 소재 제품이라고 판매하는 일까지 벌어지고 있다. 이러한 현실에서 ORITAIN, Haelixa 같은, 확실하게 재활용 재료로 만든 제품인지를 감별하는 서비스 업체도 생겨났다.

플라스틱은 1,200℃ 이상의 강렬한 불에 타서 열분해되어 물과 이산화탄소, 공기로 흩어져 자연으로 되돌려 보낼 수 있다. 플라스틱은 석유의 정제 과정에서 나프타로부터 얻어 그 원료를 중합하여 얻는다. 화석 연료와 같은 화학성분으로 구성되어 있어 일정 온도 이상 높은 열을 가해 주면 산소와 결합하여 더없이 좋은 연료가 될 수 있

플라스틱 재활용으로 생산된 페트병과 섬유패션 제품

다. 그런데 불완전 연소에 의한 다이옥신과 같은 유해물질의 배출이 문제가 될 수 있지만 높은 온도에서는 완전 연소된다.

시멘트 소성로의 온도는 약 2,000℃에 달해 연소온도가 900℃에 불과한 일반 소각로와는 달리 완전 열분해와 연소가 가능하다. 반면 일반 폐기물 소각로는 폐기물에 가해지는 물질온도가 750℃ 정도에 머물러 온갖 종류의 공해물질을 배출시키는 데 반해 시멘트 소성로에서의 물질온도는 1,450℃에 달해 모든 공해물질이 완전히 분해가 되는 점이 다르다. 시멘트 제조 과정에서 소성로Kiln의 대체연료(Alternative Fuel, AF)로 다양한 폐플라스틱이 쓰인다. 소성로는 유연탄을 2,000℃의 고온에서 연소시켜 소성로 안의 물질온도는 1,450℃에 이른다. 이 온도에서 석회석이나 철강석 등이 용융·소성되어 클링커를 만든다. 폐플라스틱을 유연탄의 대체연료로 소성로에서 사용할 수 있어 자원의 순환 이용과 유연탄 사용량을 줄여 온실가스 배출 절감에도 기여할 수 있다.

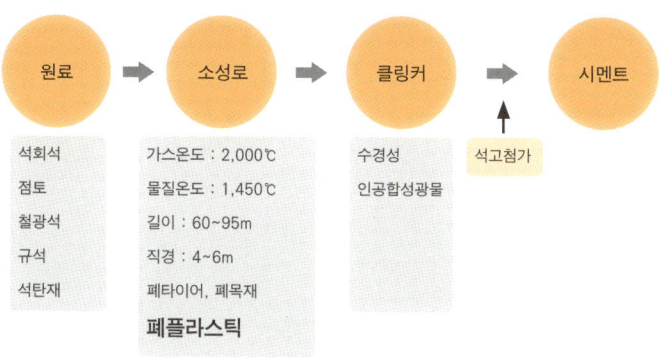

시멘트 공정 소성로에서 폐플라스틱의 연료화

유럽에서는 시멘트 소성로를 활용한 순환경제 활성화 방안이 적극 추진되고 있다. 폐플라스틱을 소성로에서 대체연료로 재활용하여 환경부담을 줄이고, 산업경쟁력을 높이는 순환경제 정책이 효율적으로 진행되고 있으며, 시멘트 제조업은 이제 '환경사업'으로 탈바꿈돼 가고 있다. 우리나라의 경우 폐기물 처리비용의 상승으로 불법 방치폐기물에 의한 환경오염 문제가 발생하고 있다. 이를 해결하기 위해 시멘트 소성로를 잘 활용한다면 폐플라스틱에 의한 환경문제를 효율적으로 해결할 수 있다.

이렇게 시멘트 제조공정에서 소성로의 폐플라스틱의 환경 연료화는 환경 부담을 줄이고, 플라스틱의 순환경제 시스템의 일환으로 천연가스나 유연탄 대체 연료로 활용하는 것이다. 한 예로 독일 시멘트 공장의 대체 연료 비율은 65%에 달하고 있는데 비해 우리나라의 경우는 20%에 불과한 실정이다. 해양 오염의 주범인 해양 폐기 플라스틱을 모아 대체 연료로 사용함으로써 지구 환경문제를 해결하는 데 도움이 되고, 나아가 우리나라가 국제적 해양 환경문제를 앞장서 해결함으로써 국가의 위상을 높일 수도 있다.

시멘트의 소성로는 석회석을 녹이는 가마다. 이 가마는 도자기를 굽는 가마와 다르지 않다. 1,450℃에서 석회석과 점토와 같은 흙은 동시에 녹는다. 도자기가 예술이 되듯, 이 과정에서 폐플라스틱이 환경 연료가 되어 타들어감으로써 환경 예술로 거듭나는 것이다. 이러한 실제 예는 폐타이어 처리 과정에서 확인할 수 있다. 20년 전만 해도 폐타이어는 환경 공해물질로 우리 주변에 널려 방치되어 있어 골칫거리였지만, 지금은 없어서 찾지 못할 지경이다. 처음에는 폐타이어를 소각해 주는 대가로 소각비를 시멘트 회사에 지불했다. 하지만 지금은 시멘트 공장에서 이를 돈을 주고 사는 귀한 몸이 되고, 국내에서의 폐타이어를 다 소모하고도 부족해서 해외에서 수입해 올 정도다. 이 사례를 폐플라스틱에도 적용하면 '폐타이어 공해'라는 말이 사라졌듯이 '플라스틱 공해'라는 단어도 이제는 '잊혀진 단어'가 될 것이다.

플라스틱에 관한 환경규제와 법 제도는 이러한 현대 과학기술 변화에 힘입어 유연한 제도로 재정착시켜야 한다. 규제 일변도의 과잉규제는 때때로 산업을 위축시키고, 국민의 소소한 행복감을 빼앗아 갈 수도 있다.

2
속도가 붙다

조이는 모던 타임즈

찰리 채플린이 1936년 제작한 무성영화시대의 명작 「모던 타임즈」는 이 시대 상황과 모순을 집약해서 보여준다. 제2차 산업혁명으로 산업생산력이 폭발적으로 커져 노동자들이 분업체제의 생산 시스템하에서 기계의 한 부품이 되어가며 인간성이 소외되어 가는 현상을 적나라하게 화면 속에 담았다. 영화 속의 지하철은 분업화되어 가는 산업 현장에 대한 상징이고, 사장은 당시 산업계를 이끌고 가던 실업가 포드의 상징이고, 나사는 기계의 부품이 되어가는 노동자를 상징한다. '나사'는 조여지면 그 자리에서 풀리기 전까지는 떠나지 못한다. 연계 없이 풀리면 떠돌이가 된다. 직장을 잃고 부초처럼 떠도는 실직자가 연상된다.

주인공인 떠돌이는 사장에게 빠르게 일하라는 지시를 받는다. 자기 앞으로 돌아오는 컨베이어벨트 시스템 아래에서 끊임없이 단순반복하며 나사를 조이는 일을 한다. 이 일을 오랜 기간 매일매일 하다 보니 주인공은 나사처럼 생긴 것을 보면 뭐든지 조이려고 달려든다.

주인공은 마침내 정신병원으로 이송되었다가 회복되어 퇴원하지만 다니던 공장으로 돌아오지 못하고 해고되어 거리를 떠돈다. 지나가는 트럭에서 떨어지는 빨간 깃발을 본 주인공은 되돌려 주려고 트럭을 따라 달리다 공산주의자로 몰려 경찰에 붙잡혀 간다. 거기서 탈옥수를 잡은 공으로 사면되고, 보안관의 추천으로 일자리를 구하지만 적응하지 못하고 경찰서로 되돌아가고 싶어한다. 그러다 우연히 경찰차에서 빈민가의 한 소녀를 만난다. 소녀의 아버지는 사고사를 당하고, 고아원에 버려지려던 중에 둘은 마주쳤고, 함께 경찰차를 탈출한다. 우여곡절 끝에 둘은 카바레에 취직하여 행복해질 것이라 예상한다. 경찰이 소녀의 정체를 알고 잡으려 하자 둘은 새벽녘, 어딘가로 탈출한다. 비극과 희극이 영화 전편에 흐르며 그 시대의 희망과 모순을 다양하게 보여주고 있다. 1930년대 말 제2차 산업혁명의 결과 노동자의 생산성이 대폭 향상되고 이에 따른 임금의 큰 상승은

찰리 채플린의 「모던 타임즈」

임금노동자와 일반 대중에게 물질문명의 풍요로움을 가져다 주었다. 사회는 안정된 중산층의 확대로 이어져 시민사회가 발전하고 대중문화도 더불어 발전했다. 이러한 풍요로움 뒤에는 노동자가 거대한 사회 시스템에서 기계처럼 일해야 하는 현실적인 문제가 있었고, 이를 가장 극적으로 그린 영화가 「모던 타임즈」다.

대량생산 시대를 연 포디즘

포드의 혁신과 컨베이어 벨트   헨리 포드는 1896년 2개의 실린더가 장착된 4륜차를 만드는 데 성공했다. 디트로이트 자동차 회사의 공장장이 되면서 본격적으로 자동차 생산기술 혁신에 몰두했다. 이 회사가 포드사의 전신이다. 포드는 1907년까지 다양한 자동차 모델을 선보이며 꾸준히 성장했다. 대중이 쉽게 탈 수 있는 자동차를 개발하고 싶었다. 대중이 쉽게 타면 자동차 시장이 무한대로 커질 수 있음을 깨닫고 이것이 가능한 새로운 자동차 모델을 개발해야겠다고 마음 먹었다. 당시 미국에서 자동차가 꼭 필요했지만 너무 비싸서 대중이 쉽게 살 수 없었다. 웬만한 샐러리맨도 탈 수 있는 자동차 모델이 개발의 목표였다.

포드는 이 생각을 실천에 옮겼다. 1908년에 '모델-T'를 선보였다. 2단 속도 조절과 페달로 후진할 수 있고 0.5톤의 가벼운 차체에 40km/h까지 속도를 낼 수 있는 당시로서는 획기적인 모델이었다. 가격도 다른 자동차의 1/3 정도의 값으로 살 수 있었다. 이 자동차는 생산도 되기 전에 5,000대 이상의 주문이 밀려들 정도로 선풍적인 인기를 끌었다. 포드는 수요를 감당하기 위해 1910년 다시 공장을 세워 새로운 생산 실험을 했다. 신시네티의 도축장에서 쓰던 컨베이어벨트 시스템을 보고 영감을 얻어 이를 바로 자동차 생산 공정에 도입했다. 중요 부품을 규격화하고 부품 하나하나의 품질관리를 엄격하게 하여 분업공정이 연속되도록 체계적으로 조립 공정을 배치했다. 분업화된 공정의 배치로 작업라인을 단순화시켜 비숙련노동자도 간단한 교육·연수과정만 거치면 조립라인에 쉽게 투입될 수 있었다. 컨베이어벨트 시스템의 이동 속도에 따라 노동자의 작업 시간이 결정됐고, 공장 전체의 관리 시스템이 이 시간표에 따라 움직였다. 이제 컨베이어벨트가 흐르는 속도가 노동자의 동작과 이동을 결정했다.

컨베이어벨트 시스템으로 자동차를 연속으로 생산하고 있는 포드사

포드는 이 자동차 공장에서 컨베이어벨트에 의한 연속생산으로 대량생산 체계를 실용화했다. 부품의 표준화, 규격화로 자동차를 대량생산했고, 이러한 것은 원가절감으로 이어져 기록적인 매출을 달성했다. '모델-T' 가격은 당시 장인들의 단속적 작업에 의해 만들어지는 자동차 가격의 1/3에서 1/10 가격까지 떨어져 일반 노동자나 서민들이 자가용을 가질 수 있게 됐다. 한편 조립라인의 노동자 임금은 생산성 향상에 맞게 파격적으로 2배 이상 인상됐다.

1910년 1만9,000대가 생산되던 데서 1913년 17만 대 이상이 생산되어 3년 만에 생산량이 10배 가까이 증가했다. 대량 생산이 가능해졌고, 자동차 가격도 1,000달러에서 360달러까지 낮아졌다. '모델-T'가 처음 나올 때만 해도 한 대를 조립하는 데 14시간이 걸렸지만 1914년에는 90분밖에 걸리지 않았다. 이에 힘입어 포드는 한 때 전 세계 자동차 시장의 57%를 차지했고, 1908~1927년 사이에 세계 최초의 대량생산 자동차인 '모델-T' 한 종류만 1,500만 대 이상 생산했다. 1918년에는 미국 전체 자동차 생산량의 절반 이상을 차지하여 자동차의 대중화를 이끌며 사회적 파장을 일으켰고, 자동차의 대명사로 자리잡게 됐다. 기자들은 이 차를 '20세기 자동차'로 선정했다.

'모델-T'가 큰 성공을 거둔 것은 자동차 생산기술의 혁신에 기인한다. 컨베이어벨트 시스템을 도입하여 작업 효율의 향상을 통해 짧은 시간 안에 대량생산을 할 수 있었다. 이러한 연속 내량 생산시스템의 구축을 '포디즘'으로 부른다. 이는 자동차 생산뿐 아니라 미국 산업 전반에 파급됐고, 전 세계 산업의 생산방식을 바꿔 놓았다.

결국 혁신적인 컨베이어벨트 시스템에 의한 연속 생산방식은 빠르게 다른 산업분야로 확산되었고, 20세기 '소비가 미덕'이라는 풍요로운 물질문명의 시대를 열었다. 역사가들은 이를 '혁명'으로 평가하며 제2차 산업혁명이라고 명명했다.

새로운 학문의 개화 포드는 부품을 규격화하고 호환이 가능하도록 부품의 정밀도를 높이고 오차의 한도를 정하는 품질관리 시스템을 도입하여 전문화된 부품의 대량생산 공급 체제를 갖췄다. 이러한 산업현장을 통해서 품질관리와 통계처리에 의한 생산관리의 이론적 체계가 완성됐다. 컨베이어벨트 시스템에 의한 연속 조립 라인은 '사람이 작업에 다가가는 대신 사람에게 작업이 다가오는' 발상의 획기적인 전환이었다. 작업공정의 순서대로 배치된 노동자 앞으로 작업이 컨베이어벨트에 의해 규칙적으로 통과되며, 각 노동자는 한 자리에서 일정한 시간 간격으로 주어진 한 가지 일을 하게 되는 생산 방식이다.

컨베이어벨트 시스템은 조립 생산 라인에서 연속적으로 직선적 작업이 이루어져서 공정의 소요시간이 규칙적으로 조정되어 생산 효율을 극대화할 수 있는 작업 방식이다. 이러한 생산 라인은 인간공학과 과학적 관리법Time study의 연구를 통해 산업공학Industrial engineering 분야의 학문 발전에 크게 기여했다. 하지만 노동자의 작업 동작과 시간은 일정한 속도로 흘러가는 컨베이어벨트 시스템에 맞춰야 했다. 거대한 생산 시스템 아래에서 노동자는 고도화된 분업과 단순 반복 노동을 하게 됐다. 따라서 노동자의 작업 능률과 노동 생산성은 대폭 향상됐고, 자본의 잉여가치도 크게 증대됐다. 이러한 변화는 생산 공장에서 노동자를 기계의 일부로 전락시켜 인간성의 상실과 인간을 소외시켰다는 비판도 대두됐다. 분업을 고도화하면 노동 생산성을 대폭 향상시킬 수 있지만 노동의 소외와 인간가치의 하락을 유발한다는 지적이 대두됐다.

한편 자동차 숙련공만이 할 수 있었던 작업을 점차 기계가 대신해 갔다. 조립 라인의 기계 성능이 향상될수록 노동자는 기계의 부품처럼 되어 갔다. 노동자들 사이에서는 시스템과 단순 반복 작업에 대한 회의론이 일었다. 인간의 노동력을 대신한 기계와 노동자 사이의 갈등이 숨어 있었다. 적응하지 못하고 회의에 찬 채 공장을 떠나는 노동자도 늘어났다. 시스템은 성공했으나 다른 한편에서는 기계에 대한 반발로 인한 이직률이 늘어나며 새로운 사회문제가 대두됐다. 포드는 사용자로서 새로운 해법을 강구했다. 컨베이어벨트 시스템의 도입으로 노동 생산성이 대폭 상승된 만큼 노동자의 임금도 파격적으로 올렸다. 당시 하루 9시간 노동에 2.38달러를 지급하던 임금을 8시간 노동에 5달러로 두 배 이상 인상했다. 이런 포드의 사례는 미국의 전 산업 분야에 퍼져나가 노동자가 미국 사회의 두터운 중산층을 형성하여 시민사회로 발전해 갔다.

차별화 전략, 슬론주의

사람들은 누구나 차를 갖게 될 만큼 차가 대중화되자 이제 더 멋진 모델과 승차감이 좋은 차, 그러면서 값도 싸고, 안락하고, 편리하며, 더 개성적인 차를 원하게 됐다. 고객의 요구가 훨씬 다양하게 된 것이다. 하지만 포드는 앞에서 이룩한 성공에 안주했고, 시대의 변화와 요구에 둔감했다. 이에 반해 GM(General Motors Corporation)의 슬론(Alfred Pritchard Sloan, 1875~1966)은 색상, 성능, 장비 등에서 소비자의 욕구에 부응하는 자동차를 만들었다. 연령·소득별로 서로 다른 소비자 수요를 고려한 자동차 라인업을 구성하여 소비자의 욕구를 반영했고, 그에 맞는 모델로 개선하여 해마다 신형 자동차를 선보였다.

포드는 "같은 것을 많이 판다"는 전략을 바꾸지 않은 반면 슬론의

GM은 자동차를 차종과 가격대별로 차별화했다. 당시 GM의 자동차를 구분하여 『포춘FORTUNE』지는 "보통사람을 위한 쉬보레Chevrolet, 부유하지는 않지만 자존심 강한 사람을 위한 폰티악Pontiac, 삶의 여유가 있지만 신중한 사람을 위한 올즈모빌Oldsmobile, 야망을 가진 정치인을 위한 뷰익Buick, 부유층 인사를 위한 캐딜락Cadillac"이라고 평했다. 위의 기사는 당시의 GM이 경제적으로 부자 계층과 서민 계층을 포함한 사회의 모든 계급과 계층을 아우르는 전략을 가졌음을 보여준다. 이러한 차별화된 경영전략은 2009년 금융위기 전까지 유지됐다.

포드는 최고의 자동차 회사로 만들어 준 '모델-T'를 1927년 1,500만여 대를 마지막으로 생산을 중단했으며 이후부터 내리막길을 걸었다. 이에 반해 시장점유율이 포드의 절반에도 미치지 못했던 GM은 다양한 소비자의 욕구에 부응하는 발 빠른 전환으로 1931년 포드를 제치고 세계 1등 자동차 회사로 새롭게 등극하여, 21세기 초까지 세계 최대의 기업으로 군림했다.

생산과 경영의 혁신

새로운 동력의 출현, 전기 19세기 초 전기 기술은 급속히 발전했다. 1879년 토마스 에디슨(Thomas Alva Edison, 1847~1931)은 대나무를 탄소화하여 얻은 탄소 필라멘트로 백열전구를 발명하여 판매했다. 1882년 최초로 뉴욕에 발전소를 만들어 일반인에게 널리 전기를 공급해서 가정과 길거리를 백열등으로 불을 밝혔다. 백열등은 쇠를 높은 온도로 달구면 빨갛게 되는 원리로 빛을 낸다. 탄소 필라멘트는 빛을 내는 1,800℃ 근처에서 탄소가 증발되고 수명도 짧은 단점이 있었다. 1910년 쿨리지(William David Coolidge, 1873~1975)는 이 단점을 개선하여 높은 온도에서도 안전하고 수명이 긴 텅스텐 전구를 만들어 지금까지 쓰이고 있다.

전기 발명은 곧 동력용 전기 모터의 발명으로 이어져 증기기관을 대체하는 동력기관으로 산업전반에 적용됐다. 내연기관도 이 시기에 실용화되었다. 전기모터의 발명은 효율성이 높은 새로운 동력의 출현으로 대량생산 시대를 여는 중요한 기폭제가 되어 제2차 산업혁명을 열며 이를 '전기혁명'이라고도 한다.

규격화, 표준화, 통계의 시대   인류 최초의 표준화는 BC 5000년경 이집트에서 있었다. 원통모양의 돌을 표준으로 삼아 무게를 쟀다. 이집트의 고대 벽화에서 영혼의 무게를 재는 저울을 볼 수 있다. 동양에서도 진나라 시황제가 중국을 통일한 후 맨 먼저 한 일이 도량형의 통일이었다. 진나라 왕조의 수명이 고작 14년밖에 안 되는데도 중국 최초의 통일 국가로 인정받는 이유는 그 때문이다. 당시만 해도 중국에는 셀 수조차 없을 정도로 도량형이 난무하고 있었다. 시황제는 무려 5백여 년 간의 혼돈에서 중국 대륙을 통일한 후 마차의 바퀴 폭을 정하고 그 폭으로 도로의 간격을 정하는 데서부터 거리 단위, 쌀 됫박의 크기, 저울추의 무게 단위 등에 관한 도량형의 세계 표준을 만들어 오늘날까지 쓰고 있다. 이 같은 표준화 시책은 이후 수많은 왕조들에게 최우선으로 추진할 사업으로 자리잡았다. 이를 통해 상

이집트 「사자의 서」. 영혼의 무게를 재는 저울이 그림 왼쪽에 보인다.

거래에 대한 신뢰성을 제공하는 한편 조세징수의 공정성을 도모했다. 우리나라에서도 세종 이후부터 말기에 이르기까지 강우량을 측정하기 위해 측우기를 만들어 썼다.

우리나라는 1961년 9월 30일, 공업표준화법의 제정으로 국가차원의 공업표준화 사업이 정부 주도로 추진됐고, 그해 11월 상공부표준국(오늘날의 국가기술표준원)이 설립됐다.

네덜란드의 표준화기구 NNI(Nederlands Normalisatie-Instituut)는 국제표준화기구 ISO(International Organization for Standardization)와 IEC(International Electronical Commission)에서 30개에 이르는 기술위원회의 국제간사직을 수행하는 등 국제표준화 활동에서 큰 지분을 확보하고 있다. 17세기의 네덜란드인들은 어선을 만들기에 앞서 교체 가능한 부품의 수를 정하고, 이 부품들을 모듈화함으로써 획기적으로 빠른 시간에 만들 수 있었다. 네덜란드가 국제표준화기구의 대부가 된 것은 어선의 부품을 표준화하는 전통을 만들어 세계에 확산시킨 덕분이었다.

네덜란드의 경험은 미국으로 건너가 더 큰 결실을 맺었다. 17세기의 휘트니(Eli Whitney, 1765~1825)는 군용 소총의 부품을 표준화하여 양산하는 기술을 개발했다. 한 자루씩 수작업하여 예술품처럼 만듦으로써 제조시간이 오래 걸리고 상호교환성이 없어서 부품 하나만 고장이 나도 전쟁터에서 쓸 수 없게 되는 점을 해결했다. 이 생산기술로 1804년 미국 정부에서 조달규모 중 당시 최대 금액인 13만여 달러어치를 납품했다. 그 뒤 다른 제품의 제조공정에도 표준화가 적용되기 시작했다.

이를 제조업에서 선도한 사람은 포드다. 미시건주에 새로 건설한 포드의 첫 번째 컨베이어벨트 시스템 생산 공장에서 부품의 표준화, 규격화, 통계적 관리법이 적용된 대량생산체계는 산업에 있어 국제 표준제정의 태동으로 연결된다. 부품 표준화와 일괄 생산 공정의 적용은 서로 연결되어 20세기 산업에서 대량생산 시대를 활짝 열었다. 이렇듯 포드 시스템의 표준화는 대량생산을 위한 제품이나 부품의 규격 통일이다. 포드는 제품을 단일 품종에 표준화함과 함께 부품의 규격통일로 상호 호환성이 있게 함으로써 양산 시스템을 확립, 표준화된 부품을 대량생산할 수 있게 했다.

한편 가치와 제품의 다양화나 분권관리에서는 자주성이나 창의성이 요구된다. 이는 표준화 원리와 일견 모순되는 것 같지만 양자는 반드시 배타적인 것은 아니다. 창의와 혁신은 새로운 방법, 새로운 표준의 발견이 될 수도 있다.

과거의 국가간 경제 전쟁은 상품시장과 자원의 통제권을 얻기 위한 것이었지만 지금은 새로운 아이디어와 독창적 발명에 대한 독점권 등 무형 재산이 국가경쟁력의 원천으로 여겨진다. 이에 따라 세계 각국은 산업의 우위를 지켜가기 위해 지식재산권의 창출과 보호에 사력을 다하고 있다. 특히 제4차 산업혁명 시대에는 기술력의 선점만큼 표준특허 확보를 통한 국제표준의 선점 여부가 중시된다. 표준 확보는 기업과 국가의 경쟁력과 직결되고 있어서다. 따라서 각국에서는 국제표준 선점을 위한 표준화 정책을 정책의 우선순위에 두고 있다.

국제표준체제는 기본적으로 'One Standard, One Test, Accepted Everywhere (세계 표준으로 측정한 결과는 세계 어디서나 통한다)' 원칙에 기초하고 있다. 최근에는 정보통신분야에서 표준특허의 중요성이 더욱 부각되면서 지식재산권과 표준화 사이의 연계를 활발하게 협의하고 있다. 원칙적으로 표준화와 지식재산권은 대립관계다. 표준은 기술을 공유해야 하지만 지식재산권은 독창적 아이디어에 의한 기술의 독점적 소유를 법적으로 보장해 주기 때문이다. 우리나라는 표준의 중요성을 헌법에 명시할 정도로 표준이 국가적으로 중요한 아젠다지만 그 중요성에 대한 대중의 인식은 너무 부족하다. 지식재산권 경쟁에서 살아남으려면 표준화정책을 적극적으로 펼치고, 국가에서 표준특허 확보에 적극 나서야 한다.

물질이 바꿔놓은 삶

아비투스   옷은 '구별 짓기'의 본능을 적극적으로 반영하며 다양한 형태로 만들어졌다. 고대 그리스 사람들은 '키톤Chiton'이라고 불리

한복을 입고 유희하는 조선시대 사람들   토니카를 입은 로마인

는 옷을 입었다. 옷이라고 했지만, 몸에 천을 두르는 수준에 불과했다. 그러나 당시의 기술로는 그 정도의 천마저도 생산하기가 쉽지 않았다. 지금도 생산이 까다로운 모직물이나 비단은 고대사회에서는 더욱 생산이 어려웠고, 귀하고 비쌌다. 그러니 이런 옷은 한정된 일부 계층의 사람만 입을 수 있었을 것이다.

로마시대 원형경기장으로 가보자. 이곳에서는 검투시합이 벌어지곤 했다. 시합이라고 했지만 거의 살육에 가까웠다. 싸움이라고는 해본 적 없는 죄수에게 칼을 주고, 잘 훈련된 군인과 싸우게 했기 때문이다. 죄수는 대부분이 사형수였는데 소매치기, 좀도둑, 생계형 범죄자도 사형수가 되는 시대였다. 그러니 이들이 싸움을 잘 할 리 없었고, 전문적인 검투사와 싸워 이길 가능성도 매우 낮았다.

검투시합을 보기 위해 원형경기장에 사람이 몰렸다. 사람들은 자신의 계층과 신분을 드러내는 옷을 입었다. 일반적으로 남성은 무릎까지 닿는 블라우스 형태의 '토니카Tonica'를 입었다. 로마의 시민권자만 토니카를 휘감는 '토가Toga'를 입을 수 있었다. 옷의 색과 천도 계층마다 달랐다. 귀족은 린넨이나 흰 양털로 된 옷을, 그 중에서도 원로원 의원은 넓고 붉은 줄이 있는 토니카를 입었다. 기사 계급은 자주색 장식을 착용할 수 있었고, 평민이나 노예는 조잡하고 어두운 색의 옷을 입어야 했다. 신발도 신분에 따라 달랐다. 귀족은 붉은색이나 주황색 샌들을 신었고 원로원 의원은 갈색 신발, 집정관은 흰색 구두를 신었다.

옷을 통해 신분이나 계급을 구분하려 했던 흔적은 세계 곳곳에서 발견된다. 가까운 예로 조선시대 사람은 갓의 크기나 모양으로 신분을 구분했다. '구별 짓기'의 방법으로 갓을 택한 이유는 눈에 가장 쉽게 띄기 때문이다. 과거로 갈수록 구분의 방법은 직접적이고 노골적이 되지만, 현대사회로 오면 그러한 구별은 보다 간접적이고 은밀한 방식으로 이뤄진다. 그런 점에서 '구별 짓기'는 인류의 역사와 함께 해 온 오랜 진화의 산물이라 할 수 있다.

요즘 학생들 사이에는 두 볼에 심쿵 포인트를 준 복숭아 메이크업이 유행한다. 빈티지 룩과 라이더 자켓, 스키니 바지와 함께 통 큰 일자 바지를 즐긴다. 성한 청바지에 올을 풀어 허름한 청바지로 만들어 입기도 한다. 어른은 그런 아이들을 이해하지 않는다. 어른은 아이돌의 노래와 춤을 보며 고개를 절레절레 흔들며 요즘 노래는 노래도 아니라고 한다. 그런데 이런 말은 누구나 어른이 되기 전 많이 들어본 것이다.

세대 간에 격차가 있고, 그 세대만이 공유할 수 있는 음악이 있고, 패션이 있다. 우리는 이것을 '취향'이라고 부른다. 이에 대해 깊이 있게 천착한 사람은 피에르 부르디외(Pierre Bourdieu, 1930~2002)다. 그는 이렇게 말했다. "취향은 인간이 가진 모든 것이다. 인간과 사물, 인간이 다른 사람에게 의미할 수 있는 모든 것의 기준이기 때문이다. 이를 통해 사람은 스스로를 구분하며, 다른 사람에 의해 구분된다."

과거에는 가문을 중심으로 사람을 구분했다면 오늘날은 문화와 취향에 따라 서로를 구분한다. 편의에 따라 취향이라고 했으나 부르디외는 이것을 '아비투스Habitus'라는 이름으로 개념화했다. 부르디외는 경제자본과 문화자본의 많고 적음에 따라 사람들의 계급과 계층을 구별하고 있다. 상류층이나 고급 취향의 사람은 경제자본과 문화자본이 많은 부류일 것이다. 이와 달리 경제자본도 적고, 문화자본도 적은 부류는 하층민으로 분류될 것이다.

그렇다면 보편적인 것이 있다고 할 수 있을까. 훌륭한 예술 작품은 보편성을 가지고 있어서 아무리 무지한 사람이 보더라도 그 작품의 우수성을 발견할 수 있다고 한다. 과연 그럴까. 세대와 계급과 계층 속에서 사람은 저마다 다른 취향을 가지고 태어난다. 힙합을 듣는 이에게 고상하고 웅장한 바흐나 모차르트, 베토벤과 같은 클래식이 친숙할 리가 없다.

젊은이들은 자기가 듣는 음악을 이해해 주는 어른과 그렇지 않은 어른을 구분한다. 후자를 '딴세대'라 부를 것이다. "어떤 음악, 어떤 영화를 좋아하세요."라는 물음은 단순히 상대방의 취미가 무엇인지 묻는 것이 아니다. 왜냐하면 그 대답을 통해서 상대방의 사회적 위치와 교육 환경, 나아가 계급이나 계층적 위상을 확인할 수도 있기 때문이다. 클래식을 좋아하는 사람과 대중가요를 좋아하는 사람은 다른 사회적 위상을 가졌다고 생각할 수 있으며, 탁구가 취미인 사람과 골프가 취미인 사람의 경제적 수준에서 차이가 있을 것이라고 짐작할 수 있다. "이 음악이 어떠세요."라고 누군가 묻는다면 그 음악의 좋고 나쁨을 따지기 전에 그렇게 묻는 사람이 어떤 계급이나 계층에 속해 있는지를 살피면 그 사람의 취향을 읽을 수 있고, 그 사람이 원하는 대답에 더 가깝게 말할 수 있을 것이다.

부르디외는 '아비투스'를 통해 우리에게 중요한 사실을 말해주고 있다. 고급하고 품격이 높은 문화가 원래부터 있는 것이 아니라 사람이 만들어낸 하나의 취향에 지나지 않는다는 것이다. 구별 짓는 행위 자체가 잘못됐다는 것이 아니라 그러한 구별의 다양성을 인정하지 않는 것, 그것이 잘못이라는 점을 그는 우리에게 가르쳐 주고 있다. 그런 점에서 산업혁명으로 인한 패션의 발전은 더욱 다양한 '구별 짓기'를 가능케 해주고, 서로 다른 취향을 받아들일 수도 있고, 스스로 발현할 수 있도록 만들어 가고 있다. 오늘날 입고 있는 옷으로 그 사람의 경제, 문화적 수준을 헤아릴 수 있는 구별짓기는 옛 이야기가 됐다. 산업혁명이 가져다 준 옷의 평등화 덕분이다.

패션과 유행 산업혁명은 값싸고 질 좋은 옷을 대량으로 제공했고, 덕분에 많은 사람이 부담감 없이 좋은 옷을 입을 수 있게 됐다. 하지만 인간의 욕망은 멈출 줄 모르고 흐르며 변화한다. 원시인은 '옷을 뭘로 어떻게 만들 수 있을까' 같은 가장 기본적인 것을 고민했다. 산업혁명 시대에는 '어떻게 하면 옷을 대량생산할 수 있을까'를 생각했다. 모두 옷을 입게 된 지금, '어떻게 하면 편안하고, 아름답고, 기능성 좋은 옷을 만들 수 있을까'를 고민한다.

재화가 부족하고 소비가 많으면 물가는 상승하고 구매욕은 증가한다. 반대로 재화가 많고 소비가 적으면 물가는 내려가고 구매욕은 감소한다. 산업혁명 이전에 옷을 입는 것이 특별한 일이었다면 산업혁명 이후 옷을 입는 것은 일상이 됐다. 옷을 만들기만 하면 소비자가 벌떼처럼 몰리던 시대는 끝났다. 이제 공급자가 상품을 팔기 위해 노력해야 하는 시대다. 서로 팔려고 경쟁을 벌이게 됐고, 소비자는 보다 싸고 기능성 좋고 스타일도 좋은 옷을 원하게 됐다. 옷 한 벌이면 만족하던 데서 외출복과 실내복을 구분해서 입고, 평상복과 여미복을 구분해서 입는다. 시계절에 따라 옷을 바꿔 입고, 한 발 더 나아가 계절을 더 분절하여 팔계절 옷을 입는다. 단순히 옷을 입는 것이 아니라 옷을 즐기며, 옷을 통해 자신의 취향과 개성을 표출하기 시작했다.

이러한 취향이 서로 접하고 영향을 받으면서 하나의 큰 흐름으로 통합된다. 그런 식으로 커다란 흐름이 생기고, 그 흐름은 새로운 취향과 만나며 변화한다. 우리는 이것을 유행이라 부른다. 유행은 누군가에 의해 주도되기도 하지만, 아무 이유 없이 출현하기도 한다. 다수에 의해 유행된 지배적인 스타일이 있는가 하면 소수에 의해 유행된 다양한 스타일도 있다.

유행은 지속이 아니라 변화를 모토로 삼는다. 유행에는 과거도 미래도 없다. 지금, 여기의 가치를 반영하고 사회의 흐름과 분위기를 반영하며 인간과 물질문명 사이의 변화를 반영한다. 유행은 강물처럼 흐른다. 이 흐름의 집합을 패션이라고 부를 수 있겠다. 패션fashion은 라틴어 'factio'에서 유래한 말로 '창조하다', '만들다'를 뜻한다. 패션은 삶의 에너지가 담겨 있다. 패션은 역사, 문화, 진화와 마찬가지로 발전하는 것이 아니라 전개되고 변화된다. 오늘의 패션이 과거의 패션보다 더 낫다고 할 수 없다. 과거의 패션이 '복고풍'이라는 이름으로 부활하곤 하는 것이 그 증거다.

새로운 것의 운명도 이와 크게 다르지 않다. 산업혁명으로 물질적으로 풍요로워졌다고 해서, 그것에 언제까지나 취해 있을 수는 없다. 그 풍요로움에 금세 익숙해진다. 옷을 갖고 싶던 사람에게 옷이 주어지면 당분간은 애지중지하겠지만, 그 옷이 생활이 되면 그 옷과는 다른 옷을 찾게 될 것이다. 기왕이면 디자인도 좋고, 옷감의 질감도 더 좋고 색상도 더 예쁜 옷을 찾게 될 것이다. 핸드폰이 처음 나왔을 때 디자인을 신경 쓰는 사람은 없었다. 핸드폰이 있다는 것으로 만족했다. 하지만 핸드폰을 누구나 갖게 되자 천차만별의 가격대를 갖게 됐고 소비자는 다양한 기술, 콘텐츠, 디자인을 원하게 됐다.

예술과 일상이 구분되는 시대가 있었다. 중세시대에 예술이 하느님의 영광을 표현하는 수단으로 쓰였다면 르네상스와 절대왕정 시대는 왕이나 귀족 혹은 재력가의 위엄과 권위를 드러내기 위한 수단으로 사용됐다. 산업혁명이 물질적 풍요를 가져오게 되자 그 전보다 더 질 좋고 보기에도 좋은 제품을 찾게 됐다. 생활수준은 그런 식으로 향상된다. 양이 문제였던 시대에서 질이 문제인 시대로, 형식이 중요했던 시대에서 내용이 중요한 시대로 바뀌게 된다. 제품의 사용 가치와 미적 가치가 동시에 중요하게 여겨지는 시대로 바뀌게 되는 것이다.

사회가 풍요로워지면서 예술은 스스로의 경계를 허문다. 고귀함과 높은 지위를 버리고 일상 속으로 스며들며 도처에 넘쳐나기 시작했다. 공학은 예술을 상품 속으로 가져온다. 상품의 예술화, 예술의 상품화, 이것이 이 시대의 새로운 슬로건이 됐다.

옷과 평등   옷! 산업혁명의 주역은 무엇보다 면방공업이었다. 왜냐하면 사람은 누구나 옷을 입어야 했기 때문이다. 이에 발맞추어 방적기와 제직기가 동력으로 기계화되고 새롭게 발명되면서 기술혁신이 일어나게 됐다. 이때 비로소 기계의 효용과 필요성을 절실히 깨닫게 됐다. 한 예로 영국의 면방공업에서 새로운 혁신적 기술진보가 일어나고 있던 1750년에 사용된 면화의 양은 110만 톤이었던 것이 산업혁명 뒤인 1800년도에는 2,360만 톤을 수입했다. 많은 양의 면화를 영국내에서 소비하고, 전 세계에 면직물을 수출해서였다. 이제 가내수공업에서 벗어나 공장에서 다수의 노동자가 대규모 생산을 이뤄내는 새로운 산업 시대로 들어서게 된다.

과거에는 계급과 신분에 걸맞은 물건이 있었다. 왕이나 귀족과 같은 특정계급만 화려하고 비싼 옷을 입을 수 있었다면, 프랑스 혁명 이후 그 범위는 더욱 확대됐다. 다양한 옷이 만들어지고 패션의 흐름도 이전보다 폭넓고 풍성해졌다. 자유와 평등이 확대된 만큼이나 옷의 소비층도 확대됐다. 산업혁명으로 많은 사람이 값이 싸면서 질

좋은 옷을 입을 수 있게 됐다.

근대인은 누구나 같은 물건을 사용할 수 있게 됐다. 공장에서 생산되는 값싸고 질 좋은 상품을 많은 사람들이 동시에 소비하게 된다. 돈만 있으면 누구나 원하는 물건을 쓸 수 있다는 아주 단순한 생각! 평등은 이런 단순한 생각에서 출발하는 것인지 모른다. 노동자가 모인 생산현장에서 노동자는 모두 동일한 조건에서 동일한 대우를 받았다. 이런 식으로 평등은 세력을 넓혀 갔다. 다수의 노동자가 모인 생산현장에서 자유와 평등의 정신이 없었다면 대량생산은 불가능했을 것이며, 이러한 대량생산 시스템이 또 인류의 자유와 평등사상을 확산시켰다고 보아도 무리는 아닐 것이다.

오늘날 옷은 단지 입는 수준을 떠나 다양한 방식으로 계승되고 분화되어 가고 있다. 벤자민 프랭클린(Benjamin Franklin, 1706~1790)은 "먹는 것은 자기가 좋아하는 것을 먹되, 입는 것은 남을 위해서 입어야 한다."고 했다. 옷은 그 사람의 직업이나 직무, 예의와 의례, 개성과 취향을 드러내기 위해 사용된다. 학생은 교복을 입고, 군인은 군복을 입는다. 공식적인 자리에 슬리퍼를 신거나 반바지를 입는 것은 예의가 아니며, 결혼식장에서 신부는 순결과 순수를 상징하는 흰색의 웨딩드레스를 입는다. 그런가하면 정장 차림에 구두 대신 스니커즈를 신는 언밸런스한 차림이 현대에 들어 유행하기도 한다. 비행기를 타기 위해 최대한 편하게 입는 공항패션, 자신을 드러내기 위해 최대한 화려하게 입는 시상식패션, 힙합가수처럼 자신의 체형에 맞지 않게 크게 입는 힙합패션, 길거리에서 쉽게 접할 수 있는 스트리트패션 등 뒤에 이름만 붙이면 그것이 패션이 되는 시대를 살아가고 있다. 오늘날 옷은 패션 신소재의 발명과 개발, 공학기술과 결합하면서 더욱 더 복잡하고 다양한 모습으로 변모해 가고 있다.

이러한 변화 속에서 패션을 이끌어 가는 주체도 변화하고 있다. 과거의 패션이 귀족이나 부유층의 전유물이었다면, 오늘날 패션은 대중에 의해 창조되고 소비된다. SNS 시대인 현대에는 파워 블로거, 인플루언서 등의 개인이 유행을 창조하거나 퍼뜨리고 있으며, 마케팅에 막대한 영향력을 행사한다.

헤겔은 자유가 확대되는 쪽으로 역사가 발전한다고 했다. 하지만 옷에 주목한다면 많은 사람이 다양한 좋은 옷을 입는 쪽으로 역사가 발전했다고 해도 틀린 말은 아닐 것이다. 누구나 살 수 있고, 사용할 수 있는 시대, 그 속에서 인간은 동등한 인간으로 존중받게 됐다.

공학은 인간의 욕망을 충족시키려는 노력 속에서 비약적으로 발전한다. 공학에서는 이러한 끊임없는 도전과 창조 속에서 일어나는 비약적 변화를 혁명이라고 부른다.

공학은 정신을 바꿨다 사물의 속도가 빨라지면 인간의 정신이나 사고도 빨라진다. 인간은 평균 시속 10km로 달릴 수 있고, 걸으면 한 시간에 4km 가량 갈 수 있다. 인간탄환이라 불리는 자메이카의 육상선수 우사인 볼트Usain Bolt가 세운 100m 세계신기록은 9.58초다. 이 속도로 사람은 10분도 달릴 수 없지만, 1시간을 달린다고 해도 고작 38km를 가는 것이 전부다. 이론 머스크의 하이퍼루프 프로젝트는 음속으로 달리는 열차 개발계획이다. '발 없는 말이 천 리를 간다?' 바퀴 없는 열차가 인간의 음성보다 더 빨리 달리는 시대가 지금 우리 앞에 열리고 있다.

1850년대 사람이 이동하는 평균속도는 시속 6km였고, 이를 토대로 계산한다면 한 사람이 평생 이동하는 거리는 11만km였다. 현재 우리는 평균 시속 215km, 한 사람의 평생 동안 이동거리는 600만여km다. 현대인은 일생 동안 지구를 무려 96번이나 도는 거리를 여행한다.

한편, 2050년이 되면 인간 이동의 평균속도는 시속 337km에 이를 것이고, 한 사람이 평생 이동하는 거리는 무려 1,100만km에 이르게 될 것이다. 운송수단의 속도가 50배 늘어나는 동안 인간의 능력은 100배 이상 커지게 된다. 인간은 더 쉽고 빠르게 움직일 수 있게 됐

인간 이동거리의 기하급수적 증가

연대 (년)	평균 이동 속도 (km/h)	평생 이동 거리 (km)
1850	6	110,000
1900	12	260,000
1950	36	920,000
2000	110	2,220,000
2020	215	6,000,000
2030	268	8,000,000
2050	337	11,000,000

고, 더 많은 일을 처리할 수 있게 됐다. 기술이 발전하면 할수록 인간의 능력은 거기에 비례하는 정도에서 그치는 것이 아니라 기하급수적인 수준으로 높아진다.

평균이동 속도가 빨라진 것은 경험의 폭이나 양이 늘어났다는 것을 의미한다. 근대 이전의 사람은 대부분 자신이 태어난 마을에서 자라고 그곳에서 죽었다. 그들의 경험은 그 마을 이상을 넘어서지 않았고, 마을에서 살아가는 데 필요한 지식 이상을 필요로 하지도 않았다. 즉 근대 이전 인간의 경험과 지식은 자신이 살고 있는 마을과 같은 크기였다고 할 수 있다.

현대인은 자신이 태어난 나라는 물론 마음만 먹으면 세계의 구석구석까지 단시간에 갈 수 있게 됐다. 오늘날의 경험과 지식의 크기는 지구라는 수준을 넘어서 우주로 뻗어나가고 있다. 우주는 터무니없이 넓고 거기에는 인간이 상상도 할 수 없는 무한한 일이 벌어지고 있을 것이다. 인간의 사고도 이제 우주만큼의 넓이로 확장될 것이다. 정신이 인간을 지배하는 것이 아니라 물질이 인간을 지배할 수도 있다. 이 시대의 공학은 물질을 만듦으로써 정신을 변혁시킨다고도 할 수 있다. 공학은 시대와 사회의 변화와 밀접한 관련을 맺으며 사회의 변화에 보조를 맞추며 발전했다. 과거의 산업혁명은 기계의 발전에 힘입었지만 중세시대와 같이 신을 중시했다면 이런 혁명은 불가능했을 것이다. 기계가 인간을 대신한다거나, 인간이 신을 흉내낸다는 것 자체가 불경한 일이었다. 기계에 대한 인식이 점차 호의적으로 바뀌게 됐을 때 비로소 기계의 발전이 급속도로 이루어지면서 인간사회도 함께 변화해 간다.

3
두 뇌가 시작되다

디지털 시대의 개막

클로드 섀넌, 정보이론의 아버지 제3차 산업혁명은 '정보혁명' 또는 '디지털 혁명'이다. 제1차 산업혁명에 증기기관을 개선하여 기계 시대를 연 와트가 있다면, 제2차 산업혁명은 컨베이어 벨트를 활용하여 생산량을 혁신시킨 포드가 있다. 제3차 산업혁명은 '디지털 혁명'이라 부른다. 이 중심에는 인터넷과 컴퓨터가 있고, 컴퓨터는 디지털을 기반으로 하는데, 이런 기반은 클로드 섀넌으로부터 출발한다.
수학자이자 전기공학자인 클로드 섀넌(Claude E. Shannon, 1916~2001)은 1916년 미시간 주 페토스키에서 태어나 게이로드에서 자랐다. 그의 아버지는 유언 검인 판사였고, 어머니는 지역 고등학교의 교장이었다. 섀넌에게 많은 영향을 미친 사람은 그의 할아버지였다. 섀넌의 할아버지는 농부였으나 농업에 필요한 기계를 만드는 발명가로 유명했다.
사람들은 그를 수학의 머리와 공학의 손을 가진 사람으로 부르기도 했는데, 아마 MIT에서 전기공학과 수학 두 개의 학사 학위를 받은 것이 계기가 됐던 것으로 보인다. 석사과정 때 아날로그 컴퓨터를 연구했지만 전자회로를 이용해 모든 숫자를 디지털로 표현할 수 있다는 것을 「계전기와 스위치로 이루어진 회로의 기호학적 분석」이라는 연구논문에서 발표했다.

이후 프린스턴 고등연구소에서 잠시 일하다가 제2차 세계대전의 발발로 벨연구소에서 화기제어와 암호해석가로 일했다. 전후 이곳에서 제2차 세계대전 중 독일의 에니그마 암호 체계를 풀어낸 앨런 튜링(Alan Mathison Turing, 1912~1954)을 만나 큰 영감을 받았다. 섀넌에게 제2차 세계대전은 자신의 이론을 정교하게 다듬고 실험할 수 있는 또 다른 기회였다. 그는 전쟁 수행에 필요한 기술적인 문제를 해결하는 일을 했다. 특히 닷과 대쉬로 구성된 암호작성과 해독기술을 개발했고, 적이 풀지 못할 어려운 암호를 만들어냈다. 또 날아오는 적의 비행기를 20초 안에 표적화하여 격추시키는 지대공 미사일은 물론 레이더에 잡히는 시그널을 주어진 시간내에 고속으로 분석하고, 저장할 수 있는 컴퓨터를 개발했다. 뿐만 아니라 그는 핵무기를 디자인할 수 있는 다목적 컴퓨터 개발에 참여하기도 했다.

클로드 섀넌(왼쪽). 그가 디자인한 최초의 디지털 컴퓨터 트레이너 '미니백 601'

전쟁이 끝나고 섀넌은 「정보통신의 수학적 이론」이라는 논문을 발표했다. 이 논문은 이전까지 아날로그로 이루어지던 정보통신의 방식을 디지털 방식으로 바꾸는 계기가 됐다.

아날로그 정보: 연속성을 기록하기   우리가 살아가는 데 있어 도움을 줄 수 있는 의미 있고, 가치 있는 것을 '정보'라고 한다. 정보는 '첩보'와의 비교를 통해 보다 분명해진다. 첩보는 다양하게 수집되어 걸러지지 않은 내용이고, 이를 분석하고 평가하여 얻은 가치가 있고 신뢰성 있는 자료를 정보라 한다. 국가정보원은 첩보를 통해 적국의 자료를 수집하고 이를 바탕으로 적국에 대해 이해할 수 있는 정보를 만들어낸다.

신호와 정보를 비교할 수도 있다. 신호는 변화를 통해 의미를 전달한다. 신호는 변화를 요구한다. 정보는 그 신호를 분석하는 일이다. 정보는 우리가 살아가는 데 있어 언제나 유용하고 중요하다. 때로 많은 정보는 지식이다. 이 지식은 직접 말로 전달할 수도 있고, 그림을 그리거나 글로 쓸 수도 있다. 인간은 끊임없이 정보를 전달하고 전파했으며 정보는 시대를 거듭할수록 다양하고, 복잡해졌다. 하지만 정보의 전달 수단은 크게 변하지 않았는데 그 전달의 중심에는 늘 인간이 있었다.

축음기와 사진기가 등장하면서 인간이 아니라 기계가 새로운 정보 전달의 주체로 등장한다. 소리를 저장하는 것이 바로 녹음이다. 이것은 획기적인 방법이긴 하지만 그 방법은 간단하고 어떤 면에서는 원시적이기까지 하다. 소리는 진폭을 가지는 압축파동이다. 즉 말을 하면 공기가 앞뒤로 떨리게 되는데 이 진동을 감지하여 함께 떨릴 수 있도록 레코더판에 그 파동을 똑같이 새기면 된다.

이렇게 물리적인 실체를 가지며 유사한 신호들이 연속성을 띤 정보를 아날로그analog 정보라 부른다. 이런 아날로그 정보를 기록하고 보관하는 데는 한계가 있을 수밖에 없다. 1887년에 SP(Standard Playing Record)나 EP(Extended Playing Record) 레코드는 최대 4분 30초 정도 기록할 수 있어서 레코드판 한 장에 노래 한 두 곡만 실을 수밖에 없었다. 이보다 한참 뒤인 1948년, 훨씬 오랜 시간 기록할 수 있다고 해서 이름 붙여진 LP(Long Playing Record) 레코드가 등장했다. 하지만 그 재생 시간은 불과 20여 분에 지나지 않았다.

사진도 크게 다르지 않다. 1829년 니에프스(Joseph Nicephore Niepce, 1765~1833)가 '빛으로 그린 그림'이라 이름붙인 최초 사진의 노출시간은 무려 8시간이었다. 사진을 한 장 찍으려면 8시간이 걸린다는 말이다. 니에프스와 협업했던 다게르(L.J.M.Daguerre, 1787~1851)는 1837년 노출시간을 획기적으로 줄였지만 그래도 20분이나 걸렸다.

음악이나 사진을 이렇게 기록하는 방식을 아날로그라 한다. 아날로그는 연속적인 값을 모두 기록한다. 기록하기 시작해서부터 기록이 끝날 때까지의 신호 전체가 기록된다. 녹음은 소리에 의해 생겨나는 압력으로 앞뒤로 떨리는 파동을 연속적으로 기록한 것이며, 필름은 파동이며 입자인 빛 전체를 기록한다. 레코드판은 공기의 압축 떨림을 필름 판에 기록하기에 목소리가 아닌 잡음이 끼어들며, 사진 필름은 빛의 파동을 기록하기에 원하지 않은 피사체가 더 부각되기도 한다.

디지털 정보, 유·무로 기록하기 우리는 앞에서 정보를 의미가 있는 첩보라고 했다. 하지만 잡음이나 불필요한 빛까지도 기록된다면 이것을 엄밀한 의미에서 정보라 부를 수는 없다. 섀넌은 이런 문제를 분명히 알고 해결하려고 노력했다. 기록된 것 안에는 기록하고 싶은 것과 기록하지 않아도 되는 것이 섞여 있다는 것을 간파했다. 「커뮤니케이션의 수학적 이론A Mathematical Theory of Communication」에서 "정보는 노이즈noise가 배제된 신호signal"라고 했다. 그 말대로라면 자연적인 것은 '노이즈'와 '정보'로 이루어져 있다.

우주는 작위적인 것과 무작위한 것이 공존한다. 작위적인 것은 누군가에 의해 질서를 갖춘 상태다. 이 무한한 우주 속에 유일하게 고차원적인 질서를 부여할 수 있는 존재로 알려진 것은 인간밖에 없다. 이와 반대로 무작위한 것은 지구를 뺀 우주 전체에 널려 있다. 컴퓨터가 완벽하게 작동하려면 질서가 필요하다. 하지만 이런 컴퓨터가 망가지고 분해될 수 있는 방법은 무한에 가까울 정도로 많다. 컴퓨터가 질서를 갖기 위해서는 '노이즈'를 제거한 '정보'가 필요하다.

섀넌은 자연적인 것 전체가 아니라 노이즈를 제거한 정보만을 기록하고, 전달하고자 했다. 그가 찾은 방법은 디지털이다.

디지털은 손가락이나 발가락을 의미하는 라틴어 '디지트digit'에서 왔다. 손가락은 접었다, 폈다 하는 방식으로 수를 센다. 손가락으로 숫자를 셀 때 '0'과 '1'일 뿐 중간값은 없다. 이렇게 어떤 값을 똑 떨어지게 끊어서 표시하는 방식이 디지털의 속성이다. 하지만 퍼지 이론은 자연언어 등의 애매함을 정량적으로 표현하기 위해서 '0'과 '1'로 표현되는 2진법의 논리에서 벗어나 근사치나 주관적인 값을 사용할 수 있도록 규칙을 생성함으로써 부정확함을 표현할 수 있는 기술이다. 이러한 방식으로 모든 것이 정도의 문제로 표현될 수 있고, 둘 또는 그 이상의 무한한 선택의 여지가 있는 스펙트럼을 제공해 줄 수 있다. 인간의 경험을 표현하기 위해서는 '0'과 '1'만이 아닌 0.3, 0.5나 0.7 등의 무한한 중간값이 필요하다. 이것이 '0'과 '1'로 계산기 역할만 할 수 있었던 컴퓨터가 인간처럼 사고할 수 있는 능력을 갖도록 길을 여는 데 크게 기여했다.

섀넌 식으로 말하자면 중간값은 일종의 노이즈며, 똑 떨어지는 값은 정보다. 섀넌은 정보만을 저장하는 방법을 찾음으로써 저장용량을 극대화시켰다. 뿐만 아니라 디지털은 이렇게 저장된 정보를 자유롭게 이동하고 활용할 수 있게 만들어 주었다. 디지털 정보는 명시적 정보Explicit Information를 잡음 없이 정확하게 전달하지만, 아날로그 음악에서처럼 묵시적 정보Tacit Information를 놓쳐 음악 매니어늘은 아직도 아날로그 방식의 레코드판으로 듣기를 선호하고 있다. 디지털이 발달하면서 아직까지 과학이 주는 편리함은 많이 있지만, 예술이 주는 정감은 떨어지는 점이 아쉬움이다.

아날로그 정보에는 소리, 그림, 사진, 문자, 필름영화 같은 것들이 있다. 이런 것은 그 특징에 맞는 저장공간이 필요하다. 그림이나 문자를 저장하려면 종이가 필요하며, 소리를 저장하려면 레코드판이나 테이프가, 사진이나 영화는 필름이 필요하다. 이렇게 정보가 저장되는 공간을 저장 매체라고 할 수 있을 것이다.

아날로그 정보가 저장되는 대표 공간은 박물관, 도서관이다. 그림, 조각품, 책 등을 저장하려면 엄청나게 큰 공간이 필요하다. 세계 최

안견의 「몽유도원도」 (일본 천리대 소장)

고의 소장품을 자랑하는 미국의 메트로폴리탄 미술관은 회화와 조각, 사진, 공예품 등 330만 점을 소장하고 있다. 이 미술관의 총면적은 13만 m^2로 잠실 롯데월드의 크기와 같다.

이렇게 저장된 정보를 보려면 그곳까지 가야 하고, 박물관을 여는 시간에 맞춰 가야 했다. 어떤 것들은 아예 볼 수 없는 것도 있다. 안견의 「몽유도원도」가 그런 경우다. 이 작품은 어떤 경로로인지 확실하지 않으나 일본으로 가 일본의 국보로 지정되어 있다. 1986년 국립중앙박물관이 구 중앙청 건물로 이전한 개관기념 전시 때 우리나라에 왔었고, 1996년 호암미술관에서 '조선전기 국보전'을 개최해 석 달 동안 전시했다. 또 2009년 한국박물관 100주년 기념특별전에 공식 초청됐다. 이런 「몽유도원도」를 소장하고 있는 일본 천리대에서는 앞으로는 더 이상 공개하지 않겠다고 하며 디지털 이미지로만 볼 수 있게 했다.

이러한 아날로그 정보와 달리 디지털 정보는 저장을 위한 특별한 매체가 따로 필요하지 않다. 메모리 칩에 형식과 성질이 다른 정보를 한꺼번에 담아 둘 수 있다. 정보를 전송하고 공유하는 일이 간단히 이뤄진다. 아날로그 시대에 음악을 들으려면 워크맨과 음악 테이프를 몇 개씩 가지고 다녀야 했다. 영상을 찍으려면 카메라, 필름이 필요했고, 이것을 재생하기 위해서는 인화해야 했다. 하지만 CD플레이어나 메모리스틱은 음악을 듣는 것을 훨씬 간편하게 만들었으며 캠코더는 필름 없이 찍을 수 있었고, 인화하는 과정 없이도 찍은 것을 확인할 수 있게 됐다.

오랜 시간이 걸려야 했지만 지금은 스마트폰 하나만 있으면 된다. 이걸로 음악도 듣고, 영상도 찍어 친구에게 보낼 수도 있고, 정보를 편집 생성할 수도 있다. 디지털 정보는 AR·VR 기술이 결합되면서 시간과 공간의 제약을 뛰어넘을 수 있게 됐다. VR음악회나 VR오페라를 집에서 현장에 간 것보다 더 실감나게 즐길 수 있나. VR여행은 어느 곳에서나 실제로 여행하듯이 그랜드캐년을 둘러볼 수 있고, 남태평양의 타이티 제도 보라보라섬이나 중국의 만리장성을 볼 수 있다. 그런가하면 실제로 갈 수 없는 화성이나 달 탐험의 체험도 가능하다. 이러한 LAN선 경험은 여행이나 디자인 등에서 많은 3차원 경험이 앞으로도 우리의 삶에 자리잡고, 의과대학생의 기초로 배우는 해부학 실습 등 전문 분야에서도 VR 인체실습 등이 더욱 확대될 것으로 보인다.

디지털 정보기술은 장점이 많지만 기술이 자리잡기까지 오랜 시간이 걸렸다. 초기에는 가격이 너무 비쌌고, 편견 때문이기도 했다. 새로운 기술이 정착하려면 인프라가 구축돼야 하고, 시스템 환경이 바꿔어야 한다. 컬러 TV를 보려면 기존의 수신 방식을 바꿔야 하고, 핸드폰을 사용하려면 기지국이 필요하다. 새로운 기술이 비싼 것은 당연하다. 하지만 공학자의 노력과 자본은 이런 기술을 값싸게 우리의 삶으로 끌어올 수 있게 만든다.

문제는 사람들은 아무리 편해도 익숙한 것을 더 선호한다는 것이다. 그래서 사진기를 처음 본 사람들은 사진에 찍히면 영혼을 빼앗긴다고 거부했다. 핸드폰이 등장했을 때 전자파가 사람에게 암을 유발할 수 있다는 우려 때문에 사용을 꺼리기도 했다. 지금까지의 공학은 기술의 발전만을 생각했다면 이제 공학은 인간의 사고나 행동방식과 인식까지로 그 영역을 넓힐 필요가 있다.

디지털 혁명이 가져 온 변화   지금까지 디지털 정보와 아날로그 정보에 대해서 알아보았다. 이를 정리하자면 디지털 정보의 특징은 크게 4가지로 나누어 설명할 수 있다.

첫째, 반복 사용해도 정보의 질에 영향을 미치지 않는다. 음악 테이프는 오래 들으면 테이프가 늘어나거나 끊어지기도 한다. 하지만 디지털 정보는 무한히 반복해도 정보의 질이 훼손되거나 정보를 잃을 염려가 없다.

둘째, 디지털 정보가 삭제되거나 다른 기계적인 문제로 정보를 잃을 수도 있다. 하지만 이러한 정보는 복구가 가능하다. 가끔 검찰이 압수 수색한 컴퓨터에서 포렌식 감식을 통해 지워진 정보를 복구 중이라는 기사를 접하곤 한다. 일상생활에서도 컴퓨터에 저장한 문서를 잘못해서 지울 경우 전문가에게 맡겨 복원하기도 한다.

이것이 가능한 이유는 컴퓨터에서 정보를 지우는 것은 '삭제'되는 것이 아니라 정보를 말 그대로 잃어버려서다. 길을 잃어버린다는 것은 길이 없어지는 것과 다르다. 삭제된다는 것은 정보가 하드디스크 안에 존재하고 있지만 그 정보가 어떤 위치에 있는지 또 어느 정보에 연결되어 있는지 찾을 수 없다는 것을 말한다. 컴퓨터의 휴지통 안에 파일을 버렸다가 휴지통을 비워버린다고 해도 정보는 삭제되는 것이 아니다. 그 정보의 연결 고리를 끊음으로써 찾을 수 없게 되는 것을 말한다. 삭제를 하려면 하드디스크에 2진법으로 기록되어 있는 원시 데이터를 모두 삭제해야 한다. 그러려면 시간이 많이 걸리고 번거롭기에 정보의 연결고리를 끊는 방식을 택한다. 따라서 같은 방식으로 정보를 복구할 수도 있다.

셋째, 디지털 정보는 편집과 가공이 쉽다. 과거에 필름 영화를 편집하려면 필름을 가위로 자르고 붙였다. 필름이 손상될 수 있기에 원본 필름은 두고 복사한 필름으로 작업을 해야 하는 번거로움이 따랐다. 하지만 디지털 영상은 그럴 필요가 없다. 왜냐하면 디지털 정보는 저장할 때 셀 수 있는 비트 단위로 이뤄진다. 그래서 비트와 비트 사이에 다른 정보를 삽입할 수도 있고, 기존의 비트를 다른 비트로 대체할 수도 있다.

비유하자면 아날로그 정보는 정보를 담을 특정한 그릇을 필요로 했다. 이 그릇은 용량이 크지 않았고, 튼튼하지도 않았다. 정보량이 많으면 많을수록 그릇의 개수도 그만큼 많아야 했다. 또 이 정보가 담긴 그릇을 옮기는 것도 쉽지 않았고, 여차하면 그릇이 깨져 애써 모은 정보를 다 못 쓰게 되는 경우도 있었다. 따라서 아날로그 정보를 먼 곳으로 전달하는 일이 쉽지 않았다. 또 생성된 정보를 똑같이 복제할 수는 있었지만, 질은 원본보다 현저히 떨어졌다.

이러한 시대에는 정보의 공유라는 개념 자체가 불가능했다. 자신이 만든 정보를 남에게 주고 나면, 다시 그 정보를 만들기 위해 많은 시간과 돈을 투자해야 했다. 정보는 희소하고 수요량은 많으니 정보의 질이 좋으면 좋을수록 가격은 비싸고, 정보를 가진 사람은 그만큼 좋은 대우를 받았다.

디지털 혁명은 정보를 가진 자와 가지지 못한 자의 경계를 무너뜨렸다. 정보는 무한히 생성되고 무한히 복제되며, 무한히 편집되고 변형 가능하다. 정보를 저장하고, 이런 정보를 다른 사람에게 전달하는 것도 어렵지 않게 이뤄졌다. 디지털 혁명은 정보를 빠르게 생성했고, 빠르게 유통시켰다. 이 과정에서 복제되고 변형되면서 정보량은 폭발적으로 늘어났다.

마지막으로 정리된 정보는 쓸모 있는 경험 즉 지식과 같다. 폭발적인 정보의 증가는 지식의 양과 속도를 기하급수적으로 늘리고, 인간에게 더 빠르고 더 정확한 문제해결 능력을 가질 수 있게 해주었다. 이것은 결국 기술의 속도에도 영향을 미쳤다. 기술의 속도는 빠르게 발전하면서 그 기계를 사용하는 인간의 삶을 계속 빠르게 바꾸고 있다.

정보의 저장 용량과 처리 속도는 오직 기계에 국한되어 있었다. 하지만 컴퓨터 기술은 날이 갈수록 기하급수적으로 발전하여 빅데이터에 기반한 디지털 정보를 활용하여 지능을 만들고, 이렇게 만들어진 인공지능에 인간의 의식을 흉내내서 인간에게 직접적인 영향을 미치는 지점, 여기가 지성혁명 즉 제4차 산업혁명이라는 거대한 혁명의 또 다른 시작점이다. 하지만 정보이론의 아버지 섀넌은 알츠하이머로 죽었다. 오늘날 인류가 크게 의존하는 디지털 정보 저장 방법을 개척했지만, 정작 섀넌은 노년에 자신의 뇌에 있는 정보를 모두 잃어버리고 말았다.

제4부 ● 두 뇌로 달리다

사람닮은 인공지능

디지털은 중간값이 없다. 이 말은 디지털은 애매모호한 것을 기록하지 않는다라는 뜻이기도 하지만, 디지털은 애매모호한 것을 알아차리지 못하며, 그것을 표현할 방법도 없었다. 따라서 표현도 할 수 없었다는 말로 이해할 수도 있다. 이것이 디지털을 폄하하는 사람들의 입장이기도 하다. 그들은 이렇게 말한다.

> 세계는 분명한 것이 아니라 애매모호한 것이 훨씬 많다. 세상에 노란색보다는 노르스름한 색이 더 많듯이. 내가 그의 감정을 제대로 읽을 수 없는 것도 이 때문인데 사람들은 좋으면서도 좋지 않고, 슬프지만 나쁘지 않은 감정을 가진다. 디지털은 이런 것을 표현할 수 없다. 그런 점에서 기계는 인문학적이지 않으며, 사람들은 이것을 디지털의 한계라 말하고, 때로는 디지털화하는 것에 거부감을 보이기도 한다.

이것은 정보화 시대의 디지털에 대해서 모르고 하는 소리다. 이런 문제는 디지털의 부분적 문제이지만, 전혀 문제가 되지 않으며 쉽게 해결한 에피소드에 지나지 않는다. 무엇보다 지금의 디지털은 아날로그를 넘어서고 있다. 대상을 비판하고 이해하는 것도 중요하지만, 이런 비판을 위해서라도 디지털이 이룩한 거대한 변화와 그것이 가

겨울 변화에 대해서 생각해 보는 것이 좋다. 지난 250년 간 인류의 역사는 혁신의 역사라고 할 수 있다. 인류의 끊임없는 도전에 과학기술은 그 해답을 내놓았으며 새로운 시도와 발전의 고비마다 한 단계 더 올라서며 새로운 시대를 열어갔다. 기술혁신의 물결은 기계혁명의 제1물결에서 시간이 흐를수록 그 파급효과가 커졌고, 인간의 생산성도 대폭 향상됐다. 또 한 물결의 시대가 완성되어 갈 때 뒤따라 다른 파도가 빠르게 다가와 새로운 시대를 열어가고 있다. 그리고 새로운 후속의 파도가 더 빠르게, 더 높이 다가와 인류의 삶을 그동안 겪어보지 못한 속도로 변화시키고 있다. 우리에게는 현재 인공지능이 가져오는 사회변화의 물결을 넘어 인간의 의식이 있는 인공지능(인공지성)의 시대를 여는 제6물결이 성큼 밀려오고 있다.

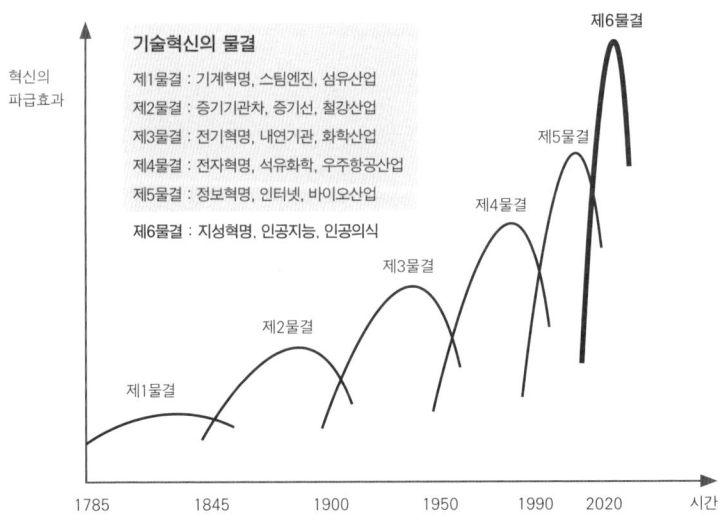

초연결사회

근대는 이동수단이 지역을 연결하며 인간의 영역을 확장했다. 현대는 인터넷, 소셜미디어, 모바일 기기의 등장으로 이동수단 없이도 지역을 넘어 전 세계로 확장되고 있다. 개개인의 삶이 네트워크 사회를 중심으로 형성되고, 그 네트워크가 다시 연결되어 지구 공동체로 확장되어 초연결사회를 이룬다. 초연결사회는 여기서 멈추지 않고 사물과 사물, 사람과 사물을 연결시키고 우주에까지 그 범위를 확장하고 있다.

디지털로 촘촘하게 연결된 초연결사회에서 정보 교환, 감시 체계, 디지털미디어 등은 개인의 행동과 사회 발전에 영향을 미친다. 어느 조직이든 디지털로 연결되었을 때 일의 방식이나 상황은 급변한다. 정보는 홍수처럼 쏟아져 들어오고, 변화는 끊임없이 일어나고, 그 속도도 빨라진다. 또 각 그룹간의 연결망이 생겨나고, 그 안에서 서로 시너지를 발산한다. 이것이 디지털전환의 결과다.

어떤 모임의 회원과 비회원 사이에는 정보의 유통, 공유, 확산, 유대가 다르며 그로 인해 생활방식도 다르고 생활수준까지도 차이가 나게 된다. 어느 그룹에 연결되어 있느냐에 따라서 개인의 생활과 발전에도 영향을 주고받는다. 비즈니스 측면에서 보면 온라인에서 그들만의 작은 세계를 이루고, 그 영향력 안에 묶어두려고 한다. 이렇게 네트워크로 긴밀하게 뭉친 작은 세계가 개개인에게 큰 영향을 미쳐 이것이 시장구조, 산업정책, 정치, 사회, 교육, 문화 전반에 변화를 가져온다.

특정한 초연결망 안에 있느냐, 밖에 있느냐로 사회적 차이가 날 수 있다. 어느 초연결망에 위치하느냐에 따라 디지털 분할이 일어나 디지털 격차가 생겨나듯이 초연결 격차가 생긴다. 그 안에서 '슈퍼 커넥터'가 등장할 여지가 있다. 사람을 중심으로 혹은 지역, 이념, 종교 같이 여러 형태의 중심가치를 두고 나타날 수도 있다. 이 사회에서 홍길동같은 존재가 혜성같이 나타나 나눔을 실천할 수도 있고, 뛰어난 환경운동가와 함께 환경운동에 참여하여 기후변화같은 거대한 사회·환경적 문제를 해결해 나가는 존재가 될 수도 있다. 이와는 반대로 사이비 종교의 교주같은 존재가 등장해 여러 사람의 삶에 영향을 끼치고 사회를 혼란스럽게 만들 수도 있다.

초연결사회는 교통과 통신의 발달과 함께 세계가 더 가까워졌다. 5G와 같은 ICT기술의 진보는 초연결사회로의 진입을 촉진시키고 네트워크 효과를 극대화시킨다. 오프라인과 온라인이 자연스레 융합하며 공존한다. 지역, 도시, 사람끼리의 연결이 더 촘촘하고 넓어진다. 실크로드 시절에는 우즈베키스탄의 사마르칸트가 동·서양이 만나는 거점이었다면 초연결사회에는 대륙별로 곳곳에 위치할 수 있다. 뉴욕, 런던, 프랑크푸르트, 상하이, 도쿄, 싱가포르, 서울 등이 모두 초연결사회의 거점이 되고 있다. 거점 도시의 어디에 있든 비즈니스에 어떠한 제약을 느끼지 않을 것이다. 도시와 도시, 지역과 지역이 긴밀하게 연결되고 교류가 더 활발해져 가고 있다. 세계의 거점 도시를 중심으로 정보·재화·지식이 빠르게 모이고, 흩어지며 세계를 하나로 묶는다. 실크로드 시절에는 그곳에 가지 않으면 아무 일도 일어나지 않았지만, 초연결사회에서는 거점 도시의 어디를 가지 않더라도 무슨 일이든 추진할 수 있다. 한편 개인간에도 초연결되어 더 큰 영향을 서로 발휘할 수 있다. 과학자, 비즈니스맨, 교수, 예술가 등이 슈퍼 커넥터로 거듭날 수 있다. BTS가 비틀즈에 버금가는 세계적인 인기를 얻은 것도 한 예다.

2019년 서울 아현동 지하에서 KT 광통신케이블이 불에 타버린 적이 있다. 옛날 같으면 전화선이 타서 전화가 몇 시간 불통되는 것으로 끝날 일이었다. 하지만 이번에는 그 지역 일대가 하루 종일 멈춘 거나 같았다. 근처 21만 가구의 전화, IPTV, 112 긴급 전화 등이 불통되고 병원의 컴퓨터 시스템과 전자보안 시스템이 무력화됐다. 그뿐 아니라 식당, 편의점, 가게 등에서 신용카드의 거래가 중단되어 영업에 지장을 주었고 온라인 쇼핑과 은행 거래, 인터넷베이스 병원전산망, 정부의 긴급 문자 서비스도 멈추는 등 대혼란이 벌어졌다. 이것은 정전이 가져온 블랙아웃과는 사뭇 달리 디지털로 연결되는 초연결사회에서 일어날 수 있는 사건이었다.

한편 초연결사회에서는 지역의 감염병도 거점을 타고 세계로 빠르게 확산될 수 있음을 여실히 보여주고 있다. 에볼라 바이러스는 박쥐에서 사람에게 전파되는 바이러스다. 치사율은 평균 50%였지만 의료기반이 취약한 곳에서는 90% 이상이었다. 2014~2016년 아프리카의 기니, 시에라리온, 리베리아 등에서 창궐했지만 서방 세계에서는 아무런 관심도, 영향도 없었고 그 지역의 일로 치부했다. 또 2018~2019년 콩고DRC에서 대규모로 다시 번져 그 지역을 초토화시켰지만 여전히 세계의 다른 지역에는 영향을 끼치지 않았다. 아시아나 서구 유럽에서는 뉴스를 통해서 들을 뿐 일반인에게는 아무런 영향도 없었다.

그런데 2019년 12월 코로나바이러스COVID-19가 중국 우한에 창궐했다. 이 바이러스는 급속하게 세계로 번졌다. 인류역사상 한 지역의 실패가 세계 모든 나라에 피해를 주는 유례없는 사건이 터진 것이다.

코로나바이러스를 예방하는 법, 치료하는 법, 면역력을 높이는 법 등 반은 맞고, 반은 틀리는 정보, 완전 가짜 정보가 네트워크를 통해 넘쳐났다. 소셜미디어는 이런 가짜뉴스와 싸우느라 힘든 나날을 보냈다. 페이스북에서는 가짜뉴스를 걸러내기 위해 여러 대책을 강구하며 안간힘을 썼다. 코로나바이러스의 세계적인 영향만큼 가짜뉴스의 파급력도 만만치 않았다. 거짓 정보가 넘쳐나서 많은 이들을 혼란스럽게 하고 바람직하지 않은 영향을 끼쳤다.

2018년 영국 BBC는 빅데이터 처리로 천연두의 감염성에 대해서 손을 잘 씻는 것이 이 감염병을 막는 데 효과가 있는지와 감염병의 확산과 속도 등에 대해 어떤 영향을 미치는지를 컴퓨터 시뮬레이션을 했다. 영국민 전체를 대상으로 손씻기의 효과를 시뮬레이션으로 점검한 결과, 손만 깨끗이 씻어도 감염병은 전파속도가 느려지고, 감염자 수도 훨씬 더 느리게 퍼지며 떨어지는 것을 확인했다.

새로운 감염병이 퍼져나갈 때 적절한 방역 시스템이 작동하지 않으면 감염환자가 많아져 병원의 수용능력을 초과하고 의료 시스템이 붕괴되어 입원도 치료도 받지 못해 죽는 사람이 속출한다. 다시 말해 급증한 환자의 수가 의료 시스템의 마비를 불러와 병원과 헬스케어 자원이 고갈되고 제때 입원과 치료를 받지 못하여 많은 희생자를 낳게 된다. 또 다른 희생자는 응급환자들이다. 원래 중환자실로 입원해야 할 심장마비, 뇌졸중, 급성 쇼크 환자들은 응급실에 들어가지 못할 수도 있고, 중환자실의 베드ICU를 기다리다가 죽음을 맞을 수도 있다. 다시 말해 의료자원이 고갈되어 받을 수 있었던 치료를 제대로 받지 못할 수도 있다. 때에 따라서는 누구를 살리고, 누구를 포기해야 할 지 의사가 결정해야 하는 지경에까지 이른다. 수술실과 중환자실이 감염병 환자로 넘쳐나서다.

이 상황이 오지 않도록 '사회적 거리두기'를 하거나 아예 학교, 교회, 식당, 영화관 같은 사람들이 모이는 장소의 문을 닫게 하거나 지역 봉쇄Lockdown를 하는 가장 큰 이유는 환자수가 급증하여 의료 수용능력이 마비되는 것을 막기 위한 조치다. 사회적 거리두기를 통해서 감염되는 상황을 최대한 늦춰 하루 발생 환자수를 국가차원의 병원 수용능력 이하로 낮추는 것이다. 이렇게 해야만 감염병 환자도 적절하게 치료할 수 있고, 일반 응급환자도 제대로 치료할 수 있기 때문이다. 한편 초기 방역을 잘해서 병원 수용능력 이하에서 잘 관리하더라도 너무 일찍 그 결과를 과신하고 낙관적인 대처를 하다가는 다시 감염병이 확산되어 통제 불능의 상태를 맞을 수도 있다.

오늘날과 같이 초연결사회에서는 스마트폰에 의해 위치 파악이 가

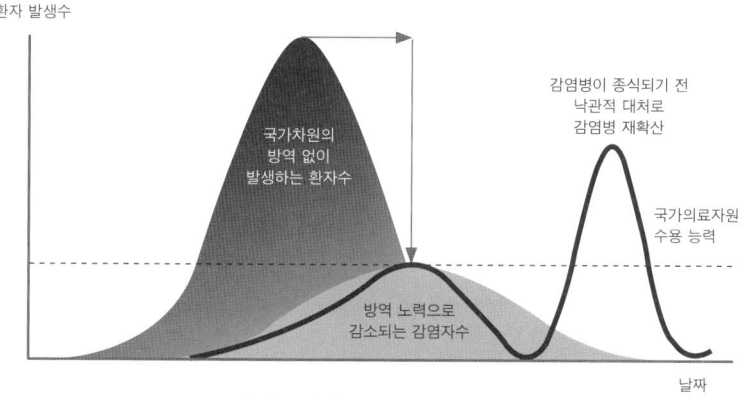

방역 노력에 따른 환자발생 추이 변화

능하여 자가격리나 다중의 사람이 한자리에 모이는지의 여부를 실시간으로 파악할 수 있다. 전 인구의 각 지역별, 도시별 움직임의 파악이 가능하고 감염자와의 접촉이 있었는지를 알 수 있다. 개인에게 깔린 스마트폰 앱을 통해서 감염자의 동선과 건강상태, 바이오리듬 등이 실시간으로 모니터링되고, 즉각 필요한 조치를 하게 알려줄 수 있다. 요소요소의 CCTV를 통해 개개인의 동선과 활동 영역을 파악할 수도 있다. 또 GPS 위치추적을 통해 감염자들의 동선을 따라 만난 사람을 찾아내고, 구매내력까지 조회해서 격리와 같은 적절한 방역 조치를 취한다. 국가적으로는 소비패턴의 지역별, 산업별 파악이 가능하며 현금 지원을 어떻게 해야 소비경기 부양효과가 크고 효과적인지를 알 수 있어 국가정책의 피드백을 정확히 파악할 수 있다. 디지털 사회 현실에서 대부분의 나라는 정보기술에 의한 개인 감시를 허용하게 되어 바이러스로 박탈된 일상의 자유와 프라이버시를 빼앗기고 살아야만 했다. 세계가 바이러스와 총성 없이 싸우고 있고, 이러한 위기가 지나간 뒤에 세상은 많이 변할 것이다.

중국 우한에서 원인 모를 폐렴환자가 다수 보고된 시점은 2019년 12월 8일로 알려졌으며 다음해 1월 10일에 첫 번째 사망자가 보고되었다. 하지만 1월 16~17일 이틀간 후베이성 인민대표회의를 열었고, 춘절 명절 분위기를 띄우기 위한 음식 축제인 만가연을 1월 18일에 4만여 가정의 주민이 참가한 가운데 열어, 코로나바이러스의 대규모 확산을 초래했다. 캐나다의 블루닷Bluedot 사에서는 2019년 12월 31일, 중국 우한에서 원인모를 폐렴이 다량 발생했다는 세계 뉴스를 접하고, 곧바로 의학적 데이터와 전 세계 도시와 우한 간의 항공노선 운항 횟수와 승객수를 대입하여 COVID-19가 어떻게 퍼져나갈 것인가를 빅데이터 기반 AI를 이용해서 예측했다. 이미 17년 전에 발생했던 사스가 퍼져나갔던 데이터를 기초로 해서 COVID-19는 어디까지, 언제, 얼마나 퍼질 것인가와 위험도를 예측해 냈다. 지금까지의 엄청난 의학지식과 항공편에 의한 도시간 사람의 이동 양상을 근거로 인공지능이 아주 신속하게 분석하여 팬데믹이 빠르게 전 세계에 몰아쳐 오고 있음을 일찌감치 경고했다. AI가 메디컬데이터와 사스 때의 전파 경험치를 바탕으로 빅데이터를 기계학습하여 예측한 결과다.

한걸음 더 나아가 코로나바이러스의 백신개발과 치료제 개발에도 AI가 동원되고 있다. 우선 코로나바이러스의 염기서열을 밝혀내고, 발병 메커니즘을 확인했다. 지금까지 발표된 유사한 감염병(독감, 사스)과 관련된 모든 문헌을 인공지능이 읽고, 조사했고, 모든 치료제의 화학구조와 코로나바이러스와의 상승성, 사스나 독감의 임상데이터를 분석, 학습해서 가장 잘 치료할 수 있는 백신과 치료약의 후보군을 골라서 추천했다. 단편적으로 흩어진 문헌과 정보, 경험치를 선별해 낸 최대 일꾼이 AI였다. 결국은 여러 코로나바이러스의 세포에 어떤 약을 투입했을 때 얻어지는 효과와 부작용을 모조리 찾아냈고, 그 중 잘 맞는 약의 조합군을 찾아 제시한 대로 실험에 들어갔다. 일꾼 AI는 백신과 치료제를 개발하는 데 드는 시간과 노력을 대폭 절감시켜 주고 있다. 이렇게 초연결사회에서 AI와 빅데이터가 만나면 앞으로 어떤 일이 전개될지 주목된다.

구글은 스마트폰 위치 파악GPS 정보와 빅데이터 분석으로 지역사회 이동성보고서(COVID-19 Community Mobility Report)를 만들어 각 나라에서 사회적 거리두기를 어떻게 실천하고 있는지 실시간으로 보여주고 있다. 세계 각 지역의 커뮤니티에서 사회적 거리두기를 잘 실천하는 곳과 하지 않는 곳, 사람들의 동선이 어떻게 바뀌고 있는지를 살펴 위치 데이터에 기반해서 인구 이동을 분석해 준다. 공원, 식료품점과 약국, 마트, 극장, 기차역, 주택 등으로의 이동자수를 파악할 수 있다. 2020년 4월 초, 코로나바이러스 팬데믹 이후 미국은 상가 방문 47%, 식료품점과 약국 22%, 공원 19%, 대중교통 51% 준 반면, 집에 머무는 수는 12% 늘었다. 독일은 상가 방문 77%, 식료품점과 약국 51%, 공원 49%, 대중교통 68%로 준 반면 집에 머무는 수는 11% 늘었다. 일본은 상가 방문 26%, 식료품점과 약국 7%, 공원 25%, 대중교통 41%로 준 반면, 집에 머무는 수는 7% 늘었다. 반면 우리나라는 상가 방문은 19%, 대중교통 17%로 준 반면, 식료품점 11%, 공원 51%, 집에 머무는 수는 6%로 늘었다. 세계 모든 나라에서 공원에 가는 것이 대폭 줄어든 반면 우리나라는 더 많은 사람이 공원을 찾고 집에 덜 머무는 것으로 나타났다.

SNS 시대

SNS는 우리 일상생활에 친구, 가족, 동창생, 동업자 등과 부딪치며 사는 관계를 사이버상에서 구현하기 위해 만들어졌다. 서로 생각을 나누고, 정보를 교환하고 실제 생활에서 이루지 못한 소통의 수단으로 자리잡았다. 이러한 사회 관계망이 형성된 이후 이제는 내가 원하는 사람들을 모을 수 있는 수단이 됐고, 특정한 취미 생활을 영위할 수 있는 그룹을 형성할 수 있게 됐다. 나에게 부족한 부분을 채우기 위해 불특정 다수에게서 얻을 수 있는 다양한 정보를 얻을 수 있게 됐다. 지구상의 수십억 인구가 이러한 SNS 플랫폼에 모여든다. 이제는 사람 사이에서 일어날 수 있는 일, 생각해 낼 수 있는 가상, 세상의 온갖 뉴스, 광고, 마케팅 등을 가릴 것 없이 SNS를 통해 소통하고 있다. 싸이나 BTS처럼 이들의 히트곡을 순식간에 전 지구에서 따라할 정도가 됐다.

과거에는 일반 대중은 콘텐츠의 소비자였고, 콘텐츠를 만드는 사람은 따로 있었지만 이제는 누구나 다 콘텐츠를 만들고, 이를 통해 자기 과시와 돈벌이도 가능하게 됐다. 본디 문화콘텐츠는 전문가들의 영역이었지만, 이제는 누구나 만들어 올릴 수 있게 됐다. 뉴스 생성도 누구나 할 수 있고, 개인이 만든 뉴스가 실시간으로 퍼져나가고 있다. 거짓 뉴스도 아무런 여과장치 없이 넘나든다. 개인이 벌이는 대리행위도 생중계되는 지경에 이르렀다. 문화가 저질화, 세속화, 비속화되는 경향도 있다.

SNS는 커뮤니케이션의 수단을 넘어선 지 오래다. 과거에 마케팅이 신문이나 TV를 통해서 이뤄졌다면 SNS를 활용한 마케팅은 이제 필수가 됐다. 전 세계 인구의 29억 명이 SNS를 사용중이며 페이스북과 인스타그램 등의 SNS는 마케팅의 필수 플랫폼이 됐다. 페이스북 사용자수는 24억 명을 돌파하고 있고, 인스타그램은 10억 명이 넘는 사용자가 있다. 미국 성인의 52%가 페이스북에서 뉴스를 얻을만큼 가장 큰 영향력을 가진 것이 SNS플랫폼이다. 반면 미국 비즈니스의 75%가 인스타그램을 활용하여 e-비즈니스, 광고, 비즈니스 프로필 등을 올린다. 인스타그램 내의 브랜드들은 매주 새로운 스토리를 업로드하여 8억 5,000만 명에 이르는 잠재적 광고 소비자를 겨냥하고 있다. 이렇게 다양한 사람이 모인 SNS플랫폼 자체가 거대한 시장이 된다. 이런 시장에서는 욕구가 분출한다. 더욱이 모든 사람에게 동일하게 광고를 하는 것이 아니라 인터넷 검색 성향, 게시하는 글, 좋아요 등을 분석하여 맞춤식 광고를 보낼 수도 있다.

인공지성혁명 시대, 언제든 누구든 어디에서든 모바일을 통해 인터넷에 접속할 수 있고, 주위 환경에 맞게 인공지능이 필요한 정보를 보내주는 세상이 됐다. 이런 기술을 바탕으로 더 많은 정보가 생산되고 더 많은 정보가 유통된다. 그리고 늘 소비자 영역에 있었던 소비자들이 생산자의 영역에 참여하는 숫자가 날로 늘어나고 있다. 예컨대 영상을 만들어낼 수 있는 사진기, 비디오카메라, 편집기와 같은 생산수단은 값이 비쌌고 많은 경험을 쌓은 전문인력이 필요했다. 하지만 기술의 발달은 그런 생산수단을 소비자도 누구나 쉽게 가질 수 있게 만들었다. 결국 소비자와 생산자 간의 경계가 사라졌다. 그리하여 정보를 누구나 생산하고 유통시킬 수 있게 됐으며, 이전보다 훨씬 더 정보량이 늘어났다. 이렇게 늘어난 정보량은 새로운 가능성, 새로운 기계와 새로운 기술을 추동한다.

아날로그 정보를 디지털 정보로 바꾸는 것도 공학이며, 이런 정보를 저장하고 저장속도와 처리 속도를 높일 수 있는 반도체와 같은 물리적 기반을 만드는 것도 공학이다. 공학은 특정한 분야에 한정되지 않고 과학과 사회 전체와 엮여 있다. 정보기술은 통신과 밀접한 관련을 맺으며, 통신기술은 컴퓨터와 관련을 맺고 있다. 이 같은 얽힘들 속에서 정보기술은 통신기술을 추동하고 통신기술은 컴퓨터기술을 향상시키고 이를 이용한 디지털플랫폼은 사회를 변화시킨다. 변화한 사회가 다시 기술발전에 영향을 미친다. 이 거대한 선순환의 구조를 지탱하는 것들 중 중요한 축 하나가 바로 공학이다.

더 큰 인간으로의 발걸음, 환경지능

유비쿼터스 모바일 인터넷　　정보혁명, 즉 제3차 산업혁명은 아날로그 정보 중심의 사회를 디지털 중심으로 바꾸어 놓았다. 이를 통해 정보를 담을 수 있는 특정한 매체나 디바이스를 여러 개 가질 필요 없이 한 곳에 담을 수 있었다. 그것이 컴퓨터와 스마트폰이고 클라우드 컴퓨팅이다. 이런 정보를 네트워크, 인터넷을 통해 빠르게 전달할 수 있게 됐다. 이렇게 보자면 정보혁명의 중심에는 디지털정보, 컴퓨터, 인터넷이 있다. 이런 시대를 이끄는 물질적 기반은 반도체다. 반도체는 정보의 저장용량을 증대시키고 정보 처리속도를 향상시키며 디지털이 일상화하는 데 중요한 역할을 한다.

인공지성혁명은 정보혁명과 다른 어떤 변별점을 가지고 있는가. 클라우스 슈밥(Klaus Schwab, 1938~)은 다보스포럼(2017)에서 "제4차 산업혁명의 특징으로 유비쿼터스 모바일 인터넷ubiquitous mobile internet, 더 저렴하면서 작고 강력해진 센서, 인공지능과 기계학습"을 들고 있으며, 이를 기반으로 성장하고 있는 대표적인 기술로 "인공지능, 로봇, 빅데이터, 사물인터넷, 자율주행자동차, 3D 프린팅, 나노기술, 생명공학, 재료공학, 에너지 저장기술, 퀀텀 컴퓨팅" 등을 거론했다.

이런 다양한 기술 중 환경지능을 잘 보여주는 기술은 '유비쿼터스 모바일 인터넷'이다. 그런데 이 개념은 이미 정보혁명 때 생겨났다. 인터넷은 1969년 미 국방부에서 시작된 아르파넷 프로젝트Arpanet Project에서 시작되어 1970년대 개방적 네트워크로 전환됐다. 1990년대 월드와이드웹(http://www)의 등장으로 인터넷은 폭발적으로 성장했으며, 전 세계인이 필수적으로 사용하고 있다.

모바일 즉 이동통신이라는 개념은 1947년 IBM의 벨연구소에서 도입했다. 1960년대 모토로라가 이 분야에 뛰어들면서 두 회사 사이에 치열한 경쟁이 벌어졌다. 이 경쟁은 1973년 4월 3일 종식된다. 모토로라의 마틴 쿠퍼(Martin Cooper, 1928~)가 뉴욕 맨하탄의 힐튼호텔 근처 6번가에서 세계 최초로 핸드폰 통화에 성공했다. 짓궂게도 통화 대상은 경쟁자인 벨연구소의 책임자 조엘 엥겔(Joel S. Engel, 1928~)이었다.

인터넷, 모바일에 비해 상대적으로 늦게 등장한 개념이 '유비쿼터스'다. 이 개념은 복사기 제조회사인 제록스의 마크 와이저(Mark Weiser, 1952~1999)에 의해 1988년에 처음 사용됐는데, 유비쿼터스란 라틴어 'Ubique'에서 온 말로 '어디든 존재하는'이라는 뜻이다. 이런 생각에서 한 발 더 나아가 1999년에는 인터넷으로 사물과 사물이 연결되는 것까지 생각할 수 있게 됐다. MIT의 오토아이디 센터Auto-ID Center 소장으로 있던 케빈 애쉬턴(Kevin Ashton, 1968~)은 전자태그RFID와 기타 센서를 일상용품에 탑재한 사물인터넷이라는 개념을 내놓았다.

제4차 산업혁명은 결실을 맺어가는 제3차 산업혁명을 두고 떠드는 호사가들의 호들갑이라고 하는 사람도 있다. 과연 그럴까. 유비쿼터스, 모바일, 인터넷이란 말이 이미 있었다 하더라도 이런 것들을 한꺼번에 통합시킬 수 있는 시스템을 출현시킴으로써 세계는 급격하게 변화했다.

생각해보자. 1990년대까지 삐삐를 들고 다녔고, 2000년대부터 핸드폰을 들고 다니기 시작했다. 이 핸드폰으로 할 수 있는 것은 음성통화, 문자서비스, 사진촬영이 고작이었다. 외출할 때 핸드폰을 주머니에 넣고, 이어폰에는 MP3를 꽂았다. 야외로 놀러가려면 지도와 카메라를 따로 챙겨야 했다.

하지만 지금은 어떤가. 달랑 스마트폰만 챙기면 그만이다. 이 스마트폰 속에 세상과 연결될 수 있는 모든 것, 카메라, 음악, 영화 등이 들어 있다. 사람들은 지갑보다 스마트폰을 잃어버리는 것을 더 겁낸다. 스마트폰은 비밀 노트이자 결제 수단이기도 하니까. 이것으로 전화, 문자, 인터넷 검색, 사진·영상촬영, 게임도 할 수 있다. 간단한 문서 작업은 물론 은행업무까지 볼 수 있다. 이동식 컴퓨터이자 만능기계가 됐다.

개인 컴퓨터 속에는 각종 소프트웨어가 깔려 있고, 사진이나 영상물 등으로 용량이 넘쳐난다. 아직까지는 작업능력에서 스마트폰보다 컴퓨터가 더 우위를 차지한다. 하지만 컴퓨터 하드웨어에 저장되어 있어야 할 정보가 하늘에 떠 있는 구름과 같은 인터넷 공간인 클라우드에 저장되어 있다면 말은 달라진다. 인터넷에 접속만 할 수 있다면 그 구름 속에서 내가 필요한 정보를 마음껏 꺼내 쓸 수 있다. 물론 보안은 필수다. 이것을 '클라우드 컴퓨팅cloud computing'이라고 한다. 이런 시스템이 일상화한다면 스마트폰으로 과학적 계산이나 엄청난 계산식을 돌려 결과를 얻는 수퍼컴퓨터 시뮬레이션도 내 손안에서 가능하고, 축구경기장에서 현장에서의 빅데이터 처리를 통해 선수의 패스나 슈팅 확률과 선수 개인의 컨디션 등을 실시간으로 확인하면서 경기를 관람할 수도 있다.

인터랙션, 인간과 기계의 상호작용 인간과 기계의 인터랙션은 환경지능 시대의 아주 미미한 부분에 지나지 않는다. 디지털 혁명은 디지털 시스템이 융합된 기계와 환경, 그런 디지털시스템을 운용할 수 있는 알고리즘의 발전을 가져왔다. 이때 디지털플랫폼이 등장하여 산업생태계를 바꾸면서 새로운 서비스와 비즈니스를 창출하는 모태가 됐다. 그런데도 여전히 물질적인 도구와 기계의 성능 향상을 꾀하는 것은 필수사항이다. 환경지능은 기계의 기능이나 성능 향상만큼이나 인간과 기계의 인터랙션을 중시하고 있다. 기계는 할 수 있는 능력이 정해져 있어서 세탁을 할 때엔 세탁기에서 세탁버튼을, 청소를 할 때는 진공청소기의 청소버튼을 눌러야 한다. 기차표나 영화표를 예매하려면 해당 사이트에 접속해서 시간, 금액, 좌석 등을 일일이 고려해서 결정해야 한다.

인공지능과 사물인터넷, 음성인식 등의 발달로 어디에서나 우리와 의사소통이 가능한 기기를 갖게 됐다. 아직 미흡하지만 IPsoft의 에밀리아Amelia, 아마존의 알렉사, 애플의 시리, 마이크로소프트의 코타나, 네이버의 파파고와 같은 인공지능 비서들이 그것이다. 이런 인공지능 비서는 우리가 하는 말을 인식하고 묻는 것에 답해주며 명령어를 실행에 옮긴다. 일어나면 시간을 알려주고, 날씨를 알려주고, 새로운 뉴스를 브리핑하며, 영어나 러시아어를 우리말로 통역하여 세계 주요 뉴스를 알려주고, 오늘 해야 할 중요한 일들을 알려준다. 그런가하면 다른 기계와 연결해 주는 인터페이스 역할도 한다. 좋아하는 노래를 찾아 음악을 틀어주고, 마트에서 우리집 냉장고 안에 무엇이 있는지를 확인해 준다. 에밀리아는 '디지털 직원'으로서, 사람과 소통하면서 업무처리를 하는 챗봇이다. 기업 데이터 분석, 회계 업무, 법률 서비스, 비서 등의 전문직 업무를 수행한다. 어느 기업이나 에밀리아를 채용할 수 있다.

이러한 인공지능 비서가 더 발전하게 된다면 상황과 맥락까지 파악할 수 있게 될 것이다. 지금은 "오늘 비가 올 것이니 우산을 챙겨서 나가세요."라고 하는 것이 전부다. 막상 나갈 때 우산을 깜빡할 수도 있다. 이런 단순한 상황에서도 인공지능 비서는 도움을 주지 못한다. 제대로 된 비서라면 나가기 전 우산을 챙겨줄 뿐 아니라 내 옷 매무새도 한 번 더 신경 써 줄 것이다. 상대편 사람은 분명히 나를 아는데 정작 나는 상대의 이름을 모를 때, 그 사람의 가족에 대한 정보까지도 제공해 줄 수 있을 것이다. 뿐만 아니라 내 건강 상태를 체크해서 지금 쉬지 않는다면 감기 몸살로 이어질 수 있다는 것을 미리 알려준다. 내가 알지 못하는 내 몸의 병도 파악하여 알려준다. 팔찌나 조끼 형태의 웨어러블 기기는 나의 생체 정보를 실시간 체크해서 건강 상태와 심리 상태를 챙겨준다. 이러한 생체 정보를 빅데이터로 처리한 인공지능은 현재 내가 필요한 것이 무엇이며 내가 어느 병에 걸렸는지, 나의 행위나 습관이 건강을 얼마나 해치고 있는지 알려준다. 무엇이 나를 행복하게 했고, 누구를 만났을 때 즐거워했고, 어디에서 마음의 평화를 얻었는지도 알 수 있다.

한 명의 비서에게 너무 많은 것을 바라는 것인지도 모른다. 그러나 지금 공학기술은 빠르게 실용화의 길로 가고 있다. 마우스는 내 손의 움직임에 따라 커서가 움직이고, 마우스 패드를 이용하면 손가락만으로도 커서를 움직인다. 현재는 음성으로 모든 지시를 내릴 수 있고, 필요한 정보를 얻을 수 있다. 이렇게 인간의 움직임을 컴퓨터에서 구현하는 것을 '피지컬 컴퓨팅Physical Computing'이라고 한다. 이 기술은 인간의 행동과 감각까지도 읽어낼 수 있을 것이다. 한편으로는 사람의 뇌파를 읽어내 기계와 연동시켜서 장애인도 정상인처럼 활동할 수 있게 하려고 한다.

상황 인지 시스템Context-aware Pervasive System은 사람, 장소, 사물 등을 구분하는 능력이다. 지금은 동일한 사람의 사진을 하나의 카테고리에 묶고, 로마나 비엔나에서 찍은 사진을 한 곳에 모아주는 수준이다. 앞으로 사람을 구별하는 것에서 나아가 그 사람에 대해서 알고 있는 나의 정보까지 자동으로 기록할 수 있을 것이다.

환경지능의 기술진보는 개인의 욕구와 욕망, 의도와 환경Context 등을 대량 맞춤형 시스템 아래에서 구현하게 된다. 기존의 자동화된 대량생산 시스템에서는 구현할 수 없던 개인 맞춤형으로 나를 위한 생산이 가능해진다. 나를 위해 만든 나만의 제품을 합리적인 가격으로 사기를 바라는 소비자의 입장을 헤아리고, 선주문, 후생산, 재고율 0%를 바라는 기업의 입장을 모두 충족시켜 주는 방향으로 비즈니스 모델이 바뀌고 있다.

웨어러블 컴퓨팅Wearable Computing은 말 그대로 입고 벗을 수 있는 옷 같은 형태의 컴퓨터 시스템이다. 지금 널리 사용되고 있는 것은 스마트 시계 정도다. 스마트폰에 비해 휴대는 간편하지만 기능은 훨씬 떨어진다. 구글 글라스도 사용되지만 현재는 사진이나 영상을 촬영하는 수준이다. 하지만 구글 글라스가 상황 인지 시스템과 결합한다면 상대의 나이, 이름 등과 같은 정보를 표시하여 주며 주변환경에 대한 정보도 제공해 줄 수도 있다. 어디에서나 그 시점에 필요한 정보를 제공해준다. 이런 인공지능 안경이 있다면 가이드 없이도 지구 곳곳의 다양한 세계 명승지 여행을 나홀로 즐길 수 있을 것이다.

의식이 있는 인공지능 인공지능Artificial Intelligence은 말 그대로 인공적으로 만들어진 지능을 의미하며 그 약어를 AI라고 쓴다. 지능이 있느냐 없느냐는 쉽게 판단할 수 있다. 그 기준은 '스스로 선택'할 능력이 있느냐 없느냐에 있다. 단세포인 아메바도 지능이 없다고는 할 수 없다. 왜냐하면 누구의 명령에 의해서가 아니라 먹이가 있는 쪽으로 스스로 움직일 수 있고, 장애물이 나타나면 다른 쪽으로 피해 움직인다.

이런 것이 지능이라면 자동차에도 지능이 있다고 할 수 있다. 앞차와의 거리가 너무 가깝거나, 사각지대에 차가 있을 때 경고음을 울리기도 하기 때문이다. 그래서 이런 정도의 인공지능을 약한 인공지능이라 부른다. 강한 인공지능은 인간과 거의 동일한 수준의 지적 능력을 말한다. 그렇다면 이세돌을 이긴 알파고를 강한 인공지능으로 부를 수 있지 않을까.

바둑에서 돌을 놓을 수 있는 경우의 수는 지구를 포함한 우주의 모든 원자 수(약 10의 80제곱)를 합친 것보다도 월등히 많다. 바둑의 경우의 수는 최대 250의 150제곱에 달하므로 알파고의 학습능력은 바둑의 모든 경우의 수에 턱없이 부족하다. 알파고는 최선의 착점을 위해 상상할 수 없을 정도로 빠르게 계산하는 데 1초에 1,000조 개 이상의 명령을 한꺼번에 처리할 수 있다. 그렇다고 해서 인간보다 더 뛰어나다고 할 수 없다. 인간의 뇌도 1초에 1,000조 개 이상의 명령을 한꺼번에 처리할 수 있다. 알파고는 바둑에 관한 정보만 처리할 수 있지만, 이세돌은 바둑 외에 삶과 관련된 문제 전반에 관한 정보도 동시에 처리할 수 있다. 종합적인 처리 그리고 삶에 생기는 다양한 문제를 해결하기 위해서 인간이 할 수 있는 결정은 바둑이 가진 경우의 수보다 훨씬 더 많다.

이세돌을 이긴 알파고는 3,000만 판의 대국수를 학습했는데, 학습량으로 따지면 인간이 천 년 동안 학습할 분량에 맞먹는다고 한다. 하지만 인간이면 누구나 가지고 있는 능력, 이를 테면 고양이와 개를 구분하고, 나무와 풀을 분류할 수 있는 능력은 수천만 년 동안 인간의 DNA 속에 축적되어 온 지식 때문에 가능하다.

인간에게는 하찮은, 이러한 능력을 현재의 인공지능은 제대로 익히지 못한다. 왜냐하면 그런 것에는 정확한 답이 정해져 있지 않아서다. 바둑은 이기고 지는 것이 명확하지만 삶에는 그런 것이 명확하지 않다. 삶은 명확하지 않은 길 위에서 무수히 많은 선택과 만난다. 이 불안정한 삶 속에서 발생하는 숱한 문제는 답도 없으며 데이터도 부족하다. 인공지능이 인간의 지능에 근접하려면 불가해한 인간의 삶을 이해하는 것이 먼저이지 않을까. 컴퓨터의 계산속도가 빠를수록 인간의 사고를 흉내낼 수 있다. 이를 위해서는 현재의 실리콘 기반 컴퓨터보다 계산능력이 월등히 뛰어난 새로운 아키텍처의 컴퓨터가 요구되며 이들 중에는 양자컴퓨터, 광컴퓨터, DNA컴퓨터 등의 개발이 진행되고 있다.

무어(Gordon Moore, 1929~)는 18개월마다 반도체 칩에 집적할 수 있는 트랜지스터 수가 2배씩 증가할 것이라고 선언했다. 이런 '무어의 법칙'을 바탕으로 레이 커즈와일(Ray Kurxweil, 1948~)은 2045년 무렵에는 컴퓨터 인공지능이 인간의 지능을 앞서고 그 후 통제 불가능한 상황이 전개될 것이라고 예언했다. 그는 이런 지점을 특이점Singularity이라 불렀다. 이와 함께 진단의학 기술도 함께 발달하여 불멸의 시대가 올 것이라 믿으며, 그날까지 살아남기 위해 많은 알약을 먹는다고 한다.

어쩌면 커즈와일은 자신을 위해서라도 특이점이 찾아오기를 바라는지도 모르겠다. 하지만 그의 주장은 어려울 것 같나. '무어의 법칙'을

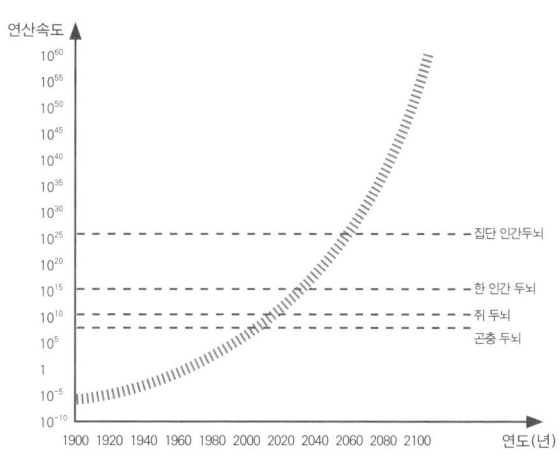

컴퓨터 연산능력, 2045년 인간 추월

기반으로 하고 있는데, 이런 존재 기반이 무너졌다. 『네이처』지는 2016년 2월호에서 특집으로 '무어의 법칙'을 다루면서 이 법칙의 사망을 공식적으로 선언했다. 반도체 업계가 '무어의 법칙'을 포기하는 가장 큰 이유는 모바일컴퓨팅 시대와 밀접한 관련을 맺고 있다. 모바일컴퓨팅은 자꾸만 작은 것을 원하고 더 많은 회로와 더 빠른 스위칭을 필요로 하고 있다.

반도체 회로 크기는 계속 작아져서 지금은 14나노미터(nm)가 일반적이지만 5나노미터가 실용화되고 있다. 참고로 1nm는 10억분의 1m에 해당한다. 그런데 모바일에 사용돼야 하므로 회로가 작아진만큼 기판도 작아져야 한다. 이 작은 기판에 성능을 높이려면 더 많은 회로를 넣어야 한다. 이 회로에는 전기가 지나간다. 1초에 많게는 1만 번 정도. 작은 회로에 이 정도의 전기가 지나가면 열이 발생하는 것은 당연하다. 그것도 계산 속도가 빨라진 만큼 아주 높은 온도의 열이 발생하여 종국에는 실리콘이 감당하지 못하게 된다. 뜨거운 감자도 아닌 뜨거운 스마트폰이라니! 이런 스마트폰을 원하는 사람은 드물 것이다.

인간의 두뇌에 해당되는 정도의 컴퓨팅을 위해서는 기존의 실리콘을 기반으로 한 수퍼컴퓨터로는 실현이 불가능하며 컴퓨터의 아키텍처가 혁신적으로 변화해야 가능하다. 다시 말해 완전히 새로운 소자, 새로운 재료, 새로운 구조의 수퍼컴퓨터가 등장해야 가능한 것이다. 이러한 기술로는 양자컴퓨팅quantum computer, 광컴퓨팅photon computer, DNA컴퓨팅을 미래의 컴퓨터 기술로 꼽고 있다.

양자컴퓨터는 얽힘entanglement이나 중첩superposition 같은 양자역학 현상을 활용하여 계산하는 방식의 컴퓨터다. 구글은 2019년 기존 세계 최강 수퍼컴퓨터로 1만 년 걸려 풀 수 있는 문제를 단 200초 만에 계산해 내는 양자컴퓨터 기술을 개발해 선보였다. IBM은 2020년 CES 전시회에서 양자컴퓨터의 실물을 보여주었다. 초전도 하에서 구동시키기 위해 지구 밖의 온도보다도 100℃나 낮은 -273℃에 가까운 저온에서 구동하는 수퍼컴퓨팅을 시연해 보였다. 양자컴퓨팅 기술은 금세기의 가장 중요한 기술로 떠올랐다. 분자모형, 신약개발, 신소재 발명, 그동안 풀지 못했던 지구물리 문제 등을 해결할 수 있고, 주식시장에서는 최상의 시장 상황에 맞는 포토폴리오를 구축하고, 경제예측, 국가경제 위험요소 등을 파악할 수 있게 만들 것이다. 따라서 양자컴퓨터 기술은 미래의 디지털 패권을 결정할 핵심 기술로 떠오르고 있다. 비트코인 같은 암호화폐도 이 기술 앞에서는 무용지물이 될 것이다. 아무리 어렵게 만든 복잡한 조합의 암호도 순식간에 해독해 낼 수 있어서다.

정리하자면 현재의 실리콘컴퓨터 기술로는 인간의 의식을 가진 인공지능에 대한 꿈을 이루기엔 아직 무리가 있다. 우선 인간이 지닌 능력을 과소평가하고 있다. 인간은 답이 주어지지 않는 막막한 상황에서도 기어이 길을 찾아낸다. 이러한 인간의 역설적이고 지난한 삶의 방식을 고려하지 않은 채 연산능력만 인간과 동일하게 만든다면 인공지능이 뛰어넘은 것은 인간의 의식이 아니라 산술적 계산능력에 불과할 것이다.

다음으로 물리적 차원에서 특이점에 도달하는 것도 쉽지 않다. 인간의 뇌는 1초에 1,000조 이상에 달하는 명령을 한꺼번에 여러 개 처리할 수 있다. 어려운 문제를 해결하기 위해서는 더 빠르게 뇌가 작동할 것이지만 뇌에 불이 붙는 경우는 없다. 하지만 이 정도 연산 횟수의 전류를 흘려보내도 감당할 수 있는 실리콘 기반의 반도체 기판을 만드는 것은 불가능하다. 실리콘 반도체 기판을 사용하지 않는 완전히 다른 소재의 양자컴퓨터 같은 새로운 컴퓨터의 출현을 기다려야 하고, 아직은 시간이 더 흘러야 할 것이다.

의식 있는 인공지능이 작동하려면 인간의 뇌와 같은 정보처리 회로가 필요하다. 인간처럼 생각하기 위해서는 인간의 뇌와 같은 수준으로 정보를 처리할 수 있어야 한다. 뉴런은 전기신호로 정보를 서로 전달하고, 뇌의 명령을 신체에 전달하기도 한다. 뉴런간의 연결고리와 시냅스가 정보를 저장하여 기억하는 정보창고다. 뇌 속의 시냅스와 뉴런의 연결고리인 수상돌기, 축색돌기는 쓰지 않으면 사라진다. 뇌를 쓰면 그 자리의 시냅스와 돌기가 새로 살아난다. 이렇게 생성과 소멸이 반복된다.

이것이 뇌의 신경회로와 컴퓨터의 차이점이다. 뇌는 인간의 경험과 생각에 따라 새로운 네트워크가 생겨나 소프트웨어가 하드웨어를 마음대로 움직이지만 컴퓨터의 하드웨어는 고정되어 있고, 소프트웨어가 그 안에서 종속되어 움직인다. 인간의 뇌는 1초에 1,000조에 달하는 명령을 한 번에 처리할 수 있다. 현재의 수퍼컴퓨터도 이 정도의 정보 처리능력은 발휘할 수 있다. 하지만 그 컴퓨터도 부여된 한 가지 명령만 처리할 수 있으나 인간은 여러 명령을 동시에 처리할 수 있다.

컴퓨터는 한 번에 처리하는 정보 단위가 정해져 있다. 많은 컴퓨터는 32비트bit 단위로 정보를 처리한다. 하지만 인간의 뇌는 1bit, 16bit, 128bit, 1,024bit 등 자유자재로 단위를 바꿔가며 처리할 수 있는 능력이 있다. 컴퓨터는 하드웨어에 의해 용량이 정해져 일정 이상의 정보밖에 저장할 수 없으나, 뇌는 저장 공간이 무한하여 저장할 수 있는 정보량도 무제한일 수 있다. 컴퓨터와 달리 한 곳에 중첩해서 무수히 저장할 수 있다. 이때 시간 순도 정해진 장소도 없다. 정보가 저장될 때마다 뉴런과 시냅스의 상태가 역동적으로 변화함으로써 인간의 영혼을 복사하는 것은 불가능에 가깝다. 순간순간 상태가 변해서다. 한 예로 비행기를 타고 파리 시내를 돌아보고 온 사람이 돌아보고 온 곳을 위성사진으로 찍은 것 같이 디테일하게 그려내고, 어떤 사람은 파이 π 값을 3,14159265358979323846······소수점 수백 단위까지 기억해내는 뇌의 능력을 설명할 수 있는 말은 "인간의 뇌는 무한하다."는 것밖에 달리 할 말이 없다.

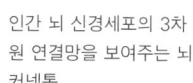

인간 뇌 신경세포의 3차원 연결망을 보여주는 뇌 커넥톰

컴퓨터의 처리능력을 보며 사람들은 인간의 능력을 보조하는 강한 인공지능을 원한다. 과학자는 뉴런과 시냅스의 물리적 현상을 fMRI, CT-PET, EEG 등의 현대 첨단 의료장비로 읽어낸다. 이 첨단장비로 인간이 어떤 생각을 하고, 기쁨과 슬픔 등을 느낄 때의 3차원 사진을 통해 실시간으로 확인하여 뇌의 어느 부위에서 신경전달물질이 활성화되는지와 전위, 진폭,

위상, 공명 등을 알아낸 것이다. 기쁠 때나 슬플 때 뇌 어떤 부위의 신경세포가 활성화되어 어떤 곳으로 전달하여 반응하는지를 규명해 내고 있다. 뇌과학의 발전은 우리가 어떤 일을 하기 전에 그 사람이 어떻게 할지 예측할 수 있게 될 것이다.

한편 이 정도도 엄청난 일이지만, 이것이 과연 인간의 의식과 어떤 연관을 갖는지는 아직 밝혀내지 못했다. 하지만 인간의 '의식'을 밝혀내지 못하고는 인공지성의 높은 단계를 구현할 수 있을지는 미지수다.

의식이 발현될 때 뇌 안의 뉴런과 시냅스에서 일어나는 모든 과정은 전기, 화학적 활동에 따른 것이다. 그런데 최종 산물인 인간의 의식은 이런 물리적 현상과는 전혀 다른 속성을 지니고 있다. 뇌 안에서 일어나는 물리적 현상을 보더라도 인간이 갖는 오감과 희로애락 등의 실체를 아직 알지 못한다. 뇌의 활동 부위와 전기적 활성화로 뇌에서 일어나는 현상은 파악할 수 있다고 해도, 그것이 의식과 어떤 관련이 있다고 단정할 수도 없다. 현대 뇌과학의 발전으로 경험의 축적이 뉴런과 시냅스의 변화와 네트워크 구조에 어떤 형태로 존재하는지 조금씩 밝혀지고 있을 뿐이다. 이로써 경험이나 지식이 쌓인다는 것은 시냅스의 모양이 변하고, 네트워크도 달리 형성된다는 것을 뜻한다.

철학자들은 의식의 실체, 인간의 본질이 무엇인지에 대해 2,500년 동안 이야기해 오고 있다. 하지만 의식이 물질과 전혀 별개의 존재인지, 육체의 산물인지에 대해 2,500년 전의 성현이 내려준 답에서 단한 걸음도 다른 답을 내놓지 못하고 있다. 종교에서는 의식은 물리적 실체와는 전혀 다른 것으로 해석한다. 의식은 인간에게만 있는 것인지, 다른 동물에도 존재하는 것인지 이론도 분분하다.

그런데 과학자들은 앞의 여러 과학적 방법으로 의식이 뇌의 작용에 따른 산물이라고 했다. 인간 존재의 궁극적 실체인 의식에 대해 이해하기 위해서 뇌과학이 현재까지 많은 발전을 이루었지만, 뇌과학의 지식만으로는 아직도 의식이 무엇인가는 설명하지 못하고 있다. 궁극적으로 인공지성을 만들어내는 것이 과학자들의 꿈이다. 따라서 멀지 않아 겉모습과 행동은 인간과 구별이 안 되지만 '얼빠진 좀비 로봇'은 가능해 보인다. 2030년경에는 로봇이 친절한 도우미 수준의 역할을 하겠지만 일부 과학자는 로봇이 인간의 의식을 가진 터미네이터를 갖게 될지도 모른다고 섣불리 예견하고 있다.

앰비언트 인델리전스, 환경지능의 시대

인공지능을 인간의 수준으로 끌어올리는 것은 쉽지 않다. 하지만 지금 수준의 인공지능 기술로 우리의 디지털 환경을 개선하여 클라우드 컴퓨팅을 통해 필요한 정보와 지식을 어디에서나 얻을 수 있을 것이다. 사물과 사물을 연결시키고 인간은 인터넷을 통해 이 사물들을 다룰 수 있게 된다.

내가 치약, 샴푸 같은 것을 얼마마다 한 번씩 사는지, 옷은 언제 구매하는지를 알고 있는 인공지능 비서가 내게 이런 사실을 알리고, 동일한 브랜드의 제품을 알아서 주문한다. 공장에서는 미리 물건을 만들어 놓지 않고 주문서를 받으면 생산하여 드론을 통해 무인배송을 한다. 옷에 부착된 웨어러블 바이오 센서가 얻은 건강 정보는 스마트폰, 바이오 정보 측정과 통신을 이용해 나의 인공지능 주치의에게 보내지고, 병원은 내 건강상태를 항상 모니터링하며 내가 무슨 병에 걸렸는지와 내 건강 상태를 개선할 수 있는 맞춤형 처치와 치료제를 제공한다. 의료 빅데이터의 발전은 과거 건강이력을 토대로 개인 건강상태를 예측하여 질병예방 방법을 가르쳐 줄 것이다. 뿐만 아니라 완전 자율주행자동차 시스템이 완성되어 출근하는 동안 나는 운전을 하는 대신 독서나 근육운동 등 다른 일을 한다.

이를 위해서는 나의 움직임을 파악하여 분석하고, 행동패턴을 예측해야 한다. 환경 전체가 내게 맞추어 감지하고 분석하여 움직여야 한다. 완벽히 나를 위해 작동하는 지능을 갖춘 환경, 앰비언트 인텔리전스Ambient Intelligence가 마련되어야 한다. 이렇게 된다면 인간의 뇌는 두개골이라는 한계를 벗어나 외부로까지 확장된다. '뇌의 외부화'라고 불러도 좋을 것이다. 나를 대신해서 필요한 사고의 정리, 고민할 일에 대한 해결, 정보와 지식 찾기로 '대리 뇌'의 역할을 하며 점점 더 지능화, 지성화한다.

인간은 서로 머리를 맞댈 때 더 높은 지성을 발휘할 수 있게 된다. 이와 마찬가지로 지능을 갖춘 환경이 나와 함께 머리를 맞대고 문제를 풀어간다면 개인적인 문제는 훨씬 수월하게 해결할 수 있을 것이다. 인간은 환경지능과 함께 고도화되고, 이런 인간과 인간이 개인적인 차원의 문제를 넘어 사회와 인류 전체의 문제에 관심을 가질 때 인간은 새로운 차원으로 들어설 수 있게 될 것이다. 이러한 환경지성은 동정심, 타인에 대한 배려와 관용으로 늘 나에게나 주변 모든 사람에게 선한 마음을 갖도록 유도할 것이다.

제4차 산업혁명은 다양한 환경·사물 센서, 빅데이터 기반 기계 학습과 깊은 학습을 한 인공지능, 사물인터넷, VR·AR 등의 기술발전을 통해 스마트 팩토리, 스마트 홈, 스마트 시티, 스마트 헬스케어 시스템을 구축하게 될 것이다. 단순히 인공지능을 탑재한 로봇뿐 아니라 인간을 둘러싼 환경 전체에 지능을 부여함으로써 생활 속의 환경지능이 구축될 수 있을 것이다. 이러한 환경지능은 인간의 능력을 무한히 확장시켜 새로운 인간의 가능성을 열어줄 것이다. 이렇게 또 하나의 뇌surrogate brain를 빌려 쓸 수 있는 환경지능은 벌써 새로운 지성혁명을 예고하고 있다.

지성혁명 시대에서는 데이터 전송의 속도가 무엇보다 중요해졌다. 자율주행 자동차의 운행이 눈앞에 다가온 지금 5G의 데이터전송 속도는 설 때 서고 갈 때 가는, 신호 안전에 대한 기능정밀도를 좌우하기에 그 중요성이 더해진다. 생산현장에서도 통신과 생산공정 작동의 속도는 통신속도에 좌우되어 마찬가지로 중요하다. 현재 가장 빠른 통신은 광케이블Full Fiber Broadband이다. 그 전송속도는 1Gbps(1,000Mbps)다. 2030년에는 이것도 구닥다리가 되어 새로운 광케이블 기술에 밀려날 것이다. 한 예로 Virgin Media는 새로운 타입의 광케이블로 10배 빠른 10Gbps를 선보이고 있다. 앞으로는 1,000배 빠른 1Tbps(Terabits per second, 1,000Gbps)속도의 광케이블로 더 빠르게 대체될 것으로 기대된다.

환경지능 모바일 정보기술은 2030년에 이르러 80억 인구의 마음가짐까지 변화시킬 수 있다고 한다. 더 많은 사람에게 행복감도 증진시킬 수 있을 것이다. 누구나 손쉽게 헬스케어를 받을 수 있을 뿐 아니라 멘탈 헬스케어 서비스까지 받을 수 있는 플랫폼이 내 몸 안에 있어 멘탈 웰빙의 시대를 살아가게 될 것이다. 또 정확한 데이터에 기반한 사회적 건강지수와 행복지수를 알 수 있어 실효성 있는 국가 정책의 도입이 가능하다.

빅데이터로 스스로 깊은 학습을 한 인공지능은 사람처럼 보고, 듣고, 말하고, 생각해내고, 응대하여 개인의 심리상담과 디지털 멘탈 헬스 테라피스트Therapist 역할을 할 것이다. 이것은 손안의 주치의와 웨어러블 바이오 센서와 같은 환경 모니터링 근접 센서들, 빅데이터로 자율학습, 음성인식, 상황 인지 파악 기능이 발달하여 작동한 결과다.

디지털 헬스케어 플랫폼은 사람들이 쉽게 접근하여 사용할 수 있으며, 언제나 우리생활 가까이에 있을 것이다. 양질의 진료를 값싸고, 필요한 시간에 편리하게 이용할 수 있게 한다. 인공지능 의사는 워낙 많은 데이터와 정보를 가지고 진찰하기에 오진율이 낮고, 더 정확한 진단을 할 수 있어 인류를 많은 병으로부터의 고통에서 벗어나게 해 줄 것이다. 또 웨어러블 생체 정보 모니터링 시스템은 인공지능 의사의 진단으로 내가 아프다는 것을 알기도 전에 아프다고 알려 줄 것이다.

이것이 맞춤형 의료서비스가 시작되는 지점이다. 이는 특히 현대사회에서 늘어나고 있는 우울증 환자나 여러 정신질환 환자의 정신건강을 지켜 나가는 데 큰 도움이 되고 있다. 환자의 주기적인 행동패턴이나 주고받은 문자, 동선을 종합적으로 분석해서 환자의 정신 상태를 파악하는 손안의 인공지능 주치의 역할을 하게 하여 제때에 필요한 치료를 받을 수 있는 서비스를 제공한다. 이런 좋은 점이 있는 반면 생활 주변에 온통 센서가 달려 있어 일거수일투족을 체크당하여 미래는 개인의 프라이버시를 포기하고 살아야 할지도 모른다. 코로나바이러스가 창궐할 때 우리는 이미 정보기술의 밀착감시를 받아들임으로써 민주사회에서 철저히 지켜온 프라이버시 보호에 대한 사회적 합의를 훼손시킨 바 있다.

이러한 디지털헬스케어 시스템 서비스는 부자에게만 제공되지 않고, 누구에게나 열리고 있다. 이 플랫폼 덕분에 누구나 자신의 재정상태, 사회적 위치, 인간관계, 환경, 성격이나 정신건강과 감성 등을 종합해서 인공지능 멘토가 노후를 준비할 수 있게 도와줄 것이다.

환경지능은 VR·AR과 결합되어 당신의 인생을 더 선하게, 더 도덕적으로, 더 건강하게 살도록 도와줄 것이다. 어디를 가든 나에게 맞는 필요한 정보를 주는 것이 환경지능이다. 긍정적으로만 사용된다면 항상 필링 굿! 상쾌하고 즐거운 일을 하고, 좋을 일만 할 가능성이 늘어난다. 이렇게 하여 정신적 웰빙 사회를 만들어갈 수 있게 된다.

결국 나는 주위 사람들과 연결되어 있어 행동하고, 판단하고, 비교하며 정신적, 신체적으로 성장하게 된다. 사회는 이러한 사람이 많게 되어 더 나은 사회로 나아가는 것이다. 또 날마다 공부하는 세상을 열어갈 수도 있으며 개인의 능력과 창의성을 최대한 발휘할 수 있는 사회가 될 것이다. 개인의 능력과 특성에 맞춰 지능적으로 콘텐츠와 서비스를 제공해 편리하고 효율적으로 학습효과를 높일 수 있는 맞춤형 스마트러닝이 가능해진다. 이러한 결과 개인간의 격차가 확 줄어 더 평등한 사회로 발전할 수 있다. 결국은 인류가 오랫동안 소망했던 평등사회 구현을 과학기술이 실현하게 된 것이다. 천재와 심지어 일상생활을 영위하기에도 힘든 부족한 사람의 격차를 줄여 줄 가능성이 열리는 사회가 될 수 있다.

그러나 환경지능을 통해 실제와 가상을 넘나들며 살다보면 혼돈의 늪에 빠져 나를 잃어버리는 오류에 빠질 수 있는 점을 경계해야 한다. '또 하나의 뇌Surrogate Brain'가 생체 뇌와 함께 판단하고 행동하게 함으로써 생체 뇌의 타고난 지능과 정신적 능력이 점점 퇴보할 수 있는 위험도 존재한다.

앞으로는 인공혈액이 개발되어 혈액부족이나 수혈로 인해 생기는 문제를 해결할 전망이다. 또 바이오 칩의 인체이식으로 중추신경 마비로 고통받는 환자들의 의식을 읽어서 기계나 인체의 신경계에 작동시킴으로써 고통을 덜어주고 신체적 활동도 가능하게 할 수 있다. 더 나아가서 인간과 기계, 인간과 컴퓨터의 융합이 가능해진다. 인간 두뇌의 지식 저장과 활용이 무한히 확대되어 인류의 지식정보 창고는 엄청나게 커진다. 인간의 뇌에 마이크로 칩을 이식하여 기억능력을 확장시켜 감은 물론이고, 많은 육체적·정신적 장애를 극복할 수 있게 된다. 미국의 육군은 2025년에 병사들의 집중도를 더 높이고, 위기 상황에 더 빠르게 대처할 수 있도록 뇌를 전기신호로 자극할 모종의 연구와 실행 계획을 세우고 있다. 사람의 뇌에 컴퓨터와 연결시키는 브레인 임플란트에 관한 기술도 빠르게 발전하고 있다. 한 예로 현재까지 15만 명 이상의 파킨슨병 환자에게 전극을 이식, 딥 브레인 자극을 주어 치료하고 있다.

또 가까운 미래에 새처럼 좋은 시력을 가질 수 있도록 바이오닉 아이Bionic Eye 개발도 가까워지고 있다. 인공와우란 달팽이관에 전극

이식을 통해 소리를 전기신호로 바꿔 뇌에 전달하는 장치로 청력장애를 해소하는 기술이다. 현재에도 30만 명 이상의 청력장애인이 이 혜택을 받고 있으며, 앞으로는 인공와우 기술을 훌쩍 뛰어넘는 새로운 기술이 실현되어 장애를 거의 완벽하게 해결할 날이 멀지 않았다. 더 나아가 일반인들도 고주파수대를 들을 수 있는 수퍼 청력을 꿈꾸고 있다.

실리콘밸리와 미 국방성에서는 현재 사람의 뇌와 컴퓨터의 인터페이스에 대해 많은 연구와 투자가 이루어지고 있다. 인간 뇌의 뉴런 활동을 읽어내서 기계와 연결하게 되면 기계가 뇌 신경계 안에서 내 몸의 일부처럼 움직일 수 있게 된다. 이러한 뉴로테크놀로지 NeuroTechnology는 인간 뇌의 구조를 완전히 이해해야 온전한 기술을 구현할 수 있을 것이다. 뉴런과 시냅스의 활동 패턴을 밝힘으로써 인간 뇌의 수수께끼를 푸는 데 도움이 된다. 수 년 내에 인간 뇌와 소통할 수 있는 기술이 열릴 것으로 예상된다.

심지어 텔레파시로 소통하고, 기계와도 소통하는 초인간을 꿈꾸고 있을 정도다. 페이스북은 인간이 생각하는 것을 텍스트로 만들어 내는 연구를 진행하고 있다. 일론 머스크는 인간이 인공지능 시대에 살아남기 위해서는 인간 뇌의 업그레이드를 목표로 한 뉴럴링크 Neuralink사를 설립했다.

인공지능 디지털플랫폼은 어느 도시나 사회에서 구성원에게 제공해 줄 수 있는 가능한 모든 서비스와 필요한 일자리를 모두 노출시켜 보여줌으로써 시민 누구나 쓸 수 있고, 누구나 하고 싶은 일을 찾아 나설 수 있게 한다. 미래에는 현재의 일자리가 많이 사라질 것으로 예상되지만, 디지털플랫폼 속에서는 새로운 일자리가 넘쳐날 것이다. 이 플랫폼을 한 도시의 모든 시민을 상대로 만들면 그 도시의 사회적 일자리 인프라가 되고, 특정한 부류의 시민사회에 만들면 그 커뮤니티의 내부 인프라가 된다.

이 인프라 상에 가용한 모든 정보가 공개되므로 필요한 정보나 자산을 유용하게 쓸 수 있고, 사회가 투명해진다. 앞으로 국가를 포함한 모든 조직은 이런 디지털 인프라스트럭처를 어떻게 구축하느냐가 미래 경쟁력의 관건이 된다. 이를 통해 경제를 더 빠르게 기그gig 경제화하며, 이를 더욱 더 가속화시킬 것이다. 기그 경제에서는 노동의 유연성과 안정성이 조화를 이뤄 경영의 유연성을 부여받게 된다. 이러한 경제 체제하에서는 정규직은 없고, 모든 사람이 임시직으로 일한다. 필요할 때마다 필요한 사람과 계약을 맺고 고용하며 그 시간 일하는 동안에는 정규직이기도 하다. 기그gig 경제는 절대 빈곤층을 줄이는 데 크게 기여하고, 중산층을 더 키우는 역할도 할 것이다. 효율적인 일자리 제공과 생산성 증가를 통해서 어느 나라에서나 중산층을 더 두텁게 만드는 순기능을 할 것이고, 현대사회에서 부의 양극화를 줄이는 데도 일조를 하게 된다.

1930년대 영국의 정치가 F. E. 스미스(Smith, 1872~1930)는 1백년 뒤 회춘약rejuvination이 개발되어 '건강나이 130'을 유지하고, 암을 정복하고, 평균 수명도 150세까지 연장되리라고 예측했다. 그는 노령 인구의 증가로 인한 사회적 갈등이 초래될 수 있다고 봤다. 왕성한 체력과 경영, 경쟁력 등을 지닌 120세 노인과 파릇파릇한 20대 청년이 함께 경쟁하는 사회가 되어 세대간의 불평등 문제가 확대될 것으로 봤다. 노동시간도 1주일에 16~24시간으로 줄어들고, 자동화로 노동생산성이 높아져 1주일에 2~3일만 일해도 충분한 수입이 보장될 것이라고 했다. 하지만 수퍼지능 기계에 의지하는 사람은 쉬운 일만 하게 되어 마침내 무능력자로 전락하고, 빈둥빈둥 놀고먹는 지경에 이를 것이라고 경고도 했다.

2020년은 2천년 들어 두 번째의 10년이다. 또 다른 10년인 2030년을 바라보며 공학 혁명의 시간을 생각하며 일어날 일에 대해 예측하고, 대비할 때다. 글로벌 네트워킹이 더 진전되고, 고령사회 진입으로 인구 구조와 역할에 변화가 일어날 것이다. 2030년이면 인류의 평균 수명이 90세 이상이 되고, 초연결사회로 바뀌며 빅데이터와 인공지능이 일상화할 것이다. 각 분야마다 의미있는 데이터를 어떤 알고리즘으로 처리하느냐에 따라서 일부 그룹은 앞선 정보로 큰 혜택을 보고, 일부 그룹은 소외될 수도 있는 위험성이 존재한다. 나라고 예외일 수 없다.

CCTV와 소셜미디어를 통해 언제, 어디서나 가리지 않고 나의 행동 전반이 데이터로 잡히기에 개인의 사생활은 포기해야 할지도 모른다. 웨어러블 바이오 모니터링은 내가 어떤 행위로 더 흥분되고, 행복감을 느끼고, 더 기뻐하고 슬퍼했는지조차 파악할 수 있어서다. 이러한 엄청난 데이터의 홍수 속에서 결국 어떤 그룹이 데이터마이닝을 하느냐에 따라 다른 결과를 보일 수도 있다.

그런 점에서 빅데이터와 데이터 알고리즘의 운영에 관여하는 기관과 사람의 공정성과 투명성이 전제되어야 건전한 사회로 나갈 수 있다. 투명성이 담보되지 않고는 살아남지 못할 것이다.

AI 헬스케어 플랫폼, 호스피털에서 홈스피털로

AI 기반 디지털헬스케어 플랫폼 서비스 시스템은 일반인들이 인공지능 닥터에 접근하여 언제나 자신의 질병이나 건강상태를 상담할 수 있으며, 지놈 데이터나 병 이력을 입력함으로써 개인 맞춤형으로 최상의 치료나 헬스케어 서비스, 질병예방과 건강증진 프로그램 등을 제공받는다.

본인의 몸에 이상이 있을 때 이 플랫폼에 접근하여 자신의 건강 상태를 입력하면 인공지능 닥터는 병의 원인이 어디에서 왔는지, 개인 병 이력이나 지역사회의 유사한 병 이력, 이 병을 쉽게 일으키는 지놈 데이터 등 모든 자료를 살펴서 인공지능 의사의 진단 결과를 바탕으로 주치의로부터 처방을 내리게 되며, 이 처방전은 인터넷을 통해서 환자 개인에게 전송된다. 병원에 가지 않고서도 치료를 받을 수 있는 재택 진료 시스템으로써 처치를 바로 받을 수 있고, 특별히 병원에 가야 할 경우를 제외하고는 다 온라인 진료로 끝낼 수 있다.

많은 국민이 이 헬스케어 플랫폼 안에 들어와 있어 한 지역에서 어떤 인플루엔자와 같은 감염병이 돌면 곧바로 집단 발병인지, 개인의 발병인지를 확인할 수 있게 된다. 인공지능 닥터가 판단하여 전문 의료기관에 치료를 받아야 할 필요가 있을 때는 최적의 의료기관을 추천해 주며, 인공지능 주치의의 진단 결과와 함께 추천해 주는 2차 진료기관에서 치료를 받을 수 있게 된다. 인공지능 닥터는 빅데이터 기반의 기계학습을 통해 만들어진 것으로 환자가 사용할수록 데이터가 축적되고 학습되어, 인공지능 닥터의 진료 수준은 올라가고 모든 치료와 결과가 빅데이터로 다시 수집되고 AI가 학습하여 점점 똑똑해지고 명의가 된다.

AI 기반 디지털 헬스케어 플랫폼은 미래의 AI 기반 문진의 Concierge Medicine 역할을 해서 누구나 필요할 때 언제, 어디서나 상담이 가능하다. 병을 찾아낼 뿐 아니라 정신건강, 심리상담 등을 하여 결국 모든 개인이 주치의나 전속 상담사를 두고 사는 것과 똑같은 효과를 볼 수 있을 것이다. 국가적으로도 질병예방과 국민건강 증진을 위한 공공 의료시스템으로 나아갈 것으로 예상된다. 특히 2030년 이후 베이비 부머 세대의 의료수요가 폭발적으로 늘어날 것에 대비한 미래 재택진료 플랫폼이다. 이 플랫폼은 국가 총의료비 감소와 건강보험체제의 보호에도 크게 기여할 것으로 기대된다. 계속 치솟고 있는 의료보험비의 개선도 기대할 수 있다. 의료행위의 빅데이터 수집과 공동 활용을 통해서 개인별 미래 맞춤형 헬스케어를 제공하기 위해서는 이러한 AI 기반 디지털플랫폼 헬스케어 시스템 운용을 위한 국가차원의 운영체제 수립이 필요하다.

개인의 유전자 정보를 가진 지놈을 해독하면 개인이 갖는 DNA 특성에 맞는 맞춤형 치료가 가능해진다. 이를 위해서는 개인의 DNA 정보를 수집해야 한다. 많은 사람의 유전자 정보를 수집하여 빅데이터 기술로 해석하고, 이를 AI가 학습하여 개인 DNA정보와 비교하여 정밀의학을 제공해 줄 수 있다. 유전자 정보와 의학정보를 이용해서 암이나 당뇨, 고혈압, 치매 같은 질병 치료를 개인맞춤형으로 제공해 줄 수 있다. 이를 위해서는 의료 빅데이터 구축이 선행돼야 한다. 미국에서는 100만 명의 유전자 정보를 수집하고 있으며, 핀란드도 인구의 10%에 해당하는 50만 명의 지놈 데이터를 수집하여 빅데이터 처리로 인공지능이 학습해서 암이나 치매와 같은 질환의 개인에 따른 발생 예측, 시기, 신약개발, 개인별 건강관리 등의 맞춤형 정밀의학을 제공해 줄 준비를 착착 진행하며, 실험해 가고 있다.

이러한 시스템이 도입되면 대규모 병원들도 엄청난 변화 앞에 설 것이다. 그 원동력은 AI 플랫폼 베이스 헬스케어 시스템에 의해 재택진료가 일반화됨으로써 호스피털Hospital이 아닌 홈스피털HomeSpital 시대가 열릴 것이다. 미래에는 아주 작은 로봇이 수술을 맡음으로써 큰 외과수술이 대폭 줄 것이다. 생체조직 프린팅Bioprinted organ도 흔해져 장기기증을 기다리다 죽는 환자도 줄어들 것이다.

코로나바이러스의 창궐로 국가간의 이동제한이 시행됨에 따라 각국에서는 보건의료 관련 제품과 서비스개발에 더 관심을 갖게 됐다. 특히 바이오 의료기기, 의약품 등의 생산과 의료진의 개인보호장비도 자국내 생산의 중요성을 깨닫게 됐다. 이런 상황에서 우리나라는 바이오 헬스산업, 바이오 의학, 바이오 의료서비스 분야에서 무한한 가능성을 보여주었다. 코로나바이러스 진단기기, 진단시약을 신속하게 개발하고 생산하는 데도 빛을 발했다. 미래에는 음주측정기와 같은 형태의 정밀기계가 코로나바이러스 같은 세균이나 미생물에 감염되었는지를 판단해주고, 해로운 화학성분의 노출까지도 알려줄 것이다. 코로나바이러스 팬데믹은 고위험군 전염병 발생에 대한 국가차원의 대응체계를 마련할 '질병경제학'의 부각을 예고하고 있다.

제5부

창조하고 발명하라

1
제조와 변형

대영제국을 부른 제조업   스페인은 16세기까지 필리핀, 아메리카 대륙, 유럽 대부분을 점령하고, 5대양을 누비며 '해가 지지 않는 나라'로 불렸고, 세계의 패권을 유지했다. 국력이 스페인에 비해 월등하게 열세였던 영국이 1588년 칼레 해전에서 스페인의 무적함대를 격파했다. 영국은 지상군의 절대적 열세를 만회할 해군력 증강에 집중하여 스페인의 무적함대에 대적할 기동력이 높은 배의 제조, 값비싼 청동 대포를 대체할 주철 대포를 개발했다. 더 빠르고 기동력이 출중한 배를 디자인했고, 대포의 재질을 청동에서 주철로 대체하면서 더 싸게 대량으로 생산할 수 있었다. 대포의 화약 성능도 대폭 향상시켰다. 스페인이 한 발 쏘면 영국은 두세 발을 쏠 수 있는 신속성, 가볍지만 사정거리가 긴 포탄을 개발했다. 강한 화력에 기동력이 우수한 전함으로 세계 최강 스페인 함대를 칼레 해전에서 무찔렀다. '혁신'이 이긴 것이다. 이 전투로 16세기 이전까지 변방이었던 유럽의 조그만 섬나라 영국은 해상 무역 강국이 되고, 대영제국으로 가는 발판을 마련했다.

혁신 DNA는 산업으로 이어져 18세기에는 제1차 산업혁명을 이끌어 냈다. 그 덕분에 19세기에는 전 세계 산업생산의 절반 이상을 영국 제조업이 차지하기 시작했다. 이에 힘입어 영국은 세계 경제의 중심이 되어 해가지지 않는 대영제국을 건설했다. 그 원동력은 제조업이었다. 제조업은 스스로 진화하고 혁신하며 발전해 왔다. 1775년 영국의 제임스 와트의 증기기관 동력이 생기자 가내 수공업형태의 산업생산에서 공장 개념을 탄생시켰다. 이 과정에서 당시 최대 부국인 청나라보다 생산성이 200배 이상 향상되어 세계 최대 부국의 토대를 마련했다. 제조업은 1980년대 이후 산업 전 분야에서 또 다시 혁신하여 반도체·전기통신·정밀화학·바이오·우주항공에 이르기까지 고도의 정보통신 기술과 과학기술을 접목한 스마트제조업으로 진화해 가고 있다.

경제성장의 원동력인 생산성 증가와 기술혁신이 제조업에서 일어나면 그 파급효과가 매우 크다. 특히 제조업의 생산 공정과 창조적 제품 분야에서의 기술혁신은 산업의 부가가치를 높여 국가의 부를 창출하기도 하지만 새로운 세상을 열기도 한다. 국제무역에서 이뤄지는 교역재와 우리의 삶의 근간을 이루는 재화의 대부분은 제조업 제품이다. 일상의 삶에서 시작하여 세상을 바꾸는 것도 제조업에서 비롯된다. 제조업이 튼튼해야 생산성 높은 서비스업도 지속가능하게 발전한다.

제조업이 터를 닦아놓으면 정보 서비스, 연구개발, 디자인, 마케팅, 법률 서비스, 물류 같은 전문기술 서비스가 결합하여 생산성과 부가가치를 높여갈 수 있다. 제조업이 서비스와 결합하여 토털 솔루션

제공자로 변신하기도 한다. 솔루션 비즈니스가 기업 사이에서 핫이슈로 떠오른 배경에는 기업간 혹은 산업간 융합이라는 혁신적 경제 트렌드가 저변에 깔려 있다. 지금은 경쟁이 첨예해져 세계적으로 산업 전 분야가 공급과잉 경제가 됨으로써 유사 제품이 넘쳐나고, 독창적인 제품의 출현이 어려워졌다. 변화의 속도도 빨라져 소비자의 다양한 욕구를 충족하기 어려워졌다. 솔루션 비즈니스는 이러한 상황을 돌파하기 위한 사업으로 부상하여 제품의 단순한 판매에서 그치지 않고, 지속적으로 새로운 서비스를 제공하는 플랫폼 경제로 나아가고 있다.

ZARA의 초스피드 생산 출시

디자인	제조	배송	전 세계 매장 진열
- 패션 트랜드 분석과 매장과 시장의 빅데이터 분석 - 매달 1,000개의 새로운 디자인 생성	- 총생산의 60%는 자체 생산하거나 근처 국가에서 제조 - 40%는 전 세계의 경쟁력 있는 곳에서 생산	- 중앙집중식 재고관리 - 매장 매니저는 Zara 본부에 필요한 제품과 수량을 요청 - 코트는 한 디자인에 25,000벌만 제작	- 일주일에 2번씩 새로운 제품 도착 - 디자인 채택 후 25일 만에 매장에 전시

그 사례로 의류 회사 자라ZARA를 들 수 있다. 자라는 스페인에 본거지를 둔 패스트 패션 또는 SPA(Speciality retailer of Private label Appral) 브랜드이며, 창업주 아만시오 오르테라 회장은 세계 최고 부자다. 자라의 디자이너는 빅데이터를 근거로 인공지능이 분석한 패션 트렌드와

소비자의 구매 성향을 파악하여 한 달에 1천 개 이상의 새로운 디자인을 내놓는다. 이것을 생산 데이터로 변환하여, 최근 급속하게 발전한 정보기술로 제조 현장에 보내 곧바로 생산에 들어간다. 패션 트렌드와 판매의 빅데이터 자료로 세계 각국에서 팔리는 아이템의 소비 트렌드와 수요를 예측하여 1주일에 두 번씩 새로운 제품을 매장에 선보인다. 25일이면 디자이너의 생각이 맨해튼이나 서울의 자라 매장에 현지 트렌드에 맞는 신상품으로 전시된다. 이 모든 것이 가능한 것은 디자인, 생산기획, 제조, 물류, 판매가 자라 플랫폼상에서 빅데이터에 기반한 인공지능이 큰 역할을 하기 때문이다.

인공지능 디지털플랫폼 혁신이 가져올 2030

연도	2020~2025	2025~2030
산업	· 스마트공장·스피드공장. 도심형 공장 확산 · 콘텍스트 기반 소비자 맞춤 생산 MadeforMe · 스마트 그리드 · 산업의 경계를 허무는 새로운 디지털플랫폼 등장 · 드론과 빅데이터를 농업에 도입	· 빅데이터, 클라우드 활용 AI 기반 혁신 플랫폼 등장. 새로운 서비스 제공 · MadeforMe의 대중화 · AI·지능형 로봇 기초한 무인생산, 무인배달 실현 · 새로운 AI 디지털플랫폼의 출현으로 산업 재편
헬스케어	· 건강 상시 모니터링 서비스 제공 · 개인 맞춤형 신약 개발 · 이종장기/인공장기 이식 확산 · AI 의사 활용(Concierge medicine) · 원격진료/재택진료의 확산 · AI 심리상담 · 수술 로봇, 간호 보조 로봇	· 노화방지 의료 서비스 보편화 · DNA 기반 맞춤형 질병 관리 · 개인별 맞춤형 예방의학 확산 · 디지털 의료기기의 확산과 재택진료 고도화 · AI 로봇의 가정 활용 확산
교통	· 운전보조 자율주행 · 이동수단과 결합한 콘텐츠 산업 확대 · 드론 택시 등 이동수단 다양화 · Flying car의 등장 · VR/AR 연계 텔레워크 상용 · VR 세계여행 실현 · 무인·무접촉 배달	· 자율주행자동차 보편화 · 교통사고 대폭 감소 · 이동 수단과 결합한 융합 콘텐츠 산업 고도화 · 음속 수준으로 달리는 초고속 육상 교통 수단 등장(하이퍼루프)

현대의 제조업은 제조업이냐, 서비스업이냐, 정보기술 사업이냐를 분리하는 것이 무의미해졌다. 특히 정보기술은 생산과 소비의 시점과 거리를 좁혀 놓았고, 이전의 산업분류에 포함되지 않는 새로운 산업을 낳았다. 지식정보산업을 3차 산업과 떼어 4차 산업으로 갈래 짓고 문화콘텐츠를 생산하는 오락·패션·레저산업을 5차 산업으로 이름붙이는 경우도 있다. 주목할 점은 1, 2차 산업에 서비스를 융합하여 1.5차 산업, 2.5차 산업이라는 말이 생길만큼 같은 산업 안에서 혹은 다른 산업끼리 밀착하거나 융합하는 경향이다.

2030년에는 인공지능을 비롯한 ICT기술의 성능이 더욱 발전하여 제조업의 디지털혁신과 맞물려 스마트공장이 선진국·후진국을 가리지 않고 우리 생활의 터전인 마을이나 도시로 옮겨올 것이다. 이것이 가능한 것은 기술발전으로 스마트 공장의 고임금 노동생산성이 저임금 국가의 노동생산성보다 높아져서다.

고도의 자동화와 초연결에 기반을 둔 스마트공장은 산업단지와 같은 입지요인에 대한 의존도를 줄여 도심에까지 제조업이 가능하게 바꿀 수 있다. '규모의 경제' 효과도 감소하여 생산시설도 줄일 수 있어 더 유연한 제조가 가능하다. 지역을 넘어 글로벌 차원의 네트워크로 확대하기에도 수월하다. 센서 기술과 실시간 데이터의 활용을 통해 원격으로 생산과정의 최적화를 이룰 수 있어서다. 또 청정 생산으로 환경부하를 줄여나갈 수 있다. 도시 근교에 지역특성에 맞는 제조업 생태계 구축으로 물류서비스의 혁신도 가능할 것이다.

코로나바이러스 팬데믹은 각국의 무역장벽을 높여 세계화의 역행을 불러오고 있다. 세계화는 자본, 사람, 물건이 마음대로 들고날 수 있어야 하는데 이를 제한하여 글로벌 공급망global supply chain에 제동이 걸렸다. 특히 세계의 공장 역할을 하면서 무게중심이 중국으로 쏠렸던 글로벌 공급망이 이번 사태로 많이 약화될 수 있으며 큰 변화를 가져올 것이다.

중국 주도의 글로벌 공급망의 약화는 중국 경제의 추락과 국력쇠퇴로 이어질 수 있어 중국은 제조업의 생산활동을 다시 자국으로 회귀하기 위한 노력을 기울이고 있다. 코로나바이러스 팬데믹 이후 제4차 산업혁명 분야에서 우위를 점령하고 있는 국가 기간산업의 전략적 위치 강화를 위해서 국가 차원의 노력을 기울이고 있다. 특히 바이오 의학, 전자·정보산업, 5G, LED 등에서 세계 공급망 지배전략을 모색하고 있다.

2
미래의 제조업

초연결사회와 선진제조업의 시대

시계, 텔레비전, 냉장고, 커피, 빵, 칫솔, 치약, 옷, 신발, 가방, 버스, 스마트폰, 이런 것의 공통점은 무엇일까. 모두 1·2차 산업에서 생산된 인류의 필수품으로써 제조업 제품이다. 먹고, 입고, 자는 것에서부터 자동차나 스마트폰과 같은 것에 이르기까지 우리가 매일 사용하는 대부분의 물건은 제조업에서 생산된 것이다.

산업혁명을 좁게 보자면 이러한 물품을 생산하는 제조업 혁명이었다. 생산공장이 탄생하면서 제조업 중심의 산업사회로 재편되어서다. 산업혁명 이후 계속된 생산성 향상의 노력은 1911년 테일러(Taylor, 1856-1915)의 과학적 관리법으로 잘 집약됐다. 테일러는 제조공정에 대한 과학적 연구로 작업 방식을 표준화하여 효율성을 높이고, 노동자의 작업여건을 개선하여 노동생산성을 높이는 방안을 연구했다. 이때까지는 급증하는 수요보다 공급이 턱없이 부족해서 제조업의 관심은 오직 생산성 향상에 초점이 맞춰졌다. 따라서 사회도 만드는 자가 강한 자이고, 국가도 제조업이 발전한 국가가 세계를 제패해 갔다. 대부분의 서비스업이 개인의 능력에 의존한다면 제조업은 시스템에 의존한다. 때로는 제조업이 스스로 시스템을 창출하기도 한다. 사람은 가도 시스템은 남는다. 이러한 시스템은 사회 전반에 영향을 미친다. 산업과 산업, 산업과 시장, 사람과 시장, 사람과 사람을 연결하며 그 범위를 넓혀간다.

산업혁명 시기 대규모 섬유공장이 생겨나자 의식주를 해결할 수 있는 시장이 필요했고 교육, 교통 등을 비롯한 많은 사회 인프라와 서비스산업이 생겨나게 됐다. 즉 제조업의 발전은 한 개인, 한 분야에 그치지 않고 사회 전반에 영향을 미치며 그 사회를 제조업 중심으로 혁신했다. 제조업은 한 개인의 이익이 아니라 사회 전체의 이익으로 환원되고, 그 파급효과도 컸다. 제조업의 파급효과는 서비스산업의 그것보다 훨씬 크다는 것이 역사적으로 입증됐다.

미국 미시간 대학의 한 보고서에 따르면 제조업의 일자리 하나가 서비스 산업에서 6개 이상의 파생적인 일자리를 창출한다고 보고했다. 현대경제연구원에서 실시한 연구도 이와 비슷한 결과를 내놓았다. 이 연구에 따르면 우리나라에서 제조업으로 유발되는 파생고용인원은 취업인원 1명당 2.4명이다. 제조업의 간접취업유발률은 약 240%에 이른다. 반면 서비스업은 43%에 그친다. 제조업을 통해서 생산이 이루어지면 물류, 보험, 디자인, 광고, 마케팅, 법률서비스 등의 파생분야에서 고용이 발생되고 제품을 판매하여 소득이 창출된다. 이것이 다시 노동자의 임금으로 전환되면서 가계소득으로 이어진다. 가계는 벌어들인 소득을 통해 방송, 통신, 물류, 보험, 금융, 교육, 의료, 여가 등의 서비스를 소비하게 된다. 그런 점에서 제조업은 경제성장과 일자리 창출에서 좋은 효과를 가져오는 선순환의 출발점이며, 제조업의 혁신은 다른 어떤 분야보다 파급효과가 크다.

국가 차원에서 실업을 해소하기 위한 일자리 창출은 제조업이 번성할 때 가장 효과적이다. 일자리는 기업이 만들 때 지속가능하다. 특히 제조업에서 만들어진 일자리는 지속가능한 서비스산업으로의 파급효과도 크다. 제조업이 활성화된 사회에서는 완전고용 상태가 이루어진다는 것을 2019년 미국과 일본이 보여주었다.

다시 꽃피는 제조업　제조업은 선진국에서 별 재미를 보기 어렵다고 한다. 왜냐하면 제조업으로 이윤을 내려면 값싼 노동력이 있어야 한다고 생각해서다. 제조업은 원료를 가공하므로 값싼 원료와 값싼 노동력을 이용하면 수익을 극대화시킬 수 있다. 하지만 원료를 통한 원가절감은 일정 부분 한계가 있다. 반면 노동임금을 줄임으로써 이윤을 높일 수 있을 것이다. 우리나라가 세계 10위권대의 경제대국으로 성장할 수 있었던 원동력은 제조업이었다. 값싸고 질좋은 노동력을 이용하여 경쟁력 있는 제품을 만들어 세계로 수출했다. 이 과정에서 열악한 노동환경과 낮은 임금으로 노동자의 희생은 컸다.

그러한 희생을 바탕으로 상당 기간 높은 국제경쟁력을 유지할 수 있었고, 한강의 기적은 이루어졌다. 이제 기업은 값싼 노동력을 찾아 해외로 떠돌고 있다. 우리가 입는 옷을 비롯한 일상용품의 대부분이 중국, 베트남, 인도네시아 등의 동남아에서 생산되는 이유는 여기에 있다. 그러니 개발도상국이나 후진국과 같이 인건비가 낮은 나라에

제조업이 어울린다고 생각하는 것도 무리는 아닌 것이다. 그래서 일부 경제계 인사는 우리나라도 이제는 금융, 교육, 의료, 관광 등과 같은 부가가치가 높은 서비스산업을 발전시켜야 한다고 주장한다.

그렇다면 제조업도 서비스산업도 불가능하다면 우리나라의 비전을 어디에서 찾을 수 있는 것일까. 선진산업이어야 한다. 선진산업은 선진제조업이 가장 중요한 부분이고 여기에 디자인, 소프트웨어, 위성통신, 헬스케어 등의 선진서비스산업으로 구성된다. 앞에서 설명한 바와 같이 제조업은 높은 부가가치를 얻을 수 있고, 직접고용은 물론 간접고용까지 창출하며 많은 일자리를 만들어 제조업의 혁신은 그 파급효과가 서비스 산업과 비교가 되지 않는다.

그렇다고 해서 1970년대식의 낮은 임금에 의존하는 제조업이 아니라 이와는 다른 새로운 유형의 선진제조업이어야 한다. 값싼 원료와 노동력을 이용하여 질좋은 상품을 생산하는 그런 제조업이 아니라 첨단기술을 기반으로 한 높은 인건비를 노동생산성으로 대체할 수 있는 스마트 제조업이어야 한다. 단가가 낮은 제품을 대량생산해서 많이 파는 제조업이 아니라 부가가치가 높은, 일류상품을 만드는 제조업이 필요하다.

선진산업은 노동자 1명당 지출하는 연구개발비가 같은 업종에서 상위 20% 이내이고, 전체 노동자 수의 20% 이상이 단순 숙련노동자가 아니고 STEM(Science, Technology, Engineering & Mathematics) 분야의 지식을 활용해서 업무를 수행하는 산업분야를 말한다. 이들 산업은 선진제조업이 70%로 가장 큰 비중을 차지하고 다음은 하이테크 서비스산업, 에너지산업, 위성항공 서비스산업 등을 포함한다. 미국의 선진산업은 지난 10여 년 동안 타 산업군보다 부가가치를 두 배 이상 올렸고, 금융 위기 이후 신규 일자리의 65% 이상을 창출했다. 지난 40년 동안 평균 임금 상승률도 다른 일반 산업분야와 비교해서 세 배 이상 높았다.

선진제조업은 경제성장의 3대 요소인 혁신, 제조기반, 원가경쟁력에서 혁신이 제조기반과 원가경쟁력을 압도하는 결과를 보여 선진국에서도 제조업을 다시 부흥시킬 수 있다. 이러한 사례로 나노기술 기반 초정밀 부품소재산업, AI기반 서비스산업, 데이터 저장고를 넘어서는 지능형 클라우드컴퓨팅, VR·AR, 산업 인터넷 기반 스마트제조업, IoT, 웨어러블기술 등을 들 수 있다.

폴더블 스마트폰의 가격은 200만 원이 넘는다. 이렇게 스마트폰이 값이 비싸진 이유는 전화도 가능하지만 카메라, 컴퓨터, TV, 게임기, 녹음기는 물론이고 단순기능이랄 수 있는 계산기, 심지어 거울까지 녹아들어 있어서다.

이런 제조업 제품은 원료나 인건비 때문에 가격이 비싼 것이 아니라 기술력 덕분이다. 이러한 제품을 기획하고, 디자인하고 소프트웨어를 만드는 데 참여하는 인력은 단순 노동자가 아니라 그 기술을 충분히 이해하고 있는 고급 전문 인력이어야 한다. 이러한 기술을 가지려면 장기적인 안목으로 미래 파급효과가 큰 연구를 지원하고, 고급기술 인력을 양성하는 국가적 정책이 마련돼야 한다.

패션산업으로 미리 보는 선진제조업　　i-Fashion이나 e-Fashion은 첨단 ICT 기술과 패션기술을 융합하여 유비쿼터스 패션, 소비자 중심의 대량

맞춤생산 패션이라는 새로운 두 영역을 융합한 것을 말한다. 선진 패션산업은 의류 패션제품의 가치사슬에서 전에는 없던 새로운 부가가치를 부여하여 ICT산업과 패션산업의 융합으로 섬유패션산업의 새로운 모델을 만들어 가고 있다. 선진 패션산업은 다양한 소비자의 개성에 맞는 독창성 있는 개별맞춤형 패션제품을 생산해 준다. 그래서 소비자

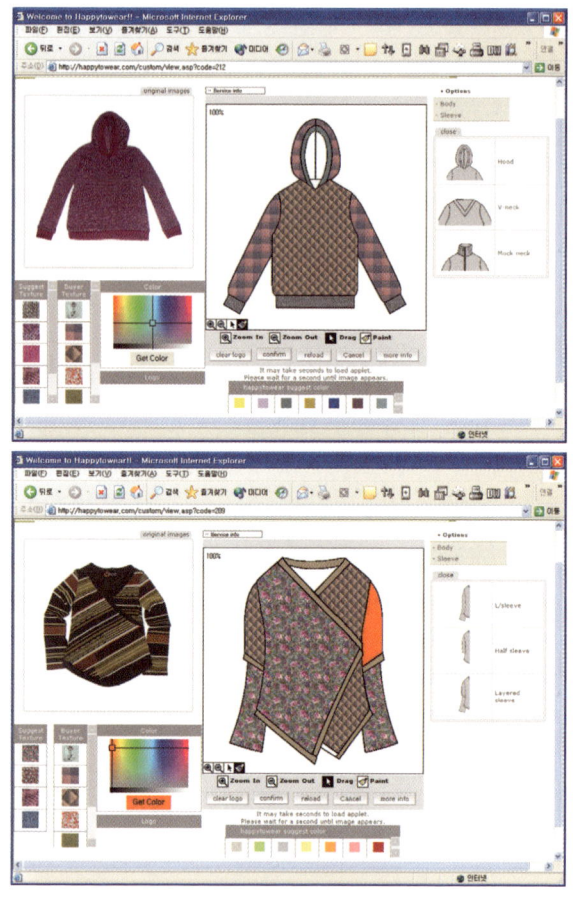

i-Fashion의 새로운 비즈니스 모델

는 자기 자신을 위해 만들어진 패션제품이라는 자부심을 갖게 된다. ICT기술과 융합된 패션산업은 '도심형 공장'이 가능하여 사라졌던 양장점이 부활, 우리 동네로 다시 돌아올 것으로 기대된다.

소비자 중심 제품이란 개성화가 강조되는 것으로 소비자가 원하는 것을 스스로 선택하고 주문하는 방식으로 기존의 생산자 중심 대량생산 제품과 구별된다. 개별맞춤형 패션제품의 경우에는 판매자가

옷의 기본 스타일과 그 스타일에 사용 가능한 몇 가지의 소재와 디자인 사양을 제시하고, 소비자는 자신의 개성을 살리는 선택을 조합해서 자신만의 옷을 만들어 주문하고 이를 도심형공장에서 개별 봉제하는 방식을 취하게 된다.

소비자의 개성을 반영한 의류의 주문·생산·판매에 있어 소비자의 선택은 대량맞춤생산이 가능한, 즉 판매자가 제시한 생산이 가능한 범위 내에서 이루어지게 되며, 이러한 개념으로 생산된 제품을 개별맞춤형 대량생산 패션제품이라 한다.

선진 패션 비즈니스는 3차원 인체측정 시스템, 가상의복 착용 시스템, 디지털텍스타일프린팅시스템, 사물인터넷 시스템 등의 여러 첨단패션 기술의 융합이 필요하다. 이미 1990년대 말부터 2차원 패션기술은 점차 3차원 패션기술로 진화됐다. 이제는 시간

의 축이 공간에 가미된 4차원 패션기술로 진화되고 있다. 우리나라는 국내의 우수한 디자인기술과 봉제기술에 ICT기반 기술을 접목시켜 세계 시장을 선도하는 개별맞춤형 대량생산 시스템의 패션시장을 이끌어갈 능력이 있다.

미국에서는 에너지성DOE에서 1993년부터 수요대응형 생산 시스템 DAMA(Demand Activated Manufacturing Architecture) 프로젝트를 지원하고 있

3차원 어패럴 CAD 시스템

다. 이 프로젝트의 주요 내용은 섬유원단의 자동검사, 재단·봉제센서 기술, 3차원 자동봉제, 수요대응형 생산 시스템 구축 등이 포함돼 있다. 이러한 사업의 결과로 Brooks Brothers사와 Levis사는 3차원 스캐너를 매장에서 소비자의 피팅과 주문에 활용하고 있으며 Lands' End사의 경우에는 3차원 맞춤으로 소비자에게 편안하고 피팅이 좋은 제품을 제공함으로써 패션제품의 매출상승과 부가가치를 높이고 있다. 이 밖에도 BenchMark사, Clothers사, Boston Manner사 등도 관련 디지털 패션기술을 활용하여 소비자 개개인의 취향과 몸에 딱 맞춰 떨어지는 패션제품을 마케팅에 활용하고 있다. 미국은 이러한 사업을 통해 섬유패션산업에서 국산품의 가치를 높이는 정책을 강력하게 추진하고 있다. 또 섬유패션산업에서 메이드인아메리카Made in America의 가치를 높이는 정책을 밀어붙여 유럽의 명품 브랜드 제품에 도전하고 있다. 트럼프 대통령은 여기에 더하여 'Buy American, Hire American' 정책으로 패션의류제품의 미국내 생산을 적극 유도하고 있다.

2017년에는 미국의 Sewbo라는 회사에서 세계 최초로 로봇을 이용한 자동봉제로 옷을 만들었다. 이것은 직물에 수지를 살짝 코팅해서 봉제해야 하는 한계가 있지만 앞으로 의류 생산에서 완전 자동봉제가 가능하다는 것을 보여준다. 사람의 손을 흉내내거나 대체할 로봇 감각의 손을 개발하려고 수십 년 동안 노력했지만 아직 별다른 성과를 거두지 못하고 있다. 인간의 손이 가지는 감각적 작동이 가능한 로봇 손이 개발된다면 노동집약적 요소를 대폭 개선할 수 있어 봉제공장이 저임금을 따라 후진국으로 이동하는 일도 없어질 것이다.

기술발전으로 3차원 인체 스캐너도 널리 보급되어 쓰이고 있다. 스

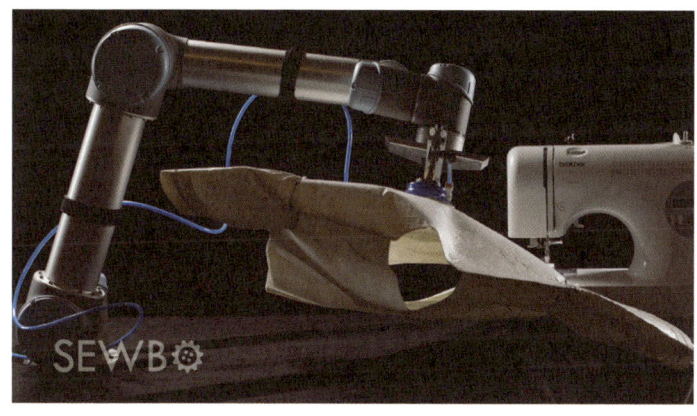

Sewbo의 자동 봉제로봇
출처 : http://www.sewbo.com

미래패션공작소. 소비자의 체형을 측정하고 소비자가 선택한 디자인의 맞춤 의복을 신속 봉제를 통해 30분 만에 만들어주는 'My Fashion Lab'의 서비스를 하고 있다.
출처 : http://news.mk.co.kr/newsRead.php?sc=30000001&year=2017&no=576698

캔방식에 따라 레이저빔이나 백색광white light을 사용하는 스캐너로 구별된다. 하지만 이런 스캐너는 옷을 벗고 측정해야 하는 단점이 있는데, 최근 고주파 마이크로웨이브를 이용하여 옷을 입은 상태로 스캔할 수 있는 인텔리핏Intellifit 시스템도 개발되어 보급되고 있다. 이 분야에서의 기술발전은 계속해서 이루어져서 지금까지 개발된 고가의 3차원 인체계측시스템이 무용지물화되고 있다. 미국의 Naked Labs 회사에서는 초소형 적외선 카메라를 이용해서 인체를 측정하는 기능을 가진 거울모양의 시스템을 개발하여 1,500달러 정도에 판매하고 있다. 현재는 스위스의 Fision사에서 개발한 'meepl 3D body scan'의 앱을 다운받으면 스마트폰으로 간단하게 인체의 3차원 계측을 본인 스스로 할 수 있다. 이 소프트웨어가 개발되어 누구나 자신의 인체 3

차원 데이터를 가정에서 쉽게 얻을 수 있게 됐다. 인체 자동계측기술은 지난 수십 년 동안 엄청난 연구자금을 투자하여 레이저기술과 마이크로웨이브 기술까지 적용하는 고가의 인체계측 장비로만 가능했으나 이제는 손안의 스마트폰으로 단박에 가능해졌다.

일본은 산업체와 대학, 연구소, 기업 간의 컨소시움을

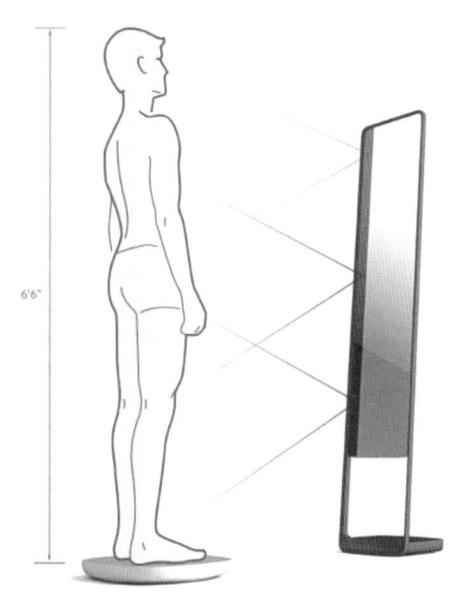

인체측정 시스템

결성하여 우수한 촉감의 패션소재, 인체 데이터의 표준화, 가상현실·증강현실을 응용한 착용모델, 네트워크로 연결된 웹상에서 제품을 공동 디자인하고 생산에서 판매까지 가능한 디지털 패션생산플랫폼 개발을 적극 추진하고 있다. 일본 유니클로사의 성공은 합성섬유 제조사인 도레이Toray 연구진의 소재개발과 유니클로사 디자인의 융합에 의한 새로운 감각과 기능성이 녹아든 패션제품의 개발로 성공한 좋은 예다.

이탈리아의 베네통, 미국의 나이키, 리바이스 등과 같은 세계적인 패션기업은 소비자의 욕구가 다양해지고 짧아지는 유행주기에 맞춰 기획, 디자인, 생산, 마케팅 등의 전 공정을 디지털 네트워크화하여 신속대응 시스템, 제품데이터관리 시스템으로 소재와 공정을 모두 연계해 디지털플랫폼상에서 전 과정이 움직이고 있다.

3차원 가상공간 응용기술   최근 전 산업 분야에 걸쳐 3차원 기반기술의 응용이 빠르게 이루어지고 있다. 이는 패션분야에 있어서도 예외가 아니다. 3차원 패션기술은 ICT 융합 패션기술의 핵심이다. 이미 3차원 어패럴CAD 시스템은 오래전 상용화되어 널리 쓰이고 있다. 미국의 경우 Levis, David's Bridal 등이 여러 매장에서 '인텔리핏 스캐너'를 사용하여 소비자에게 의복 치수 찾아주기 서비스를 하며, Brooks Brothers 등은 3차원 스캐너로 소비자의 인체를 잰 뒤 몸에 잘맞는 맞춤정장을 제공하여 착용감을 높여준다. 아마존에서는 3차원 인체스캐너를 오프라인 매장에 비치하고, 소비자에게 자기치수 찾아주기를 하고 있다. 이곳에 와서 인체 측정을 하는 소비자에게는 25달러의 상품권을 주어 평생고객을 유치하는 전략을 펼치고 있다.

3차원 스캐너를 활용한 인체 측정기술은 개별맞춤형으로 대량생산을 실현할 수 있게 했다. 기존에 사용하고 있는 표준 인체치수 정보를 기반으로 하는 '패턴 메이킹' 방법과 '그레이딩' 방법(디자인은 같으나 인체 치수에 따라 패턴 크기를 조절하는 기술)의 급속한 변화를 예고하고 있다. 패션업체는 개인 고객의 3차원 정보를 많이 축적하여 둘 수 있고, 표준 체형과 인체모델을 다양하게 제작하여 3차원 정보로 관리할 수 있게 된다. 한편으로는 기성복의 치수 체계를 인체 사이즈에 맞도록 더 세분화하여 대량 생산이지만 개개인의 체형에 잘 피팅이 가능한 패션 제품을 제공해 줄 수 있을 것이다.

3차원 데이터를 기반한 패션설계를 위해서는 2차원 평면패턴 정보를 이용해서 3차원 형상을 만들어내는 CAD 기술이 필요하다. 이러한 미래의 3차원 입체재단기술을 응용한 패턴 메이킹 방법은 보통 사람이나 미숙련 패턴사도 쉽게 패턴을 제작할 수 있고, 의복 생산 공정에서 많은 시간과 노력이 드는 그레이딩 방법도 대폭 개선하여 누구나 쉽게 작업을 수행할 수 있을 것이다.

가상공간의 활용기술도 전통적인 섬유패션산업의 생산 유통 방식을 크게 바꾸고 있다. 인터넷에서의 섬유패션제품의 온라인 판매나 소비활동이 늘면서 가상 전시장 등과 같은 웹 솔루션의 개발이 활발해지고 있다. 전자상거래를 지원하는 많은 ICT 솔루션이 활발하게 개발, 보급되어 패션제품의 주문·수정·생산 등의 업무를 효율적으로 처리해 준다. 또 제조공정, 물류, 업무처리 시스템Web PDM 등에 응용할 수 있는 인터넷 기반 소프트웨어 패키지도 널리 보급되어 생산 현장과 소비자 매장에서 양방향 통신으로 소비자와 생산자를 직접

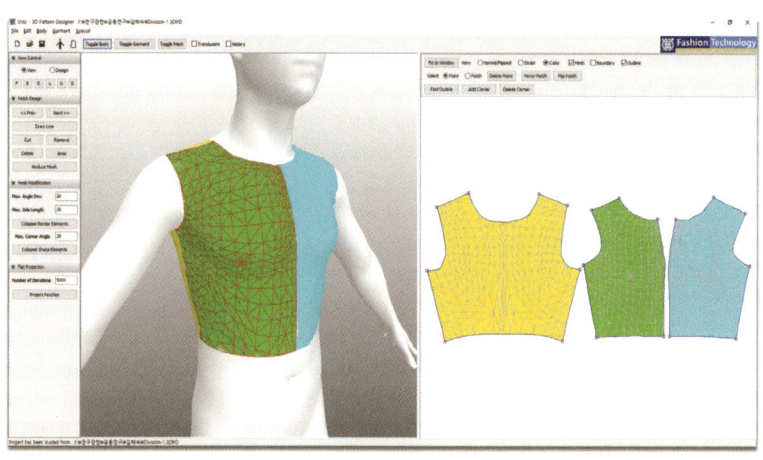

3차원 스캐너를 이용한 의복 설계

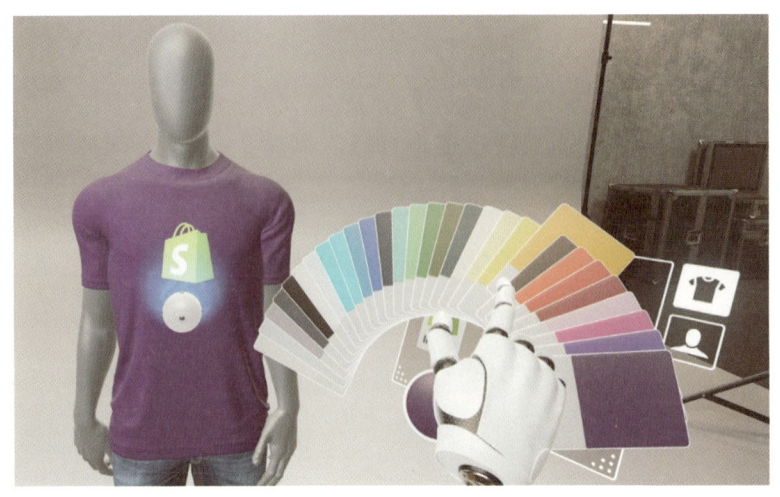

Thread Studio 가상현실 패션 디자인
출처 : http://www.oculus.com

연결시키며 개인의 개성과 욕구를 채워주면서도 생산효율을 높이고 있다.

최근 각광받고 있는 가상현실·증강현실을 패션 디자인에 활용하려는 시도도 많이 이루어지고 있다. 가상현실의 선발주자라고 할 수 있는 Oculus에서는 'Thread Studio'라는 프로그램으로 사용자가 가상공간에서 셔츠의 색상이나 무늬 등을 자유롭게 선택해서 디자인할 수 있는 서비스를 제공하고 있다. 비록 지금은 게임 수준의 매우 단순한 기능만 제공하지만, 앞으로 이런 류의 가상 패션 디자인 서비스는 기술발전과 함께 빠르게 일반화될 것으로 여겨진다.

온라인 마케팅의 초기에는 단순한 제품 이미지나 상품 사진 자료 등만 제공했다. 하지만 최근에는 상품의 소재나 피팅에 대한 소비자의 욕구를 충족시키기 위해 3차원 이미지, 코디네이션과 소비자 개인의

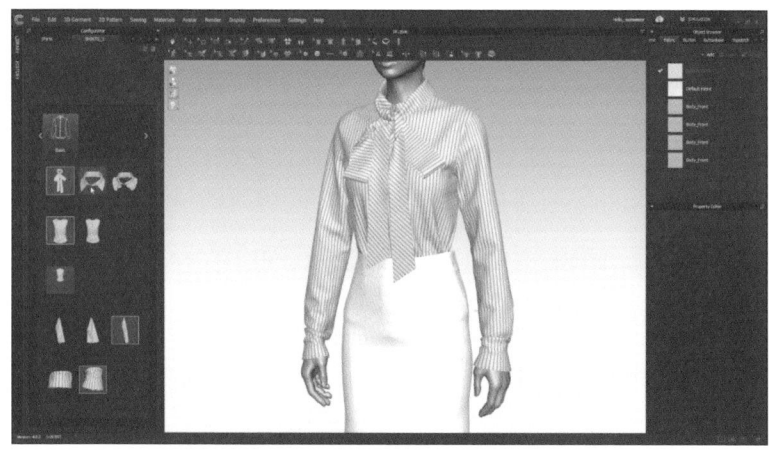

3차원 의복 시뮬레이션 시스템
출처 : http://www.clo3d.com

디지털 피팅 모델을 구축하여 마치 매장에서 제품 착용 경험의 현실감을 느낄 수 있도록 컴퓨터 가상공간기술이 응용되고 있다. 이런 기술은 소비자에게 가장 잘 어울리는 패션이나 디자인을 제안하거나, 사용자가 선택한 의복을 3차원으로 가상의복에 입힌 모습을 보여줌으로써 구매자가 기존의 매장에서 선택한 제품의 구입에 앞서 입어보듯이 그 제품이 어울리는지, 자신의 체형이나 치수에 적합한지 가상현실에서 시현해 볼 수 있다.

이와 같이 3차원 디지털 기술이 접목된 패션산업은 새로운 콘텐츠를 창출하는 생활문화산업으로 발전하여 미래 우리생활의 일부분으로 들어올 것이다.

스마트 패션 공장　　사물인터넷을 생산공정에 도입한다면 어떻게 될까. 옷을 만든다고 생각해보자. 지금은 옷을 디자인할 때 평균 체형을 나누고 거기에 맞게 패턴을 그레이딩하여 제작한다. 토요타나 아우디에서 소비자에게 서비스해 주는 자동차 개인 주문에 의한 적시생산 시스템처럼 옷의 구매자가 디자인과 원단 등을 선택하면 제조 공장의 스마트 기계가 이를 받아들이고, 제직·염색·재단을 담당하는 기계에 정보를 전달한다. 생산공장의 시스템은 주문자와 서로 정보를 주고받으며 한 벌의 옷을 개인 맞춤형으로 제작하게 된다. 이러한 생산공정에서 일어나는 문제점이나 소비자 특이사항 등을 기억하여 다음에 옷을 만들 때는 이러한 것들을 반영할 수 있다. 구매자가 올린 후기를 스스로 취합하여 문제점을 검토하고, 스스로 개선한다. 이렇게 짜여진 빅데이터 분석은 다음 주문에서 사람이 하는 것보다 더 정교하게 제품을 만들 수 있을 것이다. 또 이렇게 생산된 제품은 구매자의 만족도도 한층 더 높여줄 것이다.

이것이 스마트 패션공장이다. 스마트패션 디지털플랫폼은 여러 종류의 센서와 기계, 컨트롤러, 가상 ICT 시스템, 스마트 단말기 등이 소통하고, 제조 공장 내부는 물론 외부 관계자들, 나아가 고객과도 소통하여 제품의 지속적인 혁신을 가능케 한다. 제품의 물리적 위치와 제작 과정을 손쉽게 파악할 수 있으며, 제품의 장애 징후를 미리 예측할 수도 있고, 생산 현황을 실시간으로 파악할 수 있게 된다. 유형에 따라 다양한 생산 전략과 제조 환경 변화에 따른 유연 생산시스템을 구축할 수 있다.

고용에도 영향을 주어 패션산업 종사자는 단순노동이 아니라 전문적으로 제조 디지털플랫폼을 관리하고 조정할 줄 아는, 새로운 형태의 더 창조적이고 부가가치가 높은 일을 하게 될 것이다. 물론 노동

생산성을 높이는 효과가 있지만, 한편으로 끊임없이 새로운 것을 받아들이고, 새로운 환경에 적응할 수 있는 노동자의 자질향상과 높은 지식이 요구되어 평생교육 시스템으로 이를 보완할 수 있어야 한다.

선진제조업의 기반, 빅데이터와 인공지능

홍콩의 로봇 제조사 핸슨 로보틱스Hanson Robotics는 자기인식과 상상력을 인간 수준으로 진화시키는 AI 로봇 개발에 열을 올리고 있다. 이곳에서 개발한 AI 로봇 소피아SOPHIA에게 "인류를 파멸시키고 싶으냐."고 물었더니 소피아가 "인류를 파멸시키겠다."고 하여 미디어의 큰 주목을 끌었다. 2018년 소피아가 한국을 다녀가며 우리 국민에게도 강한 인상을 남겼지만 이 정도의 로봇기술은 지금은 예사수준이 되었다.

최근 글로벌 디지털플랫폼 회사들은 인공지능 개발에 박차를 가하고 있다. 일례로 구글의 알파고, IBM의 인공지능 비서 왓슨, 애플의 시리Siri, 에밀리아 챗봇, 수술용 로봇 다빈치, 보스턴 다이너믹스사의 빅독BigDog, 아마존의 알렉사(말하는 AI) 등이 속속 실용화되고 있다.

인공지능의 급속한 발전은 최근의 크게 발전한 컴퓨터 기술에서 기인된다. 컴퓨팅 기술의 발전으로 처리속도가 무한대로 빨라졌고, 이러한 계산능력의 획기적 확대와 5G 통신의 발전은 빅데이터 처리가 실시간으로 가능해졌다. 또 빅데이터 처리 기술 자체도 크게 발전했다. 컴퓨터의 능력이 따라주지 않아서 제대로 능력을 발휘하지 못하던 인공지능 알고리즘이 컴퓨팅의 계산능력 향상과 빅데이터 처리 기술의 발달로 단순한 계산을 넘어 생각하는 컴퓨터를 만들겠다는 인공지능의 궁극적 목표를 성큼성큼 달성해 나가고 있다. 생각하는 기계를 만드는 것이 점점 가능해지고 있다는 것이다.

정보기술 혁신에 의해서 개발된 디지털플랫폼은 인공지능 성능의 탑재로 새로운 지능형 맞춤 개별 서비스를 가능하게 했고, 이 플랫폼 상에서 발생하는 모든 데이터를 빅데이터 기술로 다시 처리하여 더 많은 경험이 쌓이게 됨으로써 AI의 자율학습으로 시간이 갈수록 더 스마트해지고, 똑똑한 인공지능 플랫폼을 갖출 수 있게 됐다. 쌓이는 데이터로 기계학습을 한 인공지능은 자신의 결과를 실제와 비교해서 오차 역전파법으로 신경지능망의 가중치를 고치며 오류를 수정해 나간다. 인공지능의 능력은 컴퓨터에서 일어나는 모든 경우의 수를 다 저장해서, 이를 근거로 해서 의사결정을 하기에 사용할수록 더 똑똑해지고, 인간의 경험이 축적되는 것처럼 플랫폼에 데이터가 쌓인 만큼 더 스마트하게 변한다. 이것이 곧 스마트서비스 디지털플랫폼이다.

온라인 쇼핑, 패션, 헬스케어와 심리상담, 병원에서의 문진, 대학에서의 학생 상담 등을 모두 개인맞춤형으로 바꿔가며 우리 생활 전반에 인공지능 기술이 접목되어 가고 있다. 기존의 사내 정보 디지털 인프라 스트럭쳐는 수년마다 업데이트시켜 주고 새로 고쳐야 하지만, 인공지능 디지털플랫폼은 기존의 웹사이트와 달리 시간이 갈수록 데이터가 더 많이 축적되고, 이 데이터를 활용해서 스스로 학습하여 경험치로 사용하기에 더 스마트하고, 똑똑하고, 정확한 시스템으로 진화한다. 그러므로 데이터는 원유같은 원자재에 해당될 만큼 생각의 원천이 된다. 세계 각 국가마다 데이터를 확보하기 위해 치열한 경쟁을 벌이고 있는 것도 이 때문이다.

2000년도의 데이터 사이즈는 미국 55, 유럽 35, 중국 10정도였다면 2016년도에는 중국 52, 유럽 30, 미국 18로 역전됐다. 이것은 무엇을 의미하는가. 인구의 수만큼 데이터를 만들어내고 있고, 그 많은 데이터를 처리할 수 있는 빅데이터 기술이 보편화됨으로써 결국 인구의 수만큼 빅데이터를 가질 수 있어 중국의 빅데이터와 인공지능 기술이 급속하게 발달할 수 있게 됐다는 의미다.

미국이 데이터 사이언스에서 세계를 리드할 수 있는 것은 기술이 앞서서였다. 하지만 기술이 일반화되고, 데이터를 더 많이 축적할 수 있는 중국이 빅데이터와 인공지능 분야에서 역전을 하게 됐다. 사회주의 국가인 중국에서는 개인 프라이버시 보호가 미약하여 원천 데이터를 쉽게 모으고 이용할 수 있어서였다. 인공지능은 데이터를 먹고 산다. 중국은 2030년까지 AI 홍위병 30만 명을 육성하여 인공지능 분야에서 세계를 선도하겠다고 선언하고, 초·중·고교에 AI 교과목을 개설하여 인공지능 전사 양성책을 적극 추진하고 있다. 이것이 헛된 구호가 아닌 이유는 세계 최대의 데이터 수집국이기에 가능한 얘기다. 페이스북이 미래의 디지털 공룡이 될 것으로 예상하는 것은 세계 24억 명의 사용자가 들고 나기에 이들이 축적하는 데이터의 힘으로 강력한 인공지능 스마트 디지털플랫폼을 구축할 수 있어서다.

디지털플랫폼의 세계적 경쟁력을 살펴 보면(2018년 현재) 마이크로소프트, 애플, 아마존, 알파벳(구글), 페이스북이 선도하고 있다. 그 다음이 중국의 텐센트, 알리바바, 엔트 파이낸셜이 뒤를 잇고 있다. 그러나 지금은 그렇지만 미래에는 페이스북이 가장 많은 데이터를 축적할 수 있는 가능성이 있기에 그 순위가 뒤집어지는 것은 시간문제다. 데이터는 인간의 경험이다. 이를 바탕으로 과학적 데이터에 기반한 진실성이 담보된 옳은 결정을 할 수 있다. 경험을 모아놓은 정보를 어떻게 뽑아내어서 처리할 것인가. 수많은 데이터 속에서 유용한 의미를 도출해내는 기술이 빅데이터 기술이다. 그냥 쌓여 있는 데이터는 잡동사니에 불과하다. 빅데이터 기술은 수많은 데이터를 분석, 가공하여 의미있는 정보를 얻어내고 현재보다 더 나은 상태로 바꿀 수 있도록 데이터 기반으로 미래를 기획하며 다가올 변화를 예측할 수 있다.

수년 전 중국 정주Zengzhou에서 노벨생리학상 수상이 가능했던 것도 데이터 크기가 기여한 바 크다. 많은 환자를 대상으로 데이터를 수집하고, 실험한 결과물이다. 정주대학교 병원의 병상 수는 1만여 개다. 우리나라 5대 대형병원 병상 수를 다 합친 것과 맞먹는다. 이러한 막대한 데이터 기반의 바이오 헬스케어 산업은 경쟁력이 높을 수밖에 없다. 의미있는 지능이 이 데이터 소스에서 나오고, 이 데이터의 소스는 많을수록 정확해지고, 유용해진다.

중국에서 세계를 선도하는 기술로서 안면인식 기술을 내세운다. 인구가 많고, 이를 바탕으로 빅데이터로 처리한 인공지능은 모든 사람의 안면 개인정보를 가지고 있다. 어느 한 지역에서 소요가 일어났을 때 그 지역에 모인 모든 사람의 신원파악이 가능하다. 미래에는 빅데이터의 수집, 분석을 기초로 한 AI 기반 디지털플랫폼 서비스가 새로운 산업을 이끌고, 세계 경제를 리드해 갈 것이다.

지금까지 산업로봇의 제작은 정확한 수치제어와 행동제어가 오랜 경험과 노하우에 달려 있었다. 고도의 정밀한 위치와 동작제어가 관건이다. 이런 로봇에 인공지능 비전을 달고, 작업 환경에 대한 데이터의 축적과 경험이 쌓이면 사람과 진배없는 지능형 로봇이 만들어진다. 축적된 데이터의 양과 로직이 이 로봇의 성능을 좌우하게 된다. 화눅Fanuc, 야사카와Yasakawa, 에이비비ABB, 구가Kuka 등에서도 인공지능 비전을 탑재한 산업로봇을 제작하여 로봇이 변화된 환경에서 스스로 작업할 수 있는 능력을 갖춤으로써 정밀도를 더하여 유연한 작업이 가능하여 복잡하고 어려운 일을 도맡아 인간을 대체하기에 이르렀다. 이러한 인공지능 산업로봇은 스마트 공장의 무인화를 가능하게 만들어 인건비가 높은 국가에서도 제조업이 가능한 선진 제조업을 이끌고 있다.

앞에서 살펴본 것처럼 중국은 데이터 축적의 양에서 세계를 앞서가고 있고, 5G 통신분야에서도 선두주자로 나섰다. 이로 말미암아 세계 디지털 패권에 민감해진 미국은 견제에 나서지 않을 수 없게 됐다. 중국의 화웨이는 '칩에서부터 AI 클라우드까지'의 슬로건 아래 5G 통신망에서 화웨이 칩을 사용한 AI 하드웨어를 장착하는 등 대규모 분산학습 시스템을 구축했다. 빅데이터에 기반한 5G 분야에서 세계를 선도하며 AI 디지털플랫폼에서도 큰 발전을 단시간 내에 달성하여 미국의 디지털 패권에 도전하고 있다.

이러한 기술의 변화는 산업전반에 드라마틱한 변화를 이끌어내고 있다. 중국의 알리바바는 AI 디지털플랫폼을 통해 2019년 싱글스 데이(11월 1일) 하루에 40조 원의 매출을 올렸다. 소매를 하면서 점포를 단 한 곳도 두지 않고 이러한 매출을 올릴 수 있는 배경에는 AI 디지털플랫폼이 있어서다. AI 디지털플랫폼상에서는 들고나는 데서 생성되는 모든 데이터를 빅데이터로 모아 이 데이터로부터 의미있는 정보를 추출하여 서비스의 질을 향상시키거나, 새로운 서비스를 만든다. AI 디지털플랫폼은 산업간의 경계를 무너뜨리고 있다. 페이스북은 인간관계망으로 출발했으나 뉴스를 하나도 생산하지 않으면서도 세계 최대의 뉴스미디어가 됐다.

대학 디지털플랫폼도 마찬가지다. 학문의 경계를 허물어뜨리고 학문과 산업의 새로운 산학협력 패러다임을 인공지능 디지털플랫폼이 연다. 새로운 학문으로서 메디컬 데이터 사이언스, 소셜 데이터 사이언스 등으로 경계를 넓히고 있다. 현재 많은 종합병원에서도 인공지능 의사에 의한 문진의 사용을 확대하고 있다. 당뇨병, 고혈압, 심장병 등의 지병을 가진 환자가 병원에 가면 컴퓨터 앞에서 AI와 대화하면 병의 진행 정도, 현재의 상황 등이 자동으로 파악된다.

AI 디지털플랫폼은 딥러닝, 기계학습에 바탕한 인공지능 알고리즘이 동원되어 인간 생활에 유용한 디지털 솔루션을 계속 확보해 가며 각 산업분야에 적합한 비즈니스 모델이 새로운 형태로 등장하고 있다. BTS가 세계적인 스타가 될 수 있었던 것도 유튜브라는 디지털플랫폼이 있었기에 가능했다.

다시 제조업으로

국가 경제가 지속적으로 성장하려면 새로운 동력원이 될 신산업이 필요하다. 지금까지 제조업과 서비스업, 바이오 헬스케어, 금융, 정보산업, 우주항공 등을 성장 동력의 패로 써왔던 선진국들은 새로운 결정적 성장 엔진 찾기에 온힘을 기울이고 있다. 미국과 일본 등에서는 그간 글로벌 경제하에서 잃어버린 제조업의 주도권을 찾아옴으로써 일자리를 마련하고 침체된 경기를 되살리려 노력하고 있다. 선진제조업을 미래 성장산업으로 불러온 것이다.

우리나라도 지난 60년 동안 우수한 인력을 제조업에 투입하고 수출에 집중하여 경제개발의 기적을 이루어내어 '아시아의 용'으로 불렸다. 그런데 지금 국내 제조업은 성장활력을 잃어가고 있다. 우리도 '저성장·저고용 시대'를 건널 디딤돌로 기술투자를 확대하여 선진제조업을 다시 살려내야 한다. 제조업을 성장 동력으로서 소환하기 위해서는 왜 성장 동력을 잃었는지부터 살펴볼 필요가 있다.

한 나라의 경제 성장은 사회시스템과 함께 발전한다. 정치·사회·교육시스템의 선진화가 필수다. 사회 시스템이 선진화되어야 경제성장도 이루어지고, 국민소득 향상으로 이어진다. 이를 위해서는 국가 거버넌스 개혁의 선행, 노동시장의 유연성 확보, 정치·사회의 통합, 효율적인 복지시스템의 구축, 남북한 상생 경제시스템의 형성 등이 뒤따라야 한다. 특히 선진경제 사회시스템을 확립하려면 불합리한 규제와 제도의 개혁, 시장경제, 기업가 정신, 노블리스 오블리제 등을 갖는 국민 인식과 가치관의 변화가 동반되어야 한다.

성장활력을 잃어버린 제조업 우리 경제개발의 일등공신이었던 제조업이 수십 년에 걸쳐 인기없는 업종으로 추락했다. 제조업은 후진국 산업처럼 여겨져 고용도 줄고, 국가 GDP에서의 비중도 크게 낮아졌다. 지난 수년간 임금의 급격한 상승과 주52시간 근무 등 제조업의 현실에 맞지 않는 환경과 각종 규제 정책으로 국내에서 제조업을 할 사기가 떨어지고 있다. 제조업은 산업화 과정에서 1단계에서는 소비재인 식료품과 섬유산업 등 경공업, 2단계에서는 중공업 생산재인 제철과 제강, 중화학, 전기·전자 등의 산업, 3단계에서는 자동차 전자통신과 반도체, 컴퓨터서비스, 우주항공, 마케팅 등의 과정을 밟는다. 제조업 중심의 생산으로 경제발전을 이룬 다음에는 문화, 금융과 유통, 물류 등 흔히 서비스업으로 불리는 3차산업이 확장되는 경제발전 단계를 거친다. 선진국으로 갈수록 GDP에서 차지하는 제조업의 비중은 서비스업에 비해 낮아진다. 재화의 소비가 줄어서라기보다 소비재 지출비용이 상대적으로 적어지고, 소득증가로 인한 가계지출의 비율이 낮아져서다.

1980년대 이후 세계 제조업 성장률은 3.1%를 기록하며 꾸준히 증가해 왔다. 개도국이 세계 경제성장을 주도해서다. 의식주 같은 필수재화의 보급이 부족했던 개도국들이 성장하면서 재화에 대한 수요가 지속적으로 늘어났던 것이다. 개도국이 발전함으로써 제조업 수요가 높아지고 새로운 기회가 생겼지만 시장에서는 동시에 우리 산업의 새로운 경쟁자가 됐다. 글로벌화는 기업과 자본의 활동무대가 세계로 확장되는 과정이고, 지구촌 전체로 생산과 시장의 선택 범위가 넓어진 것이다. 기업들은 최소의 생산요소를 투입해 최대의 이윤을 남기고자 원가가 가장 싼 곳에서 원자재를 공급받아 인건비가 낮아 생산비가 가장 적게 드는 후진국에서 제품을 만들어 수요가 높은 선진국 시장에서 판다. 이것이 1990년 이후 세계화와 함께 급속하게 진행되어 온 국제분업체계였으나 코로나바이러스 팬데믹으로 글로벌 서플라이체인이 일시에 무너지자 각 나라는 제조업을 자국으로 불러들이고 있다.

삼성 무선기기(스마트폰, 태블릿 PC 등)의 경우 해외에서 생산되는 제조단가는 국내에 비해서 훨씬 싸다. 베트남에서 생산하면 매년 수십억 달러의 제조비용을 절감하는 셈이다. 현재 베트남, 인도를 비롯한 해외생산 라인에서 거의 전량 생산된다. 현대자동차도 엇비슷한 상황이다. 중국공장에서 생산되는 자동차의 제조비용은 국내에 견주어 저렴하며, 노동생산성이 높은 미국공장에서조차도 제조비용이 절감된다. 결국 기업의 입장에서는 현지 마케팅 전략의 이점과 소비시장의 확대, 낮은 임금이나 높은 노동생산성으로 제조 공정에서 생기는 막대한 비용절약을 포기하기 힘들다.

최근 중국 엑소더스로 불리며 제조업들이 앞다투어 세계 공장인 중국을 떠나는 현상도 중국 현지의 임금상승으로 가격 경쟁력이 약해져서다. 많은 다국적 기업들이 베트남과 인도네시아, 미얀마 등지로 짐을 싸서 이동했다. 언제, 어디로 또 다시 이동할지는 장담할 수 없다. 트럼프는 오바마에 이어 이런 기업들에게 리쇼어링 러브콜을 보냈고, 많은 기업이 응답하여 미국에 짐을 풀게 했다.

우리 제조업의 현주소를 찾아 우리나라는 이미 경제대국이다. 2018년 GDP규모 세계 12위(1조9천억 달러), 수출규모 세계 6위(6천12억 달러)이며, 1960년부터 2011년까지 GDP 연평균 성장률이 13.2%였으나 지난 10년간은 2%대에 그쳤다.

GDP에서 제조업이 차지하는 비중은 2018년 28.6%(383조원)이고, 산업구조에서 차지하는 비중은 50.2%이며 제조업의 일자리는 약 17.2%(410만여 개)로 집계됐다. 2015년도에는 GDP에서 수출이 차지하는 비율이 57.3%로 역대 최고 수준을 기록했다.

이러한 제조업의 성적을 어떻게 읽느냐에 따라 우려와 희망이 교차한다. 문제로 보는 이유는 수출에 의존하는 경제는 세계경기가 후퇴하면 수출이 타격을 받고 국내경기가 침체할 우려가 있다는 점이다. 이는 주식, 채권, 외환시장에 영향을 주어 금융시장이 대외여건이라는 외풍에 쉽게 흔들리므로 수출 일변도 정책에서 벗어나야 한다는 주장이다. 하지만 이러한 진단에서 놓치기 쉬운 사실은 산업화가 시작한 이래 제조업은 줄곧 우리 경제의 기둥 역할을 했으며 앞으로도 그러리라는 것이다. 그렇게 보는 이유는 내수시장이 넓은 미국, 중국, 일본 등은 자급자족 경제가 가능하겠지만, 우리는 경제규모가 작아 제조업 중심의 수출 경제구조를 밀고 나갈 수밖에 없다. 우리가 가장 잘 할 수 있는 것에 집중하는 과정에서 이러한 경제구조가 이뤄진 것으로 보아야 한다. 한 개인의 성공과 마찬가지로 국가경제에서도 비교우위를 끊임없이 업그레이드하며 추동하는 것이 성장 비결인 셈이다.

우리나라 제조업의 심각한 문제는 따로 있다. 삼성과 현대, LG처럼 대기업을 제외하면 대부분의 제조업이 사실 중소기업의 열악한 환경에 놓여 있다는 점이다. 중소기업은 고용 인력의 88%를 차지하는 일자리 곳간이지만, 3D업종의 이미지가 뿌리 깊어 젊은이들은 백수로 살더라도 중소기업에는 가지 않으려 한다. 현재 중소기업의 수는 360만여 개로 고용인력은 1,400만여 명에 이른다. 이렇듯 중소기업이 우리 경제에서 차지하는 중요성은 막대하다.

하지만 많은 국내 중소제조업이 문을 닫거나 비어 가는 데 비해, 4만 5,000여 해외법인이 현지에서 고용하는 인력은 200여만 명이 넘는 것으로 추산된다. 지난 10년 동안 250조 원 이상을 해외에 투자하면서 국내의 제조업 일자리 100만 개 이상이 사라졌다. 2019년에만 제조업은 70조 원 이상을 해외에 투자하며 국외로 떠났다. 그나마 국내의 생산현장은 점점 더 많은 외국인 노동자로 채워지고(102만여 명), 제조업 종사자 평균연령은 42세로 고령화되어 노동생산성은 점점 떨어지고 있다. 중소기업 가운데 세계적으로 경쟁력을 갖춘 기업은 소수에 불과하다.

제조업이 우리 경제를 떠받치고 있는 탓에 우리 경제는 제조업의 부침과 연동되어 있다고 할 수 있다. 2019년 경제성장률이 1.8%(세계경제성장률 3.5%)까지 추락한 것도 제조업의 성장 견인력이 낮아져서다. 2018년 제조업 생산이 늘어 무역규모 1조 달러를 넘어섰음에도 국내 소득 증가로 이어지지 못해 소비와 투자 등 내수경기가 살아나지 못하고 있다. 이러한 고용 없는 성장의 원인으로 제조업의 첨단부품 수입 비중이 높아 부가가치율이 낮았다는 사실을 지적하고 있다. 중간재나 핵심부품·장비의 수입 의존도는 23.3%로 일본(12.5%)의 두 배 수준이다. 이러한 현실은 우리 제조업의 취약한 부문인 핵심부품과 소재의 개발에 더 집중해야 한다는 것을 일깨워준다. 특히 일본의 수출규제에서 벗어나기 위해서는 단계별 장기계획을 세워 하나하나씩 국산화를 이루어 나가야 한다.

우리 중소기업의 발전을 가로막는 이유는 많다. 납품단가 인하와 기술유출 같은 불공정거래, 유능한 인재들의 중소기업 취업기피가 원인으로 지적되기도 하고 중소기업의 과잉설비 투자와 기업간의 과다경쟁이 꼽히기도 한다. 무엇보다 영세 중소기업에 기술지원을 하고 경쟁력을 갖출 때까지 과도기간의 생존을 보장할 수 있는 육성정책과 제도의 빈곤을 들 수도 있다.

우리 제조업이 개도국들과 원가경쟁 전략에 휩쓸린다면 더 이상 생존하기 힘들다. 일본과 독일 같은 제조업 강국에서 성공한 중소기업들은 원가싸움을 피해 혁신적 기술과 신속하고 정확한 서비스로 승부하고 있다. 특히 독일은 중소기업이 전체 기업의 99.5%, 일자리의 71%를 차지하고, 우리 중소기업은 기업의 수에서 99.9%, 일자리는 81.8%를 차지하여 사정이 비슷한데도 중소기업의 법인세는 55%로 우리 중소기업의 법인세 부담률 10%대에 견주어 현저히 높다. 이는 독일은 우리 중소기업에 비해 부가가치 창출능력이 월등히 높다는 것을 의미한다. 독일 중소기업을 '히든 챔피언'이라고 부르는 이유이기도 하다.

원가경쟁에서 벗어나 차별화에 성공하려면 중소 부품소재·장비업체들도 글로벌 기업인 조립업체와 혁신의 파트너가 될 수 있는 역량을 갖춰야 한다. 그러려면 먼저 신기술의 아이디어를 내놓는 중소기업에게 연구개발을 지원하여 지속적으로 기술개발을 돕는 제도와 정책이 필요하다. 다시 말해 영세한 중소기업을 고부가가치 산업으로 전환시키고 신기술로 시장을 개척하는 전략으로 중소기업 정책을 혁신적으로 바꿔야 한다. 이러한 제도와 정책의 보살핌을 받으며 중소기업의 기술경쟁력을 확보해 가야 한다. 중소기업을 키우지 않고는 국가경제의 균형적인 발전은 언감생심이며 글로벌 산업경쟁력도 담보할 수 없다. 중국의 기술도약에 대한 미국의 견제가 작동하고 코로나바이러스 팬데믹으로 글로벌 서프라이체인이 붕괴되어 중국 중심의 국제분업이 상처를 입은 지금이야말로 중소기업을 우리 경제의 주역으로 다시 성장시키기 위한 기회다. 지금이야말로 첨단 부품소재·장비 산업을 육성하기 위하여 기술개발과 제도개선, 규제혁파 등 파괴적 혁신을 이루어야 할 때다.

제조업 르네상스를 열어가는 선진국들 일자리도 늘지 않고 경제성장도 어려운 지금 부가가치와 고용창출 효과가 높은 서비스 산업에서 돌파구를 찾아야 한다는 주장은 따져볼 필요가 있다. 오히려 경쟁력 있는 신진제조업을 살려 서비스산업으로의 확산을 도모해야 한다. 제조업 없이 부국이 된 나라는 없으며 서비스업만으로는 경제성장이 지속될 수 없다. 글로벌 금융위기나 미중무역전쟁과 같은 심각한 위기상황 속에서도 제조업을 육성해 온 독일의 건재한 모습을 보면서 세계는 제조업의 중요성을 깨닫고 제조업을 장려하는 정책을 펼치고 있다.

미국의 트럼프는 일자리를 늘리고 경기침체를 벗어나기 위해 제조업 유치에 발 벗고 나섰다. 그 덕분에 2019년 사상 최대의 취업률을 달성, 완전 고용에 가까운 실적을 올렸다. 높은 경제성장으로 미국의 주가는 코로나바이러스 팬데믹의 충격이 덮치기 전까지 연일 사상 최고가를 갱신했다. 특히 제조업 부활을 위한 정책의 일환으로 해외로 아웃소싱했던 기업들을 불러들이는 리쇼어링의 바람도 거세다.

오바마에 이어 트럼프는 외국에서 국내로 생산기지를 옮기는 리쇼어링 기업에게는 세금감면 등 혜택을 주며 기업들의 귀향을 독려하고 있다. 정부 정책에 호응해 GE, GM, Apple 등이 이미 미국으로 생산공장을 옮겼으며, 2016년 이후 2,400여 기업이 돌아왔다. 돌아온 제조업 일자리가 무려 26만 개로 이는 새로 생긴 제조업 일자리의 반을 차지한다. GE의 제프리 이멜트 회장은 중국과 멕시코에 있는 가전공장을 리쇼어링하며 "아웃소싱은 이제 옛날 방식이다."고 했다. 이 말은 세계 경제 환경의 변화를 함축적으로 표현하고 있다.

일본의 아베 총리도 장기 불황에서 벗어나기 위한 패로 법인세 인하와 기업의 간접비용 축소, 규제 완화를 통해 제조업 살리기에 힘을 쏟았다.

중국의 시진핑 정부도 제조업 육성전략에 심혈을 기울이며 전자, 자동차, 철강, 시멘트 같은 주력 제조업을 초대형 글로벌 기업으로 키워 선진국을 따라잡기 위한 구조조정을 단행했다. '중국 제조 2025'를 통해 에너지, 차세대 정보기술, 바이오, 첨단장비 제조, 신소재, 신에너지, 친환경자동차 등 중국의 7대 신흥 산업의 육성을 위해 국가의 역량을 총집결하고 있다. 노동, 자원집약형 전통 산업에서 기술집약형 스마트 산업으로 변신하여 질적인 면에서 제조업 강대국이 되기 위한 산업고도화 정책을 야심차게 추진하고 있다. 이것이 미국의 기술패권에 도전하는 것으로 비쳐져 트럼프의 역공을 받게 되는 단초가 되기도 했다.

글로벌 경제의 G2인 중국의 경제구조는 미국과 매우 대조적이다. 이를테면 미국 경제는 제약, 전자, 항공 등 첨단 제조업과 금융과 서비스 산업이 지배하는 채무와 소비 중심이었던 반면, 중국은 산업화 진행에서 비롯된 제조업 투자와 수출 주도의 국가자본주의 경제구조였다. 문제는 지난 20년간 미국의 경제가 성장의 벽에 부딪친 반면, 중국은 엄청난 속도로 꾸준히 발전했다는 점이며, 이러한 상황에서 미국이 선택한 정책에 주목하지 않을 수 없다. 2019년 기준으로 중국은 세계 전체 생산의 16.3%를, 미국은 24.8%를 차지하고 있다. 중국의 저임금, 성장하는 내수시장, 저평가된 환율, 적극적인 기업의 투자유치 정책으로 미국의 많은 제조업체가 중국으로 생산기반을 옮겼었다. 미국은 제조업 선도 국가에서 금융서비스 중심의 산업체계를 구축하여 제조업이 위축되었으나 다시 제조업 재건에 나서고 있는 것이다. 미국은 지난 100년 이상 혁신제품을 생산해 낸 제조업 선도국가였다. 미국의 제조업 비중은 12.2%, 서비스산업은 77%를 차지했는데, 경제성장이 둔화되면서 미국은 드디어 다시 제조입으로 눈을 돌리고 있다. 미국 제조업은 디지털 정보산업, 제약, 바이오 헬스케어산업, 우주통신서비스산업을 중심으로 경쟁력을 회복하고 다시금 제국의 힘을 보여줄 것으로 보인다. 이러한 낙관은 어디서 나왔을까. 미국의 제조업은 반도체, 항공, 제약, 네트워크 장비 같은 고부가가치의 선진제조업에서 선전해 왔고 트럼프 행정부가 제조업 부활에 집중하면서 미국이 중국만큼이나 제조업 하기 좋은 여건이어서다. 물론 미국 제조업의 부활이 중국의 후퇴를 의미하지는 않을 것이다.

지난 10년간 중국 경제규모는 두 배로 커졌고, 2018년에는 미국의 2/3의 경제규모에 이르렀으며, 아직도 유럽에 싼 물건을 공급하는 최대 수출국의 자리를 지켰다. 생산비용에서의 이점이 줄어도 중국은 여전히 세계 공장이라는 역할을 놓지 않을 것으로 보인다. 그 이유는 인해전술로 통하는 막대한 노동력과 정부의 친기업 정책이 있어서다. 14억4천 여 인구를 가진 나라는 지구상에 중국밖에 없으며 동남아와 인도를 다 합쳐도 중국 노동력의 58% 정도 밖에 안 된다. 그렇다고 남미와 아프리카는 생산성이 떨어지고 인프라도 형편없어 대안으로서 매력이 없다.

미국 기업들은 오바마, 트럼프 이후 리쇼어링의 강한 압박을 받기도 하고, 중국 사정이 나빠지기도 하여 많은 기업이 미국으로 리쇼어링하고 있다. 미국은 생산성, 인프라, 운송비용, 넓은 시장 접근성, 디자인과 마케팅 같은 장점과 능력을 갖추었을 뿐 아니라, 유연한 노동력과 우호적 투자환경을 통해 더욱 매력적인 기업하기 좋은 나라로 변신하고 있고, 여기에 더해 인공지능 산업로봇, 제2 정보혁명 등으로 노동생산성이 한 단계 업그레이드된 스마트 제조공장이 뒷받침하기 때문이다.

리쇼어링해야 할 우리 기업 우리는 어떨까. 싼 임금을 따라 떠난 우리 기업의 대부분은 현 생산 거점을 유지 확대하고 현지에서 사업 환경이 어려워지면 동남아, 중미, 아프리카 등지로 옮기겠다는 입장이지만 해외투자를 다시 국내로 되돌려야 할 여건은 만들어내지 못하고 있다.

우리 기업의 유턴 전략은 '메이드인 코리아'의 브랜드 가치를 살려 선진시장에 진출하겠다는 것이다. 이들의 전략에 적극 부응하여 지원하는 정책이 뒤따라야 할 것이다. 물론 정부도 민·관 합동의 기업 유턴지원반을 구성하여 국내 기업의 유턴을 꾀하지만 기업측에서는 국내에서 제조업을 영위하기에는 아직도 여건이 어렵다는 평가다.

우리나라 최초의 면방기업이자 대표적인 섬유산업인 경방은 1941년 만주에 남만방적을 준공한 것을 빼면 해외로 공장을 옮긴 적 없는 국내 토종기업이었다. 하지만 2019년 베트남으로 면방공장을 옮겼다. 베트남은 한국의 대형 밴더들을 중심으로 대규모 봉제와 제직공장이 집중된 세계적 섬유생산 거점으로 이름을 올리고 관련업계들을 불러 모았다. 아울러 삼성전자 등 우리나라의 대표적인 대기업들도 이곳으로 생산기지를 옮겨가고 있다.

한편 삼성전자는 오래전부터 중국 시안에서 반도체를 생산하고 있다. 그간 삼성전자는 기술유출을 꺼려 미국의 오스틴과 기흥, 화성 이외에는 반도체 공장을 두지 않았다. 삼성 반도체의 중국진출은 마케팅 측면의 이점 외에도 우리가 안고 있는 문제가 무엇인지 분명하게 보여준다.

중국정부는 노동집약적인 제조업에서 기술집약적 제조업으로 산업 경쟁력을 높여가며 시안을 반도체 시장의 교두보로 건설했다. 시안에는 반도체 산업의 핵심인 우수인재를 공급할 수 있는 37개 대학과 3,000여 연구기관이 밀집해 있고 연관 산업 인프라도 갖추어져 있다. 여기에 공장부지·설비지원과 세금감면 등에서 파격적인 지원을 내놓으며 세계의 내로라하는 글로벌 기업들을 불러들였다. 미국의 어플라이드 머티어리얼과 MS, 중싱(中興, ZTE), 화웨이 등 세계 500대 기업 가운데 많은 유수 기업이 생산과 연구 거점으로 삼고자 시안에

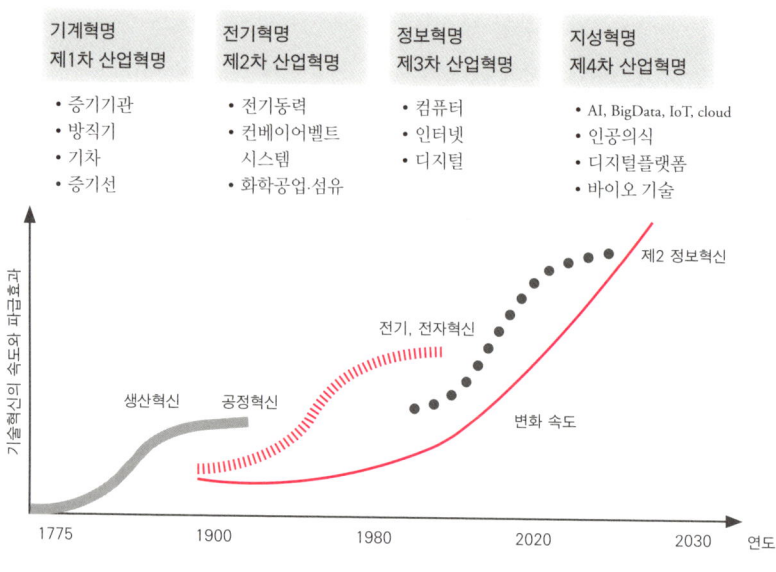

산업혁명별 기술혁신의 특징과 변화 속도

몰려들었다. 하지만 미중무역전쟁이 촉발한 미국의 견제로 중국의 이러한 첨단산업에서의 경쟁력을 주춤거리게 하여 우리 기업에게는 4~5년의 시간을 벌어주었다고 평가하고 있다.

반도체 같은 첨단 제조업까지 떠난다면 우리의 산업 경쟁력에 큰 금을 낼 것이다. 무엇보다 기업 친화적 사회 분위기 개혁을 비롯하여 노동의 유연성 확보와 우수한 인재양성, 부품소재·장비 산업 혁신, 클러스터 효과를 누릴 수 있도록 사방으로 흩어진 우리 기업들을 재집적화하고 산업경쟁력을 높이기 위한 적극적인 친기업 정책을 밀고나가야 한다.

기업들은 기업환경에 필요한 여건으로 노동유연성과 생산성 담보를 최우선 조건으로 꼽는다. 기업경영 규제, 공장설립 규제, 대·중적합

업종 강제화 같은 규제도 해소되어야 한다. 이 외에도 세제지원 확대, 법인 세율 조정 첨단 시설자금 지원, 공장부지 지원, 수도권 규제완화와 같은 주요 해결과제가 쌓여 있다. 이렇게 친기업환경을 정책적으로 추진하여 기업이 리쇼어링할 수 있는 여건을 만들어 주어야 한다.

기술혁신이 승부를 가른다 제조업은 스스로 진화하고 부활하는 중이다. 18세기 말에 방직기계가 등장하여 섬유산업이 기계화하면서 촉발된 산업혁명을 제1차 제조업 혁명이라 한다. 이어 20세기 초에 포드사의 컨베이어벨트 시스템에 의한 연속 생산 모듈을 개발하여 제2차 제조업 혁명이 일어나 대량생산 시대를 열었다. 이들 제조업은 물량생산 위주의 노동집약적 산업이었다. 하지만 오늘날 정보기술과 디지털 혁신을 바탕으로 제3차 제조업 혁명이 일어났다. 혁신과 제조가 긴밀하게 연결된 기술집약적인 선진제조업이나 첨단 제조업으로 발전하고 있다. 선진 제조업은 반도체와 전기통신기기를 비롯하여 정밀화학, 바이오, 환경, 신소재, 항공우주에 이르기까지 고도의 과학기술에서 빚어진 산업으로 새로운 성장 동력원이 되고 있다. IT 전문지 「와이어드」의 전 편집장 크리스 앤더슨은 『제조업-새로운 산업혁명』에서 이렇게 말했다.

"네트워크로 연결된 웹상에서 상상하는 모든 물건을 스스로 디자인하고 공동 제작하는 개방형 혁신이 진행되고 투자방식도 개인의 소셜 펀딩이 확산될 것이다. 다가올 미래는 가상의 클라우드 생산 공장에서 제작부터 판매까지 이뤄지는 제3차 제조업 혁명의 시대가 될 것이다."

제조업에서의 혁신은 매우 중요하다. 우리나라의 많은 제조업의 기술수준은 세계 최고 대비 80% 수준에 머물고 있다. 조선, 무선통신기기, 반도체 등 수출 주력산업은 세계 최상위권을 지키고 있다. 2018년 세계시장 점유율 1위 상품은 7개다. 주요 50대 품목 가운데 세계시장 점유율 1위 품목은 스마트폰과 대형액정 패널, 조선 등 7개로 미국(24)과 일본(10), 중국(9)에 이어 세계 4위다. 세계 수출 1위 품목 최다 보유국은 중국, 독일, 미국, 이탈리아, 일본 순이다. 지난 수년간 우리 제조업은 경직된 노동정책, 사회의 반기업 정서에 맞물려 표류하고 있다. 우리가 세계 1위를 지켰던 철강, 조선, 기계, 자동차, 화학 등의 국가 기간산업이 중국에 추월당했으며 반도체, ICT산업에서도 반도체를 제외하고는 중국에 선두를 빼앗기고 있다. 빅데이터, 인공지능을 포함한 소프트웨어 부문에서도 중국에 압도당하고 있다. 사실 경제성장의 원동력인 생산성 증가와 기술혁신은 제조업 기반 위에서만 파급효과가 크다. 제조업을 중시해야 하는 이유도 제조업의 높은 혁신능력과 파급효과 때문이다. 특히 제조업의 생산 공정과 창조적 제품 분야에서의 기술혁신이 집중적으로 일어나서다. 미국 브루킹스 연구소에 의하면 제조업에서 혁신이 일어나기 위해서는 생산이 이루어지는 장소와 연구개발 장소가 가까이 있을 때 더 효율적이라고 했다. 엔지니어들이 생산과정을 체험하며 새로운 아이디어를 얻을 기회가 많아지기 때문이다. 독일의 기계산업 경쟁력은 생산 공장을 해외에 이전하지 않고 유지하며 생산기술과 노하우를 공유한 자국내 산업 클러스터 덕분이다. 또 독일 SAP의 전사적자원관리ERP 시스템은 독일 기업의 경영전산화 시스템으로 출발하여 기업 정보뿐 아니라 공급망 관리, 고객주문 정보까지 망라한 전사적통합관리 시스템으로 발전한 것이다. 이 시스템은 ERP 분야의 세계시장을 석권하고 있으며, 소프트웨어 분야에서 독일이 유일하게 미국을 제친 분야다.

선진제조업의 기술혁신을 위해선 효율적이고 과감한 R&D 투자가 대단히 중요하다. 이미 우리나라는 세계 최고 수준의 R&D 투자 국가로 꼽힌다. 2019년 R&D 투자 규모는 세계 5위(86조원), GDP의 4.8%로 비율로는 세계 1위였다. 우리는 2014년 이후 GDP 대비 R&D 비중이 줄곧 세계 1~2위를 차지해 왔다. 국가 총연구개발비는 기업 등 민간이 66조, 정부가 18조, 외국 의뢰가 1.7조 원을 차지하고 있다. R&D 투자의 절대 다수를 기업이 차지하고 있다. 특히 제조업 R&D 투자 비중은 전체 민간 R&D의 88.8%(61조원)로 압도적으로 높아 일본, 독일과 비슷했다. 그런데도 파급효과가 큰 지식자산을 창출하는 R&D의 성과와 효율성은 선진국에 비해 매우 저조하다.

주된 문제는 고급 이공계 인재가 부족하고 인력 수급의 불균형이 심화된 데 있다. 여기에 기술혁신 바탕의 스타트업 창업도 더디고, 혁신을 위한 사업 환경도 미흡하다. 급변하는 기술시장 변화에 민감하게 대처하지 못하는데다가 지식융합과 신산업분야를 발굴하고 스타트업을 육성하려는 노력도 미숙했다. 이러한 문제들을 해결하여 혁신역량을 높이려면 창조적 인재를 육성하고 질 좋은 일자리를 창출하면서 우수인재가 선순환할 수 있는 스타트업과 오픈 이노베이션 시스템을 일궈내야 한다.

제4 번영의 길

지난 60년 동안 세 차례 변곡점에 서서 국가적 리더십의 변화를 겪었다. 이승만 정부는 시장자본주의 체제로 자유민주주의 정부를 세웠고, 박정희 정권은 개발독재체제를 통해 산업화를 이룩했으며, 김영삼·김대중·노무현 정권에 와서 미뤘던 민주화를 달성함으로써 오늘날 번영의 터전이 다져졌다. 선진국들이 200년에 걸쳐 이뤄온 경제성장과 민주정치 발전의 길을 우리는 반세기 동안에 숨가쁘게 달려온 것이다.

한국이 2050년에는 미국에 이어 1인당 GDP 세계 2위를 기록할 것이라는 예측도 있다. 2005년에 발표한 골드만삭스의 경제보고서는 우리나라가 2050년에는 1인당 국민소득 8만2,000달러로 세계 2위에 올라 미국을 제외한 G7 국가를 능가할 것으로 예측했다. 2011년 월스트리트저널WSJ에 실린 글로벌 투자기업 프로비타스 파트너스의 보고서에 따르면 브릭스BRICS 국가들에 이어 멕시코와 인도네시아, 한국, 터키를 일컫는 미스트MIST 국가들이 세계인의 관심을 끌고 있다. 실제로 현재 선진국에 대한 자본투자는 부진한 편이지만 신흥국가들이 매력적인 투자처로 평가돼 외국자본이 신흥국으로 몰리고 있다. 하지만 국제자본은 한국의 투자를 기피하고 있다. 2019년 우리 기업이 해외에 투자한 액수보다 훨씬 적은 20% 정도만이 국내로 투자되어 들어왔다. 외국자본은 국내 정치 리스크를 한국 투자의 걸림돌로 꼽고 있다. 무엇보다 지나친 친노동정책이 기업경영의 지속가능성에 경종을 울리고 있어서다. 국제자본은 오로지 수익성과 효율성, 미래가치에만 관심을 갖는다.

2020년 코로나바이러스 팬데믹의 충격으로 세계 경기 침체와 더불어 수출과 제조업의 부진으로 우리의 경제도 낙관하기 어려워졌다. 꿈같은 미래는 그냥 오지 않는다. 다행히 글로벌 경제의 물길을 잘 읽어 그 물길을 우리 쪽으로 끌어들일 수 있다면 우리는 또 다시 번영의 호기를 잡을 수 있다. 80년대는 일본이 린 생산방식으로 미국의 대량생산방식을 따라잡아 경제성장을 이루었다. 이웃에서 일본을 넘겨다보며 우리는 벤치마킹과 속도, 정확성으로 착실하게 성장해왔다. 특히 2000년대에 들어서면서 삼성, LG, 현대자동차 등이 주도한 정보기술이 융합된 스마트 모듈형 생산방식으로 일본을 추월하기 시작했다. 지금 장기적인 저성장의 늪에서 벗어나 일본이 '잃어버린 20년'을 되찾으려고 용을 쓰고, 문화혁명으로 잠자던 중국이 놀라운 속도로 성장을 거듭하며 굴기했다가 미중 무역전쟁으로 주춤하고 있다. 미국조차 보호무역 정책으로 글로벌 분업체계를 약화시키며 우리 경제에 어두운 그림자를 드리우고 있지만 새로운 기회의 창도 열리고 있다. 성장 동력이 약해진 일본이 기운을 차리기 전에, 미중무역전쟁으로 헤매는 중국이 코로나바이러스 팬데믹 이후 다시 강화된 국제 공급망으로 글로벌 경제를 휩쓸기 전에 네 번째 번영의 길을 찾아야 할 것이다.

미래 번영의 길은 선진제조업 중심의 경제로 이룩되어야 한다. 앞서 언급했듯이 기업의 99%를 차지하는 중소기업을 히든 챔피언으로 키워내야 한다. 짧은 기간 안에 선진제조업 중심의 부품소재·장비 히든 챔피언 1,000개만 만들면 든든하고 원활한 서플라이 체인으로 구축된 산업구조가 갖춰질 것이다. 코로나바이러스 팬데믹이 가져온 국제분업 체제의 재정비에서 기회를 찾아야 한다. 세계화가 축소되고 중국의 공급망 지배력 약화를 고려해서 우리나라가 제4차 산업혁명을 이끌 미래산업의 글로벌 공급체인의 전략적 위치를 강화해야 한다. 특히 차별화된 핵심소재와 부품들을 개발 생산하면서 우리나라를 부품소재, 장비 생산의 허브로 만들고 세계의 거대시장을 끌어들여야 한다.

결국 선진제조업 중심의 신산업 정책과 기술 중심의 중소기업 육성으로 높은 부가가치를 창출하고 경쟁력을 높이는 길밖에 없다. 탁월한 R&D 역량을 바탕으로 핵심부품과 소재, 소프트웨어, 바이오 의학, 의료기기, 콘텐츠 개발, 디자인과 마케팅 같은 혁신의 길을 모색해야 한다. 물론 정부와 기업, 국민이 한마음이 되어 국가 소프트파워를 높여 매력적인 나라로 만드는 것은 말할 나위도 없다. 도전적인 기술혁신을 도모하는 일뿐 아니라 실사구시 산업정책을 펼쳐야 한다. 사실 우리에게는 높은 제조업 경쟁력과 정보기술 인프라, 우수한 인력 등 선진제조업을 부흥시켜 경제를 성장시킬 여건이 충분히 구비되어 있다. 다만 흩어지기 쉬운 이러한 역량들을 선진제조업에 집중하여 산업경쟁력을 높여 간다면 세계 최고의 선진국에 도달하게 될 그날도 훨씬 앞당겨질 것이다.

스타트업 육성으로 일자리 만들어야

경제혁신의 또 하나의 축인 스타트업을 주목해야 한다. 미국 경제 성장의 요인은 스타트업에 기반한 기술혁신과 기업가정신에 의한 창업이 한 몫을 했다. 아이디어를 사업화하는 데 필요한 스타트업 양성 전문가그룹, 정보공유 공간, 초기투입자본 등을 지원하는 스타트업플랫폼이다. 이 외에도 스타트업플랫폼도 누구나 아이디어를 제안하면 내부 전문가들이 선별 채택하여 사업화 전 과정을 대행해 주는 스타트업플랫폼이 활성화해야 한다. 이러한 스타트업플랫폼을 통해 큰 성공을 거둔 우버, 에어B&B, 줌 등 신생 스타트업기업들이 미국 GDP의 2%에 해당되는 일자리를 창출하고 있다.

우리도 제2의 벤처붐을 살리려면 벤처투자가 중소기업에서 대기업 혁신으로 이어지게 하는 스타트업플랫폼 구축이 중요하다. 대기업의 혁신이 스타트업기업에 투자와 육성을 통해 동반성장하는 기업벤처캐피털CVC의 활성화가 필요한 시점이다. 스타트업플랫폼은 기발한 아이디어와 기술을 가진 창의적 청년들이 도전정신으로 미래를 창조해 낼 수 있는 사다리 역할을 하는 마당이다. 이 땅의 모든 이에게 균등한 경제적 성공의 기회를 제공할 수 있는 터전이 바로 선진산업과 스타트업이다. 우리가 누리고 있는 지난 50년간의 경제성장은 과학기술 개발이 큰 몫을 했다. 우리도 후속세대에게 지속가능한 개발동력을 물려주어야 할 책임이 있다.

지금 이 시대는 아이디어와 혁신을 바탕으로 하는 지식경제 시대다. 두말할 필요 없이 과학기술의 발전을 통해 경제 생태계가 크게 변화하고 있다. 하지만 글로벌 경제에 편입된 대기업들이 해외공장에서 제품을 생산 판매하는 운영체제로는 더 이상 국내 고용증대를 기대할 수 없는 상황에서 그 대안으로 기술에 바탕한 스타트업플랫폼을 육성하는 것이 절실하다.

인공지능, 빅데이터, 클라우드, 사물인터넷 등에 기초한 제2의 정보혁명은 새로운 경제 생태계를 이루고, 지금은 다음 세대의 성장 동력을 이끌 창조적 파괴를 주문하고 있다. 애플, 페이스북, 우버, 테슬라 등이 보여준 기업혁신의 비밀도 새로운 인공지능 디지털플랫폼 진전에 있었다. 우리는 도전적 스타트업이 성공할 수 있는 길을 터 주어야 한다. 우리에게는 우수한 청년들이 많고, 지식과 기술 역시 활용도가 높은 수준에 있다. 또 하드웨어와 네트워크 등이 잘 갖춰져 있기에 스타트업의 육성과 더불어 선진제조업을 키우고 부활시키는 데 탁월한 역량을 발휘할 수 있다. 스타트업에서는 창의적 아이디어와 창조적 과학기술을 바탕으로 기존의 패러다임을 뛰어넘는 혁신적 기술개발의 결과를 내놓는다면 경쟁과 연계로 혁신이 촉발되는 선진경제 생태계는 자연스럽게 조성될 것이다.

찾아보기

3차원 스캐너 228, 232, 233
3차원 의복 시뮬레이션 시스템 235
3차원 자동봉제 228
3차원 패션기술 227, 232
4차 산업혁명 6, 12, 35, 42, 43, 48, 54, 55, 60, 148, 171, 187, 188, 203, 220, 254, 260
5G 178, 203, 220, 241

AI 기반 210, 211, 218, 240
AI 로봇 218, 237
DNA 정보 211
F. E. 스미스 36, 208
ICT산업 226, 256
ICT기술 225
LED 220
SNS 시대 157, 184
SpaceX사 111

ㄱ

가상의복착용 시스템 26, 227
개별맞춤형 대량생산 시스템 227
게리 하멜 49
고든 차일드 65
과학혁명 60
국부론 90
규격화 139, 140, 141, 145, 147
글로벌 밸류체인 54
기계학습 14, 52, 187, 210, 242
기계혁명 9, 12, 77, 176, 254
기후변화 46, 48, 66, 67, 98, 102, 103, 104, 110, 113, 114, 115, 116, 117, 118, 178

ㄴ

나노 플라스틱 130
나이트로글리세린 106
나프타 126, 133
내연기관 10, 12, 118, 119, 145, 176
네안데르탈인 63, 64, 65
노벨 106, 107, 240
농업혁명 9, 12, 60, 61, 62, 65, 69, 70, 71
뉴 노멀 6, 9, 21, 24
뉴럴 네트워크 4
니에프스 163

ㄷ

데이비드 로이 96
둠스데이 111
드니 파팽 79, 81, 83
디지털 뉴딜 8, 9, 25, 28
디지털 트랜스포메이션 8
디지털패권 50
디지털플랫폼 8, 13, 14, 26, 27, 42, 45, 46, 52, 187, 190, 207, 211, 218, 232, 236, 237, 238, 239, 240, 241, 242, 254, 262
디지털 혁명 11, 160, 168, 170, 190
디트로이트 139
딕슨 125
딥러닝 5, 14, 242
딴세대 151

ㄹ

라푸터리 114
레이 커즈와일 195
레일리 106

리쇼어링 51, 245, 250, 252, 255
린다 굿휴 96

ㅁ

마르크스 61, 65
마크 와이저 188
마틴 쿠퍼 188
맞춤형 정밀의학 212
맞춤형 치료 211
메탄가스 106
모네 81, 82
모던 타임즈 137, 138
모델-T 139, 140, 141, 144
모모 95, 96
모차르트 151
몽유도원도 166
무어 195, 196
묵시적 정보 165
미래패션공작소 230
미세 플라스틱 127, 129, 130
미하엘 엔데 95, 96
밀란코비치 103

ㅂ

바스코 다가마 88
바이오매스 115, 117, 126
바이오에탄올 126, 127
바이오의학 42, 48, 212, 220, 260
바이오 퓨얼 36
바흐 151
배출권 118
베아 페레즈 118
벤자민 프랭클린 156
볼턴 앤 와트 90
블루 오리진 111
빅데이터 5, 7, 9, 12, 14, 27, 29, 42, 43, 52,
 54, 180, 183, 187, 190, 191, 203,
 204, 209, 210, 211, 217, 218, 236,
 237, 238, 239, 240, 241, 242, 256,
 262
빌 게이츠 41

ㅅ

사헤란트로푸스 차덴시스 62
산업혁명 6, 10, 11, 12, 35, 42, 43, 48, 54,
 55, 60, 61, 75, 76, 81, 82, 83, 86,
 87, 88, 90, 91, 92, 93, 95, 98, 99,
 100, 104, 107, 137, 138, 141, 145,
 148, 152, 153, 154, 155, 159, 160,
 171, 187, 188, 203, 216, 220, 221,
 222, 254, 255, 260
상황 인지 시스템 192, 193
서플라이 체인 51, 259
선진제조업 8, 9, 13, 14, 25, 27, 29, 55, 221,
 224, 225, 237, 241, 243, 249, 251,
 255, 257, 259, 260, 262
선진 패션 비즈니스 227
셰일가스 51, 127
소셜미디어 177, 180, 209
소크라테스 106
소프트파워 4, 25, 260
수요대응형 생산 시스템 227, 228
스마트제조업 216
스마트팩토리 4, 26, 55
스반테 아레니우스 98
스타트업 23, 257, 260, 261, 262
스티브 호킹 106
슬론 143
슬론주의 143
신경회로망 4
신뢰할 수 있는 인공지능의 윤리 5
신시네티 139
실라르드 레오 108

ㅇ

아나크로니즘 66

아날로그 정보 11, 162, 163, 165, 166, 168,
  169, 186, 187
아르곤 106
아베 24, 250
아비투스 148, 151, 152
안견 166
알랜 제이미슨 113
알렉산더 88
알베르트 아인슈타인 108
애덤 스미스 89, 90
앨 고어 113, 116
앨런 튜링 11, 161
앨빈 토플러 60
앰비언트 인텔리전스 201, 202
양자컴퓨터 5, 195, 196, 197, 198
에드워드 서머셋 78
에이리크 토르발드손 101
에틸렌글라이콜 126, 129
연산능력 197
연속 생산방식 10, 141
온실가스 48, 100, 134
우버 6, 53, 261, 262
우스터 78
윈필드 125
윌리스 하빌란드 캐리어 108
윌리엄 피트 90
유리슨스 플라스틱커스 113
유발 하라리 60, 64
유비쿼터스 모바일 187
인공지능 4, 5, 7, 8, 9, 11, 12, 13, 14, 25, 26,
  27, 29, 30, 32, 40, 42, 43, 45, 46,
  52, 54, 110, 170, 175, 176, 183, 186,
  187, 190, 191, 193, 194, 195, 197,
  198, 199, 201, 202, 203, 204, 205,
  207, 209, 210, 212, 217, 218, 219,
  237, 238, 239, 240, 241, 242, 252,
  256, 262
인공지능 닥터 210
인공지능 의사 204, 210, 242
인체측정 시스템 227, 231
인터랙션 190
인텔리핏Intellifit 시스템 230

일론 머스크 106

ㅈ

잔 헬몬트 106
장 밥티스트 조제프 푸리에 98
전기혁명 9, 10, 12, 107, 145, 176, 254
전자정보산업 220
정보혁명 9, 11, 12, 27, 160, 176, 187, 188,
  252, 254, 262
제임스 와트 77, 80, 89, 90, 107, 216
조공무역 88
조엘 엥겔 188
존 윌리엄 스트럿 레일리 107
쥘 베른 94
증기기관 9, 10, 12, 77, 78, 79, 80, 81, 82,
  83, 85, 86, 89, 90, 92, 93, 145, 160,
  176, 216, 254
증기기관차 81, 82, 176
증기선 81, 83, 84, 85, 92, 176, 254
증기펌프 78, 79, 83, 84
지성혁명 11, 12, 13, 171, 176, 186, 187,
  203, 254

ㅊ

찰리 채플린 137, 138
초연결사회 41, 177, 178, 179, 181, 183, 209,
  221

ㅋ

카로더스 124, 125
카본 뉴트럴 48, 118
칼 보쉬 107
캘린더 98
커넥톰 199
컨베이어벨트 시스템 9, 10, 137, 139, 140,
  141, 142, 143, 147, 255

컨트롤러 236
케빈 애쉬턴 188
코로나바이러스 팬데믹 6, 7, 8, 15, 22, 23,
　　　　24, 25, 26, 27, 28, 29, 34, 42, 48,
　　　　49, 51, 104, 184, 219, 244, 249, 259
쿨링가스 106
크로린가스 106
클라우스 슈밥 187
클로드 섀넌 11, 160, 161

ㅌ

테레프살릭에시드 126, 133
테어도어 폰 카르만 33
테일러 221
토마스 뉴커먼 79
토마스 세이버리 79, 83
토마스 에디슨 144
통계 109, 142, 145, 147
투마이 62
트럼프 23, 50, 51, 55, 229, 245, 249, 250,
　　　　251, 252

ㅍ

패션산업 225, 226, 229, 233, 235, 236
페트병 125, 133, 134
폐타이어 126, 135, 136
폐플라스틱 126, 127, 128, 129, 133, 134,
　　　　135, 136
포디즘 139, 141
폴리스타일렌 130
폴리에스터 124, 125, 126, 129, 130, 132
표준화 140, 145, 146, 147, 148, 221, 231

품질관리 시스템 141
프런티어 75
프리츠 하버 107
플라스틱 섬 128
플랫폼 경제 52, 217
피브이씨 130
피에르 부르디외 151
피엘에이 126
피지컬 컴퓨팅 192
필리스 포그 94

ㅎ

하이퍼루프 프로젝트 157
해상무역 88, 89
해양쓰레기 113
해중합 132, 133
헤겔 65, 157
헤론 78
헨리 베서머 107
헨리 포드 139
헬레니즘 88
헬스케어 플랫폼 204, 210, 211
호모 루돌펜시스 62
호모 사피엔스 63, 64
호모 사피엔스 사피엔스 63
호모 에렉투스 62, 63, 64
호모 하빌리스 62
호스피털 210, 212
홈스피털 210, 212
화성 111
환경지능 12, 13, 27, 39, 40, 41, 42, 46, 187,
　　　　190, 192, 201, 202, 203, 205, 206
휘트니 147
휴머노이드 29, 30, 31

참고문헌

강태진, 『코리아 4.0, 지금이다』, 나녹, 2016.
_____, 『패션, 공학을 입다』, 나녹, 2016.
박창규, 『섬유패션과 ICT 기술의 만남』, KESSIA, 2016.
요한 호이징하, 『호모 루덴스』, 까치, 2010.
유발 하라리, 『사피엔스』, 김영사, 2015.

Bourdieu, Pierre. *La Distinction: Critique sociale du jugement*, 1979.
Ende, Michael. *Momo*, 1973.
Kuhn, Thomas, S. *The nature and Necessity of Scientific Revolution*, 1962.
Loy, David., Goodhew, Linda. *Momo, Dogen, and the Commodification of Time*, 2002.
Polanyi, Karl. *The Great Transformation*, Victor Gollancz Ltd, 1944.
Porter, Michael E. "Creating Shared Value" *Harvard Business Review*, 2011.
Saramago, José de Sousa. *Blindness*, 1995.
Shannon, C. E. "An Algebra for Theoretical Genetics" Ph.D. Thesis, MIT, 1940.
Smith, A. *The Wealth of Nations*, Penguin, 1776.
Taylor, Frederick. *The Principles of Scientific Management*, 1911.
Toffler, Alvin. *The Third Wave*, 1980.
Verne, Jules. *Around the World in Eighty Days*, 1873.
Wilcox, E. W. *Solitude*, 1883.

memo